Sophia Schülke **Lothringen entdecken**

Die verlassene Abbaye de l'Étanche, die prächtige Place Stanislas in Nancy und malerische Dörfer wie Vaudeville – Lothringen hat viele Gesichter.

Sophia Schülke

Lothringen entdecken

30 Touren durch Stadt, Land, Wald
und am Wasser entlang

LEINPFAD
VERLAG

Sämtliche Angaben in diesem Buch sind sorgfältig recherchiert worden. Sie erheben jedoch keinen Anspruch auf Vollständigkeit zum Zeitpunkt der Veröffentlichung. Trotz größtmöglicher Sorgfalt übernehmen weder die Autoren noch der Verlag Verantwortung und Haftung für eventuelle Fehler.
Über Korrekturen, Anregungen und Verbesserungen freuen wir uns aber in jedem Fall!

© Leinpfad Verlag
Sommer 2014

Umschlag: kosa-design, Ingelheim, mit Fotos von Lorraine des Jardins (oben): Schloss Manom; Sophia Schülke (unten links): Weiher Les Pranzieux nahe Girmont Val d'Ajol und Christophe Voegelé (unten rechts): Amphitheater von Grand
Layout: Leinpfad Verlag, Ingelheim
Fotos:
S. 11 (Nr. 9), 174: Parc Animalier de Sainte-Croix/Morgane Bricard; 11 (Nr. 10), 31, 32 (oben rechts), 79 (oben), 84 (unten), 165, 166: Lorraine des Jardins; S. 14 (Mitte), 17 (Mitte), 26 (unten), 59 (Mitte), 60 (unten), 108 (Mitte), 113: Leinpfad Verlag; S. 18 (unten): Ville de Sarrebourg; S. 41: Association Amifort; S. 63 (unten rechts): Vitale Design; S. 76: Alexandre Marchi; S. 82, 83: Yves Ravailler; S. 85 (unten), 151, 164, 169, 173: Comité Départemental du Tourisme de la Meuse/Guillaume Ramon; S. 110: M. Duval; S. 115: Office de Tourisme de l'Ouest des Vosges; S. 117: Conseil général des Vosges/Christophe Voegelé; S. 152, 153, 163, 178: Comité Départemental du Tourisme de la Meuse/Michel Petit; S. 160: Musée de l'École de Nancy/A. Carpentier; S. 162: Office de tourisme du Pays de Mirecourt; S. 167: Connaissance de la Meuse
Alle anderen Fotos stammen von Sophia Schülke© VG Bild-Kunst, Bonn 2014:
S. 18: Chagall; S. 57: Majorelle; S. 63: Le Corbusier; S. 74, 75: École de Nancy
Karten: Cartomedia, Karlsruhe
Druck: wolf print, Ingelheim

Leinpfad Verlag, Leinpfad 5, 55218 Ingelheim,
Tel.: 06132/8369, Fax: 896951
E-Mail: info@leinpfadverlag.de
www.leinpfadverlag.com

ISBN 978-3-942291-64-4

INHALT

VORWORT

Lothringen ist reich an vielfältigen Landschaften und kulturgeschichtlichen Leckerbissen. Hier warten Hochofen und Vogelschutzparadies, Renaissance-Schätze und Vogesengipfel, Herzogspalast und Wasserfälle, Jugendstilkunst und Schützengräben. Mit unseren 30 Touren lassen sich seine vier Departements hervorragend entdecken. Schritt für Schritt trifft man auf Lothringens Maler und Bildhauer, auf seine Herzöge und Politiker, aber auch auf Jeanne d'Arc, Frankreichs berühmteste Heldin. Doch der Band führt nicht nur zu touristischen Aushängeschildern. Auf idyllischen Kalkwiesenplateaus, an tiefblauen Seen und in verlassenen Kirchenruinen finden sich versteckte Lieblingsplätze selbst der Lothringer.

Zu den 30 Touren gehören drei Radtouren und drei reine Stadtrundgänge. Alle Strecken sind mit einer Karte sowie mit Tipps für Museums- und Restaurantbesuche versehen. Zu den Besonderheiten links und rechts der Strecke sammeln Infokästen das wichtigste Hintergrundwissen. Wer nach einem dieser Ausflüge noch unternehmungslustig ist, findet Vorschläge für Abstecher zu weiteren Sehenswürdigkeiten. Hier erleichtert die Angabe von Himmelsrichtung und Entfernung eine erste Orientierung. Dennoch sind gute topographische Karten unentbehrlich.

Ein Wanderurlaub in Lothringen lässt sich mit einem reichen Freizeit- und Kulturangebot auflockern. Der Serviceteil sammelt interessante Museen, ungewöhnliche Übernachtungstipps, schöne Gärten und beliebte Freizeitparks. Tipps für Kinder und sportliche Aktivitäten in der Natur stehen ebenfalls zur Auswahl. Aber auch sonst ist eine Menge los: Jazzfestival, Venezianischer Karneval oder Renaissance-Spektakel – ein Kalender garantiert, dass man die vielfältigen Veranstaltungen nicht verpasst. Und weil ein leerer Bauch nicht gerne wandert, stellt ein Kapitel die deftige und raffinierte lothringische Küche vor. Denn Quiche lorraine, Mirabellen und Munster-Käse sollte man unbedingt vor Ort probieren. Und falls sich einmal schlechtes Wetter einstellen sollte, gibt es Vorschläge für allerhand Alternativen im Trockenen. Diese Vorschläge für Abstecher oder Schlechtwetteralternativen stehen jeweils in Kurzform bei den einzelnen Touren. Ausführlicher beschrieben werden sie in unserem Serviceteil ab Seite 151.

Wer länger als ein paar Tage in Lothringen bleibt, der wird nicht nur die verschiedenen Facetten der ostfranzösischen Region entdecken. Mit ihrer lieblichen Natur und ihren verblichenen Industriestätten, mit ihrer reichen Kultur und ihrer schicksalhaften Geschichte wird sie ihm ans Herz wachsen – so ist es zumindest mir ergangen.

Sophia Schülke

Die Autorin

Sophia Schülke arbeitet als Journalistin und schreibt hauptsächlich für Tageszeitungen. In Leipzig und in Rennes studierte sie Französistik, Italianistik und Ethnologie, ein Journalistik-Studium folgte. Ihre Freizeit verbringt sie am liebsten in der Natur, im Kino, im Museum oder auf Reisen. Seit drei Jahren lebt sie in Lothringen.

1.
WO EIN BLAUER WEIHER STILLE GEMÄUER HÜTET

Nahe dem Dörfchen Deuxnouds-aux-Bois schlummert eine Abteiruine an einem verträumten Weiher: Wandertour 27, S. 134ff

2.
DER LOTHRINGER, DER WIE MICHELANGELO MEISSELTE

Ein Besuch in Saint-Mihiel ist für Kunstfreunde ein Muss. Die Stadt bewahrt einige der schönsten Skulpturen des lothringischen Bildhauers Ligier Richier auf: Wandertour 26, S. 128ff

3.
KURS AUF UNTER TAGE

Das Minenmuseum Les Mineurs Wendel schickt seine Besucher in die Welt der Bergmänner. Aber rund um Petite-Rosselle gibt es auch über Tag einiges zu entdecken: Radtour 04, S. 24ff

4.
ALTE UND DOCH TAUFRISCHE SCHÖNHEITEN

In der Ober- und Unterstadt von Bar-le-Duc prangen viele jüngst sanierte Häuser aus der Renaissance-Zeit: Wandertour 25, S. 122ff

5.
KUNST FÜR DIE LIEBHABER DES HEUTE

Ein Netz aus schwebenden Balken? Ein Kunstmuseum mit einem weißen Hut? Die moderne Architektur des Centre Pompidou in Metz regt die Fantasie an, die zeitgenössischen Exponate darin den Geist: Stadtrundgang 06, S. 34ff

6.
WO EHEDEM EINE HEILIGE MAGD GEBOREN WARD

Johanna von Orléans ist Frankreichs berühmteste Heldin. 1412 wurde sie in Domrémy-la-Pucelle geboren. Sehenswert ist dort nicht nur ihr Geburtshaus: Radtour 23, S. 113ff

7.
TIEFBLAUER SEE UND EINSAME BUCHTEN

Wandern, fast wie in Kanada. Am Lac de Pierre-Percée, dem größten See in Lothringen, ist das gar nicht so weit hergeholt: Wandertour 16, S. 86ff

8.
ALS DIE IRIS AUF MAHAGONI TRAF

Das Jugendstilmuseum in Nancy versammelt Möbel, Gemälde, Keramik und Glasfenster – und zwar unverkennbare. Denn lothringische Künstler und Handwerker schufen hier ihren ganz eigenen Jugendstil: Stadtrundgang 13, S. 71ff

9.
DIE MIT DEN WÖLFEN SCHLUMMERN

Im Tierpark Sainte-Croix in Rhodes kann man übernachten. Nachtigallgesang und Wolfsgeheul inklusive: besondere Übernachtungs-Tipps, S. 174

10.
BLUMEN AUF DER SPEISEKARTE

In Laquenexy gibt es mehr als nur Löwenzahn auf's Brot. Das Restaurant La Pomme Bleue serviert im Aromen-Garten Jardins Fruitiers Gerichte mit essbaren Pflanzen: Radtour 05, S. 30

01

Vom Hanauer Torfmoor zum Erbsenfelsen und zum Hanauer Weiher

Waldeck – Erbsenfelsen – Lieschbach Weiher – Hanauer Weiher – Hotel Beau Rivage – Hanauer Torfmoor – Waldeck

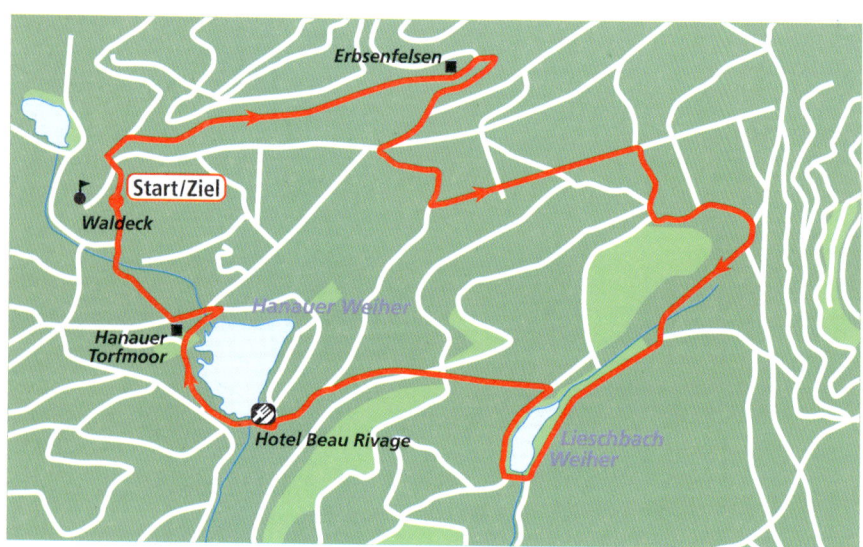

Start:
Waldeck
Länge:
11 km
Dauer:
3,5 Stunden
Parken:
Waldeck

Der Hanauer Weiher liegt in einem dichten Wald in den Nordvogesen inmitten des deutsch-französischen Biosphärenreservats. Die Strecke führt über Hügel an einer mittelalterlichen Burgruine vorbei zum fast 500 Meter langen Erbsenfelsen. Der Felskamm aus rötlichem Sandstein besteht an einer Stelle nur noch aus einem natürlichen Bogen – darunter klafft ein großer Hohlraum. Vom verwitterten Erbsenfelsen auf 300 Meter Höhe geht es durch den Wald erst zum Lieschbach-Weiher, dann zum Hanauer Weiher, einem flachen Badesee mit Sandstrand, ideal für Wasserratten jeglichen Alters. Am Hanauer Weiher soll Goethe spazieren gegangen sein, als er zwischen 1770 und 1771 in Straßburg studiert hat. Zum Abschluss wandert man durch das geschützte Hanauer Torfmoor, wo seltene Pflanzen gedeihen.

Der Weiler **Waldeck** schmiegt sich mit einer Handvoll von Häusern an den Hang, darüber ragt der Bergfried der Burgruine Waldeck aus den grünen Baumwipfeln empor. Die Straße führt an kleinen Höfen vorbei den Hügel hinauf. Rechter Hand passiert man ein mannshohes Wegekreuz, das deutsche Stifternamen trägt. Der Weg, beschildert mit einem grünen Kreis auf weißem Grund, geht geradewegs in den Wald. Links zweigt ein Pfad zur Burgruine aus dem 13. Jahrhundert ab, geradeaus gelangt man direkt zum Felsen von Waldeck. Der rötlich-graue Sandsteinfelsen

Wegekreuz in Waldeck

Blick vom Torfmoor auf den Hanauer Weiher

baut sich auf einigen Metern links und rechts des Weges auf und lässt ihn wie eine kleine Schlucht wirken. Das Gestein ist oben mit einer Decke aus Moos und Erde bedeckt, hohe Bäume krallen sich darauf fest. An der Seite hat Regenwasser die typische Wabenverwitterung aus großen und kleinen runden Erosionslöchern ins Gestein gefressen. Gleich nach dem Felsen zweigt rechts der Waldweg zum Erbsenfelsen ab.

Der Weg führt auf etwa 300 Meter Höhe an der bewaldeten Hügelseite entlang. An heißen Sommertagen trägt der Wind an manchen Stellen die Stimmen der Badegäste vom Hanauer Weiher herauf. Nach gut 1300 Metern führt der Weg nah am rötlichen Erbsenfelsen entlang. Der **Erbsenfelsen** ist ein 450 Meter langer Felsenkamm aus der

Wabenverwitterung im Gestein

i

Das Hanauer Torfmoor

Der Hanauer Weiher wurde wahrscheinlich im 12. Jahrhundert von den Zisterziensermönchen der nahe gelegenen Abtei bei Sturzelbronn angelegt. Vor 40 Jahren, als Badestrand und Campingplatz eingerichtet wurden, legte man das von Sand bedeckte Torfmoor größtenteils frei. Torfmoore bilden sich sehr langsam aus: Ein Jahrhundert braucht der Torf, um einen Zentimeter zu wachsen. Dabei umschließt der Torf Blätter, Pollen und Zweige frei von Bakterien oder Luft und zersetzt sie nur teilweise. So kann die Entwicklung von Klima und Vegetation für die Nordvogesen seit der Eiszeit vor zehntausend Jahren rekonstruiert werden. In verschiedenen Schichten konserviert, geben vor allem Pollen Aufschluss über die Abfolge der Baum- und Pflanzenarten. Im Hanauer Torfmoor stehen viele Waldkiefern, die als lokale Varietät Pinus sylvestre de Hanau, Hanauer Kiefer, bezeichnet werden, aber auch der kleine fleischfressende Sonnentau und das Wollgras, beide streng geschützt.

Vogesensandstein lässt den Erbsenfelsen im Sonnenlicht rosarot schimmern

für die Vogesen typischen Gesteinsart, dem rosafarbenen
Vogesen-Sandstein. Verbaut wurde der Stein vor allem im
Elsass, bekanntestes Beispiel ist das Straßburger Liebfrau-
enmünster. Ein Teil des Erbsenfelsens ist bereits so stark
verwittert, dass er Wanderern den außergewöhnlichen
Anblick eines Bogens bietet: Die natürliche Brücke macht
den Felsen mit zwölf Metern Länge und acht Metern Höhe
zu einem der schönsten in den Nordvogesen. Der höchste
Gipfel des Erbsenfelsens misst 393 Meter, auf dem Erbsenfelsen zu klettern ist allerdings nicht erlaubt. Bis vor
einigen Jahren haben in den Felsen noch Wanderfalken
gebrütet, inzwischen sollen sie aber von Raben verdrängt
worden sein.

Am Ende der Felsformation zweigt ein Weg nach rechts
durch den Wald Richtung Hanauer Weiher ab. Hier wandert man erst ein wenig steil, dann aber gemütlich durch
den Laub- und Mischwald. Nach gut 600 Metern führt der
Pfad an eine Straßen- und Waldwegkreuzung. Im Sommer
ist hier so mancher Einheimischer unterwegs, der sich im
Wald auf die Suche nach Heidelbeeren begibt. Der grün-
weißen Markierung nach geht es weiter in Richtung Hanauer Weiher, aber nach 500 Metern biegt man nach links
ab und folgt der Strecke durch den Wald zum **Lieschbach
Weiher**. Baden ist in dem geschützten Weiher nicht ge-
stattet, aber von einem Holzsteg aus kann der Flug der
Libellen vor dem friedlichen Waldpanorama bestaunt
werden. Der Weiher wird auf dem Uferweg umrundet,

dann geht es links ab zum **Hanauer Weiher**. Nach gut anderthalb Kilometern erreicht man das Ufer des Weihers mit Campingplatz, dem **Hotel Beau Rivage** und einem Bootsverleih. Vom Parkplatz hat man einen schönen Blick auf den Erbsenfelsen, von der Uferstraße auf den See und die Burgruine von Waldeck.

Vom Parkplatz nach dem Bootsverleih geht ein Pfad in den Wald am Weiherufer, der zum Entdeckungspfad durch das unter Naturschutz stehende **Hanauer Torfmoor** führt. Ein Brettersteg ermöglicht die Wanderung durch die geschützten Moorwiesen, wo es seltene Pflanzen zu entdecken und kleine Tiere zu beobachten gibt. Weiße Seerosen, Sonnentau und Drachenwurz wachsen hier, kleine Schwärme von Libellen der unterschiedlichsten Größen und Farben schwirren über den Tümpeln, vom Steg hüpft ein Frosch ins Wasser. Am Wegesrand informieren Infotafeln über die Entstehung des Moores. Nach der Tafel Nummer acht biegt man nach rechts auf den kreuzenden Pfad ein. Dieser führt geradewegs in Richtung des Campingplatzes. Bei der kleinen Brücke, unter der ein Bach durchfließt, wird auf die Straße hinaufgestiegen. Auf der Straße geht es nach links, nach wenigen Metern werden die Baumreihen rechter Hand lichter. Dahinter tut sich eine große Wiese auf. Der Turm der Burgruine von Waldeck überragt die Szenerie. Über die Wiese gelangt man querfeldein zurück nach **Waldeck.**

SCHLECHTWETTER-ALTERNATIVE:

Europäischer Kulturpark Bliesbrück-Reinheim/Parc archéologique européen de Bliesbruck-Reinheim (Moselle/Saarland), 39 km nordwestlich von Waldeck, s. S. 169

🍴 Tipp

Hotel Beau Rivage
Kaffee, Kuchen und Sandwichs auf der Terrasse mit Blick auf den Weiher.

Étang de Hanau
57230 Philippsbourg
Tel. +33 (0)3 87 06 50 32
www.hotel-beau.rivage.fr
Öffnungszeiten:
Di – So 8 – 22 h

ABSTECHER:

Kristallmuseum in Meisenthal, 18 km südöstlich von Waldeck, s. S. 156

ABSTECHER:

Kristallmuseum in Saint-Louis-les-Bitche, 18 km westlich von Waldeck, s. S. 156

ABSTECHER:

Kletterpark Tépacap in Bitche, 12 km nordwestlich von Waldeck, s. S. 167

Über die Wiese geht es nach Waldeck

Steg im Hanauer Torfmoor

ENTLANG DER JUNGEN SAAR DURCH SARREBOURG, ÜBER WIESEN UND DURCH WÄLDER

Imling – Étang de l'évêque – Mäander der Saar – Ehemalige Badeanstalt – Friedensfenster von Chagall – Restaurant L'Auberge de Maître Pierre – Restaurant Au Coucou des Bois – Wälder von Sarrebourg – Gesundheitspfad – Imling

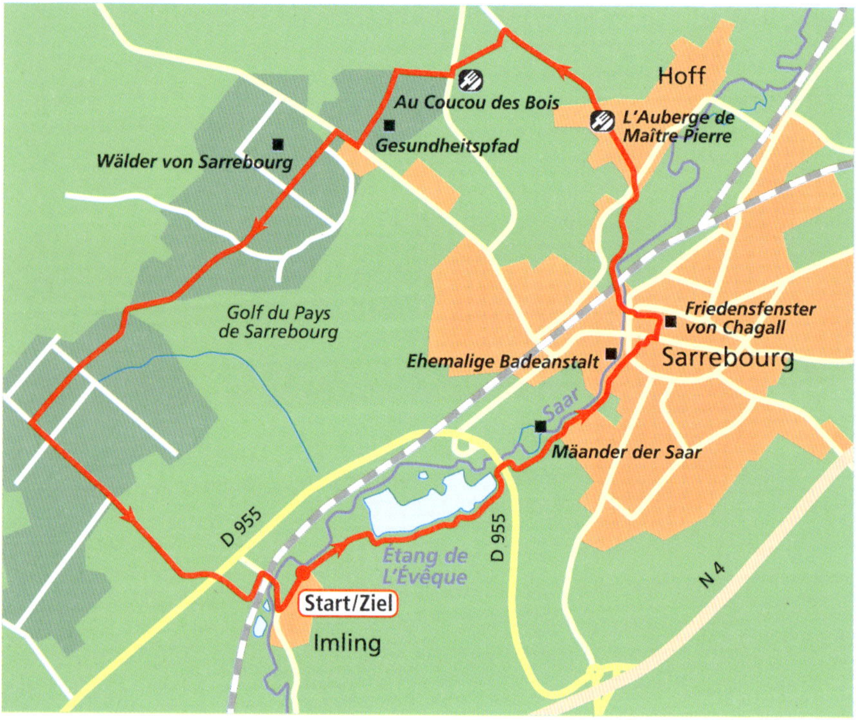

Hoff

Au Coucou des Bois

L'Auberge de Maître Pierre

Wälder von Sarrebourg

Gesundheitspfad

Golf du Pays de Sarrebourg

Friedensfenster von Chagall

Sarrebourg

Ehemalige Badeanstalt

Saar

Mäander der Saar

D 955

D 955

N 4

Étang de L'Évêque

Start/Ziel

Imling

Start:
Imling,
Rue de l'Étang
Länge:
12 km
Dauer:
3,5 Stunden
Parken:
Rue de l'Étang
(Gratisparkplatz)

Bei Sarrebourg folgt der Wanderer dem Lauf der jungen Saar, die Lothringen im Osten durchfließt. Weiher, Mäander, eine ehemalige Badeanstalt und Überschwemmungswiesen liegen am Wegesrand. Sarrebourg selbst hütet einen Schatz des expressionistischen Malerpoeten Marc Chagall: In der Franziskanerkapelle wurde ein zwölf Meter hohes Buntglasfenster nach den Plänen des französisch-russischen Malers eingesetzt. Auf dem Rückweg geht es durch die Wälder von Sarrebourg.

Der schmale Weg in **Imling** führt vom Vereinshaus des FC Imling/Bébing geradewegs zum **Étang de l'évêque**. Der Weiher ist ein sehr gepflegtes Naherholungsgebiet am Rand von Sarrebourg. Der südliche Weg des Weihers führt am Badestrand und am Beachvolleyballfeld vorbei, auch einen modernen Spielplatz gibt es. Besonders einladend ist der von Rankpflanzen bewachsene Pavillon mit Bänken und Tischen auf einer kleinen ufernahen Insel. Dort sitzt es

Bei Sarrebourg fließt die junge Saar in Mäandern

sich gemütlich im Schatten, während die Schwäne vorbei-
schwimmen. Dem Weg um den Weiher folgt man bis zum
Nordosteingang des Areals. Dort führt der asphaltierte
Weg unter der Brücke hindurch in Richtung Sarrebourg.
Nach der Biegung geht es nach links (Schild Centre Ville)
an die **Mäander der Saar**. Es lohnt sich, einen kleinen
Bogen zum Ufer des Flusses zu machen und einen Blick
auf die von hohen Bäumen umsäumten idyllischen Fluss-
schlingen zu werfen. Der Weg führt dem natürlichen Lauf

i

Das Friedensfenster von Marc Chagall

Den Auftrag für das Fenster erhielt Marc Chagall im Zuge der Umbauten und der Restaurierung
der Sarrebourger Franziskanerkapelle in den 70er Jahren. Da das Konventgebäude neben der
Kapelle abgetragen wurde, entstand eine nach Osten freie Seite, die mit einem Buntglasfenster
geschlossen werden sollte. 1976 wurde das Fenster mit dem Friedensmotiv fertig, rund 13 000
Glassteine mit 900 Kilogramm Gewicht sind darin verarbeitet. Die Kapelle geht auf die Franzis-
kaner zurück, die 1266 nach Sarrebourg kamen und ein Konvent gründeten. Im 16. und 17. Jahrhundert wurde die Kapelle im Stil der Gotik umgebaut. 1792 feierte man darin die vorerst letzte
Messe. Der Konvent wurde aufgelöst und die Konventsgebäude als Kaserne genutzt. 1970 be-
schloss man, nur den Chor der Kapelle zu erhalten. (Geöffnet 10 – 12 h, 14 – 18 h, Dienstag und
Sonntagmorgen geschlossen).

Die Saar, eine natürliche Verkehrsader von den Vogesen zur Mosel

Die Saar wird in Sarrebourg noch als junge Saar bezeichnet. Die beiden Quellflüsse, Rote und Weiße Saar, entspringen am Donon in den Vogesen des nördlichen Elsass und vereinigen sich erst bei
Hermelange südlich von Sarrebourg zur Saar. Der Fluss ist mit einer Länge von 246 Kilometern der
größte Nebenfluss der Mosel, in die er bei Konz in Rheinland-Pfalz mündet;120 Kilometer fließen
auf deutschem Gebiet.

Um die Jahrhundertwende wurde in der Saar gebadet – mitten im heutigen Zentrum von Sarrebourg

ABSTECHER:
Tierpark **Sainte-Croix** in Rhodes, 18 km nordwestlich von Imling, s. S. 164

Chagalls Friedensfenster

des Flusses ins Zentrum von Sarrebourg. An der Fußgängerbrücke beginnt der kanalisierte Abschnitt der Saar. Interessant sind vor allem die Reste der **ehemaligen Badeanstalt** von Sarrebourg, die zwischen dem Haus mit den Vordächern und der künstlichen Insel lag. Ab 1899 konnte in dem Fließgewässer gebadet werden, es gab zwei getrennte Becken für Männer und Frauen.

Über den Zebrastreifen geht es Richtung Zentrum, der kleine Parkplatz wird auf der linken Seite überquert. Die Rue des Halles führt nach rechts zum großen Platz der Grande Rue und zur geschäftigen Fußgängerzone. Dort wendet man sich nach rechts und an der Kreuzung kurz darauf nach links. Von dieser Stelle sieht man bereits das **Friedensfenster von Chagall** an der Franziskanerkapelle Chapelle des Cordeliers.

Das zwölf Meter hohe Fenster zum Thema „Frieden" hat Marc Chagall entworfen; umgesetzt wurde die Glasmalerei von Charles Marcq. Das Fenster zeigt im Zentrum Adam und Eva in einem Blumenstrauß, der den Lebensbaum symbolisiert. Ringsherum sind biblische Szenen wie die Kreuzigung, König David mit seiner Harfe und die Schlange dargestellt. Oben rechts hat der Künstler eine kleine Hommage an Lothringen eingebracht: Eine junge Frau trägt die „Halette", die traditionelle lothringische Haube, auf dem Kopf.

Von der Kapelle führt die Strecke über den großen Parkplatz nach links in die Rue des Cordeliers. Man folgt der Straße bis zum Verkehrsring. Auf der anderen Seite des Rings geht es unter der Brücke hindurch weiter an der Saar entlang. Der

Weg kommt an den Überschwemmungswiesen des Flusses vorbei, auf denen im Sommer häufig Schafherden im Schatten der großen Bäume ruhen. Der Chemin Noir führt geradewegs in die Gemeinde Hoff. An der ersten Kreuzung nimmt man die Rue Saint-Martin und wandert den Hang hinauf. An der Gabelung nach dem **Restaurant L'Auberge de Maître Pierre** geht es auf dem linken Weg durch Felder und Wiesen geradeaus in den Wald. Nach 100 Metern zweigt nach links eine asphaltierte Waldstraße ab. Bald öffnet sich der Wald und gibt linker Hand einen schönen Panoramablick auf Sarrebourg frei, umrandet von den grünen Bändern der Wiesen und Wälder. Am Horizont erscheinen im bläulichen Sommerdunst die Gipfel der Vogesen.

Die Waldstraße mündet danach auf eine Landstraße. Auf der anderen Straßenseite, gegenüber vom **Restaurant Au Coucou des Bois**, geht es auf dem nächsten Weg durch den Mittelwald, einem der **Wälder von Sarrebourg**. Die Strecke führt an einem Gesundheitspfad mit Turngeräten vorbei, sodass Wanderer sich auch am Reck oder beim Beinschwingen und Stemmen versuchen können. An der dritten Gabelung, nach rund 300 Metern, geht es nach links weiter. Die angrenzende Landstraße wird überquert und man folgt dem Radweg in den Oberwald, wo Baumlücken den Blick auf Spieler des angrenzenden Golfplatzes freigeben. An der folgenden Gabelung führt die Strecke nach links weiter. Dann steigt man langsam den Hang nach Imling hinunter. Nach rund 1,5 Kilometern mündet der Feldweg auf die Landstraße. Diese überquert man und läuft durch das Wohnviertel. An der Gabelung geht es links zur Landstraße, welche wieder zum Parkplatz nach **Imling** zurückführt.

SCHLECHTWETTER-ALTERNATIVEN:

Waldeisenbahn in Abreschviller, 14 km südöstlich von Imling, oder **Center Parcs Trois Forêts** in Hattigny, 12 km südlich von Imling, s. S. 170

🍴Tipps

Restaurant L'Auberge de Maître Pierre
Verschiedene Flammkuchen: klassisch, bretonisch (mit Muscheln und Garnelen), oder à la Marinière, (mit Flusskrebsen, Muscheln und Mimolette-Käse).

24, Rue Saint-Martin
57400 Sarrebourg-Hoff
Tel. +33 (0)3 87 03 10 16
www.auberge.maitrepierre.com
Öffnungszeiten:
Mo und Di geschlossen

Restaurant Au Coucou des Bois
Klassische Flammkuchen, Couscous Royal und Fleischspezialitäten vom Grill.

134, Route De Dolving
57400 Sarrebourg
Tel. +33 (0)3 87 23 04 36
Öffnungszeiten:
täglich, Do geschlossen

ABSTECHER:

Schiffshebewerk in Saint-Louis-Arzviller, 22 km östlich von Imling, s. S. 167f

Der Duft des Sommers: frisches Heu in warmer Mittagsluft

Für eine Pause in der Sonne

ÉTANG DE LINDRE – STÖRCHE UND WASSERVÖGEL AUS NÄCHSTER NÄHE BEOBACHTEN

Dieuze – Picknick-Areal – Beobachtungshütte – Wegekreuz – Tarquimpol – Château d'Alteville – Storchengehege – Vogelbeobachtungshaus Maison des Oiseaux – Lindre-Basse – Blick auf den See – Dieuze

Start:
Dieuze, Place de la Saline
Länge:
18 km
Dauer:
4 Stunden
ÖPNV:
Tim-Bus 27/39, Dieuze
(Place Marché)
Parken:
In Dieuze nach der Total-
tankstelle rechts auf dem
Place de la Saline
(Gratisparkplatz)

Störche klappern von ihren Nestern herunter, allerhand Vogelgezwitscher hallt über die Wiesen und
Fische tummeln sich im Wasser. Die Wanderung am
zauberhaften Étang de Lindre führt durch Wiesen und
Wälder zum idyllischen Dorf Tarquimpol und zum verträumten Château d'Alteville. Den 6 km² großen Linderweiher, der im regionalen Naturpark Lothringen
liegt und mit weiteren 133 Seen zum „pays des étangs"
gehört, hat die EU als Schutzgebiet Natura 2000 klas-
sifiziert. Man wandert begleitet von bunt gemischtem
Vogelgesang, hat man doch am Weiher knapp 250 Vo-
gelarten gezählt. In zwei Beobachtungshäusern kann
man Eisvogel, Haubentaucher oder Purpurreiher auch
aus der Nähe sehen.

Die Tour beginnt auf der Straße Place de la Saline in **Dieuze** beim Portal der ehemaligen Königlichen Salinen
und der Fassadenmalerei vom „Café du bon coin". Am
ehemaligen Café erinnert das Wandbild des Nordloth-
ringers Greg Gawra an wichtige lokale Persönlichkeiten
(siehe Infobox S. 49). Die Malerei bedeckt die ganze
Hauswand und zeigt eine detailgetreue Szenerie des
gemütlichen Dorflebens. Am Gebäude vorbei geht es
durch die Rue Clemenceau. Hat man die Hauptstraße
Avenue Charles de Gaulle überquert, geht es nach links.
Gleich darauf biegt man am Place du Marché (Parkplatz)

Der Étang de Lindre ist ein Paradies für Vögel und Wanderer

rechts in Richtung „Étang de Lindre" ab. Der Ausschilderung folgt man am ersten Kreisel über die dritte Ausfahrt, am nächsten Kreisel über die zweite. Nach 400 Metern biegt man nach rechts auf einen Feldweg ein. Dort kommt man am gepflegten **Picknick-Areal** mit Tischen und Bänken am Linderweiher vorbei. In dem Schutzgebiet gelten die üblichen Regeln, Angeln und Schwimmen sind verboten. Der Weg führt an der Westseite des Sees immer geradeaus durch den Wald am See entlang.

In der ersten **Beobachtungshütte** lässt sich per Infotafel nachlesen, welche Vögel hier leben. Der Waldweg wird enger, vor einigen leichten Anstiegen kann sich Wasser ansammeln. Nach regenreichen Tagen liegen links und rechts vom Weg kleine Tümpel und mit ein wenig Glück sieht man Frösche hüpfen. Man folgt dem Weg weiter geradeaus bis zur Landstraße D199F nach Tarquimpol. Am Abzweig zum Dorf steht ein **Wegekreuz**, das im Jahr 1871 vom örtlichen Pfarrer gestiftet wurde. **Tarquimpol** besteht aus zwei Straßen mit weniger als 70 Einwohnern und ist wahrhaft sehr ländlich: Autos werden den Wanderern kaum auf der Straße begegnen. An der Kirche geht es vorbei und direkt am Seeufer kann man den Blick auf den Weiher und seine Wasservögel genießen.

Aus Tarquimpol heraus geht es links über die D199G zum **Château d'Alteville** aus dem 16. und 17. Jahrhundert:

Fassadenmalerei in Dieuze

Im Vogelbeobachtungshaus
Maison des Oiseaux

¶ Tipps

Von der Dieuzer Saline zeugen noch mehrere Gebäude

Hier herrscht eine stille und magische Atmosphäre. Der kleine Weiher, die von Efeu bewachsene Fassade und die zwei Fronttürme verleihen dem Schloss einen verschlafenen Charme.

Wieder zurück am Picknick-Areal bummelt man auf der Seepromenade entlang und genießt einen schönen Blick auf den See und ein **Storchengehege**. Der Weg führt geradeaus auf den Entdeckungspfad „De rives en rêves". Der Weg führt in einen kleinen Wald, einer ausgewiesenen Ruhezone für die Fauna, vorbei an aufgestellten Nisthilfen für Störche. In der Brutsaison kann man die Vögel hier aus nächster Nähe beobachten und laut mit den Schnäbeln klappern hören. Direkt am Seeufer steht das schallgedämmte **Vogelbeobachtungshaus „Maison des Oiseaux".** Von dort aus kann man die Vögel auf dem Wasser beobachten, ohne dass Geräusche nach außen dringen und die Vögel vertreiben könnten.

Von der Seepromenade geht es nach rechts, vorbei am Ausstellungsort Pavillon des Expositions, und durch das Dörfchen **Lindre-Basse**. Die Rue Principale führt geradeaus auf einen Feldweg hinauf. Von dort hat man noch mal einen schönen **Blick auf den See**. Der Feldweg mündet auf die Route de Lindre-Basse, links geht es nach **Dieuze** zurück. Den Straßen Route de Lindre Haute und Chemin du Calvaire folgt man bis zum Kreisel. Dort nimmt man den ersten Abzweig Richtung Centre Ville, geradeaus geht es zum Place du Marché und wieder zurück zur Fassadenmalerei.

Am Weiher nisten viele Storchenpaare

Abstecher:
Salzmuseum in Marsal, 10 km westlich von Dieuze,
s. S. 156 : **Tipp für Kinder!**

Schlechtwetter-Alternative:
Spa in Langatte, 25 km südöstlich von Dieuze, s. S. 170

Abstecher:
Musée départemental Georges de La Tour in Vic-sur-Seille, 16 km westlich von Dieuze: Das Museum zeigt Gemälde des lothringischen Barockmalers Georges de la Tour, darunter „Johannes der Täufer in der Wüste", sowie Werke französischer Maler. Mehr Infos s. S. 156

Das Salzland Pays du Saulnois

Im Pays du Saulnois, im Süden des Départements Moselle, wird seit 750 v. Chr. Salz abgebaut. Die Salzgewinnung in Dieuze wurde erstmalig im Jahr 1025 schriftlich erwähnt. Seit dem Mittelalter waren die Salinen der gesellschaftliche und ökonomische Motor der Stadt. Der Komplex – wie eine kleine Stadt mit Kapelle, Kasernen, Ofen und Presse – wurde im 16. Jahrhundert befestigt. Heute zeugt davon vor allem das Eingangsportal im Stil von Louis XV, gleich gegenüber der Fassadenmalerei. 1766 gingen die Salinen in den Besitz des französischen Königs über. 1973 stellte man die Produktion ein. Die Salinen werden seit 2011 restauriert, Veranstaltungsräume und eine Ausstellung über den Salzabbau sollen darin Platz finden.

Schwarze Magie im Château d'Alteville

Das Château d'Alteville von Tarquimpol ist eng verbunden mit dem Marquis Stanislas de Guaita, der hier 1861 geboren wurde. Der Dichter soll starke Neigungen zum Satanismus und zur Schwarzen Magie gezeigt haben: 1888 begründete er den Kabbalistischen Orden vom Rosenkreuz in Paris mit und wurde dessen Großmeister. Mit 36 Jahren ist De Guaita im Schloss gestorben – wahrscheinlich an einer Drogenvergiftung. Das Château wurde im Zweiten Weltkrieg von der deutschen Armee stark beschädigt. Seitdem das Schloss restauriert ist, werden einige Zimmer als Bed & Breakfast an Touristen vermietet (chateaudalteville.com, Tel. +33 (0)3 87 05 46 63).

04

Im Warndt unterwegs – Von Kohlezechen zu bunten Felsenwänden

Bergbaugelände Carreau Wendel – Petite-Rosselle – Zeche Saint-Charles – Schafbach-Tal – Carreau Wendel – Morsbach – Jakobsweg – Herapel-Berg – Cocheren – Grünanlage Coulée Verte – Aussichtsplattform – Renaturierte Sandgrube – Wildgehege – Petite-Rosselle

Start:
Petite-Rosselle,
Carreau Wendel
Länge: 42 km
Dauer: 4 Stunden
Parken:
Carreau Wendel
(Gartisparkplatz)
ÖPNV:
Tim-Bus 138, Morsbach
(Centre)

Beiderseits der lothringisch-saarländischen Grenze erstreckt sich der Warndtwald, unter dem Kohle und Eisenerze lagern. Dementsprechend führt die Tour nicht nur durch dichte Wälder, sondern auch durch Brachen sowie aufwendig und liebevoll umgenutzte Industriestandorte. Im ehemaligen Kohlebergwerk kann man in die Förderstollen hinabfahren, in der renaturierten Sandgrube farbige Sandsteinwände und verträumt liegende Weiher entdecken. Wie ein Pilger darf man sich auf einem Abschnitt des Jakobsweges fühlen, der über ein besonders idyllisches Plateau führt. Die Strecke durch Wälder, Dörfer, Täler und Hügellandschaften hat einige steile Anstiege, die durch herrliche Aussichten belohnt werden.

Von der Grube Wendel blieben Fördertürme und Betriebsgebäude erhalten

Die Tour beginnt auf dem ehemaligen **Bergbaugelände Carreau Wendel**, wo 2001 der letzte Kohleschacht geschlossen wurde. Am Minenmuseum folgt man dem Schild in Richtung Saarbrücken und Schoeneck (auch „Circuit Galibot") durch den Wald. Der Weg verläuft auf einem Damm, von dem man einen einzigartigen Blick auf das Bergbaugelände hat. Man fährt an den stillgelegten und verrosteten Fördertürmen vorbei, an den Verwaltungsgebäuden mit den eingeworfenen Fensterscheiben und dem modernen feuerroten Museum. Schließlich führt der Weg in die Gemeinde **Petite-Rosselle** und linker Hand auf die Avenue Charles de Gaulle. Dort geht rechts ein Wiesenweg entlang, der bald hinter den Gärten der Häuser entlang führt. Dann radelt man durch den Stiftswald. Beim Wasserturm geht es nach links weiter, an der nächsten Gabelung wieder links und zurück auf die Straßen von Petite-Rosselle. Am Schild „Hotel de Ville" wird links gefahren. Die Rue Saint-Joseph führt gerade auf die ehemalige **Zeche Saint-Charles** zu. Der Radweg führt direkt durch das aufgegebene Gelände, vorbei an maroden Nutzgebäuden und am türkisblauen Förderturm. Rechter Hand befindet sich eine Gedenkstätte für Bergleute, die während des Abbaus umgekommen sind. Im ehemaligen Verwaltungsgebäude haben ein Bouleverein und der Freundeskreis der Bergleute ihren Sitz. An der Straßenkreuzung geht es rechts die Rue des Genêts hinauf und am Friedhof vorbei. Vom gegenüberliegenden Friedhofsparkplatz führt linker

Der Förderturm von Saint-Charles

Zum Herapel-Berg geht es über ein Stück des berühmten Jakobsweges. Doch zuerst ...

Tipp

Musée Les Mineurs Wendel
57540 Petite-Rosselle
Tel +33 (0)3 87 87 08 54
www.musee-les-mineurs.fr
Tipp für Kinder
s. Infokasten S. 29
Öffnungszeiten:
Di – So 9 – 18 h,
letzter Einlass Mine 16 h,
letzter Einlass Museum 17 h

Hand hinter dem Gebäude ein Pfad zum **Schafbach-Tal**. Dann zweigt der Weg nach links ab, an den Tümpeln entlang fährt man bis zum Kreisel. Die dritte Ausfahrt führt wieder zum Ausgang der Puits Saint-Charles. An der Kreuzung nimmt man die rechte Straße, die Rue de l'Eglise, den Hang hinauf. Hier geht es an den ehemaligen Bergmannshäusern vorbei, die sich eingeschossig und schmal aneinanderpressen. Auf der anderen Seite des Hangs hinuntergerollt nimmt man an der Kreuzung die zweite rechte Straße, die Rue du Lieutenant Joseph Nau, und passiert linker Hand wieder das Gelände des **Carreau Wendel**.

An der zweiten Zufahrt zweigt hinter der rot-weißen Schranke gleich rechts der Radweg „Itinéraire du Charbon et de l'Acier" ab, dem wir am Fuß des Reservewaldes folgen. Nach zweieinhalb Kilometern macht der Weg eine scharfe Rechtskurve. Man fährt weiter auf der ehemaligen Strecke der Grubenbahn auf einem Damm, oberhalb der Wohnviertel, und überquert auf kleinen Brücken die Verbindungsstraßen zwischen Petite-Rosselle und Forbach. Schließlich führt der Radweg zu einem Industriegelände, linker Hand der blaurostige Turm der ehemaligen Kokerei von Marienau, rechter Hand führt der Radweg an Eisenbahnschienen vorbei. An der Gabelung geht es nach links. Dem Straßenverlauf folgend, erreicht man **Morsbach**. Hier wird die N3 überquert und der Straße folgend radelt man den Hang hinauf. Nach der Autobahnbrücke geht es rechts und die zweite Straße links hinauf zu einem Abschnitt des **Jakobsweges**. Der steile

Anstieg zum Hügel des Herapel wird oben mit einem schönen Blick auf Morsbach, Forbach und die versetzten, sanft gerundeten Hügel, belohnt. Mit den Sommerwiesen und dem gewundenen Weg am Hang hoch über den Dörfern gehört dieser Abschnitt zu den idyllischsten der ganzen Strecke. Auf dem 330 Meter hohen **Herapel-Berg** befand sich ehemals eine zwölf Hektar große keltisch-römische Siedlung, welche an der Achse Metz–Worms lag. Auf dem Plateau fährt man rechts weiter in den Wald hinein. Linker Hand kann man bei der Helenastatue vom Weg abweichen und über einen Wanderpfad die moderne Kapelle der Heiligen Helena besichtigen. Die Originalkapelle befand sich ehemals in einer natürlichen Grotte, wurde aber 1991 bei einer bergbaubedingten Erschütterung zerstört. Eine durchsichtige Gedenkplatte mit einem Foto der alten Kapelle erinnert daran. Zurück auf dem Weg fällt dieser mitunter sehr steil vom Herapel-Berg ab, sodass man besser kurz absteigt. Der Waldweg führt in den Ort **Cocheren**. Auf der anschließenden langen Abfahrt hat man einen herrlichen Blick über den Ort, die Kirche und das umgebene schmale Rosseltal. Am Friedhof vorbei geht es zur Hauptstraße, der Rue Général de Gaulle. Die Straße führt zur **Grünanlage Coulée Verte**, an deren Eingang man das kleine Rosselle-Flüsschen überquert. Die gepflegte Freizeitanlage mit Tischtennisplatte und Spielplatz ist ideal für ein Picknick. Von der Coulée Verte folgt man der Rue Moulin weiter durch ein Wohngebiet gefolgt. Am Kreisel geht

... kommt ein Anstieg

Cocheren in sommerlicher Abendstimmung

![Kein Canyon, sondern eine ehemalige Sandgrube, die von der Natur zurückgeholt wird](image)

Kein Canyon, sondern eine ehemalige Sandgrube, die von der Natur zurückgeholt wird

Tipp

Ristorante Pizzeria da Mario
Italienische Küche mit großer Auswahl an Pizzen.

117, Rue du Général de
Gaulle
57540 Petite-Rosselle
Tel. +33 (0)3 87 88 77 95
Öffnungszeiten:
Di – So

es an der zweiten Ausfahrt über die Autobahn und wieder zur N3. An der Gabelung fährt man nach links auf dem
Fußweg weiter, bis zwischen den Häusern rechter Hand
ein Wiesenweg abzweigt. Die Strecke führt nun direkt auf
der deutsch-französischen Grenze entlang. Am Friedhof
verläuft die Route geradeaus weiter auf der Rue du Wiesel-
stein. Rechter Hand kommt bald ein kleiner Platz mit einem
Gedenkstein. Der Sandstein wurde 1999 im Andenken an
das 1000. Jubiläum der ersten schriftlichen Erwähnung
des Warndts in einer Schenkungsurkunde Kaiser Ottos III
errichtet. Früher kamen hier täglich viele Bergmänner aus
dem deutschen Karlsbrunn (etwa 3 km entfernt) auf ihrem
Weg zur Arbeit in den Freyminger Gruben durch.
Gleich danach, beim Schild „Accès Carrière par la Forêt
du Warndt", biegt man nach rechts in den Wald ab. Hier
fährt man zwischen dem deutschen Warndtwald und
den Häusern der französischen Siedlung Reumaux entlang. Am kleinen Rosengarten geht es weiter durch den
Wald und bergauf zur **Aussichtsplattform** des rund 300
Meter hohen Steinberges. Von der Plattform wird man
mit einem wunderbar weiten Blick belohnt. In der Ferne
liegt die Stadt St. Avold und zu Füßen, in 80 Meter Tiefe,
die **renaturierte Sandgrube** von Freyming. Was ehemals
eine Industriebrache war, ist heute ein bewaldetes Naherholungsgebiet. Spaziergänger, Angler und verschiedene
Wasservögel schätzen die entstandenen und naturnahen
Weiher gleichermaßen. In den baumbestandenen Gewäs-

sern spiegeln sich die Wolken und die Felsen. Deren farbige Formationen kann man ringsum betrachten. Und wenn sich der Tag dem Ende neigt, taucht die untergehende Sonne die verwitterten Steilhänge in goldene und rötliche Farbtöne, sodass man sich hier an einen Canyon erinnert fühlt. Dem Weg bergab folgend, biegt man am Fuß auf das Gelände der Sandgrube ein. Bei einer Runde um die Seen und Tümpel kann man Wasservögel, Fische und Amphibien beobachten und die Ruhe der hohen und zerklüfteten Felswände auf sich wirken lassen.

Wieder zurück an der Aussichtsplattform, führt der Weg immer geradeaus durch den Warndtwald, vorbei am **Wildgehege** mit Rehen, Ziegen und Wildschweinen. Am Ausgang des Wildgeheges geht es nach links zur L277, der man nach Karlsbrunn folgt, wo man nach links auf die L276 biegt. So gelangt man in das Dorf im Warndt und über das Grenzdorf Großrosseln wieder zurück nach **Petite-Rosselle**. Deutschland und Frankreich gehen hier nahtlos ineinander über. Hat man die kleine Rosselle-Brücke mit dem roten Geländer passiert, ist man wieder in Frankreich. Am darauf folgenden Kreisel geht es geradeaus bis zur Straßengabelung beim Puits Saint-Charles und von dort rechts ab wieder zum Carreau Wendel.

ABSTECHER:
Museum für Fayence-Technik in Sarreguemines, 26 km südöstlich von Petite-Rosselle, s. S. 157

ABSTECHER:
Garten der Fayencen in Sarreguemines – Garten ohne Grenzen, 26 km südöstlich von Petite-Rosselle, s. S. 165

Tipp

Restaurant la Petite Grange
Traditionelle Küche mit Grumbeerekiechle (eine Art Kartoffelpfannkuchen), Tartiflette (Kartoffelgratin mit Käse), aber auch Rumpsteak, Grillhaxe, Entenbrust und Salaten.

51b, Rue Nationale
57600 Morsbach
Tel. +33 (0)3 87 84 25 71
www.restaurant-la-petite-grange.fr
Öffnungszeiten:
Di – Sa 12 – 14 h, 19 – 22 h
So 12 – 14 h, Sonntagabend und Mo geschlossen

SCHLECHTWETTER-ALTERNATIVE:
Theater Le Carreau in Forbach, 5 km südöstlich von Petite-Rosselle, s. S. 170

Das Minenmuseum Carreau Wendel
1856 entdeckte die Familie Wendel Kohle in den Puits Saint-Charles. Seitdem prägte der Steinkohleabbau Lothringen. Die Schächte in Petite-Rosselle schlossen zwischen 1986 und 2001. In Erinnerung an die „Gueules noires", die Bergmänner, eröffnete 2006 um die ehemaligen Gruben Wendel und Vuillemin das Minenmuseum „Les Mineurs Wendel". Es soll sich um das größte Schaubergwerk in Frankreich handeln. Das Museum zeigt 160 Objekte, Fotos und Filme skizzieren den Alltag der Bergmänner, die damalige Sozialpolitik und die Kohlegeschichte in Lothringen. In die Förderstollen der ehemaligen Mine kann man mit einem Zug hineinfahren und anhand der Originalmaschinen verschiedene Fördertechniken entdecken. Einige Abbaustellen haben eine Neigung bis zu 45 Grad. Die Grube ist das einzige Gelände, auf dem die Techniken der Kohleförderung vorgestellt werden, die noch bis 2004 in der letzten französischen Mine La Houve angewandt wurden.

Geheimnisvolle antike Siedlung auf dem Herapel
Auf dem Herapel-Hügel zwischen Morsbach und Cocheren befinden sich die Reste einer keltischen Siedlung, die unter römischer Besatzung ihre Blütezeit erlebte. Obwohl zwei Tempel ausgegraben wurden, besteht Unklarheit hinsichtlich des Straßennetzes sowie der Wohn- und Handwerksgebäude. Allerdings muss es sich wegen der starken Befestigungen um eine wichtige Siedlung gehandelt haben. Die Fundstücke befinden sich in französischen und deutschen Museen, einige Mauerreste sind auf dem Plateau verblieben. Die Legende besagt, dass sich die Heilige Helena, Mutter von Konstantin dem Großen, um 293 hier aufgehalten haben soll. Im Wald gibt es eine ihr gewidmete Kapelle, die vor dem Ersten Weltkrieg ein wichtiger Pilgerort war.

CIRCUIT DES JARDINS – MIT DEM RAD ZU BLUMEN UND FRÜCHTEN

Courcelles-Chaussy – Chevillon – Mariengrotte – Maizeroy – Berlize – Bazoncourt – Sanry-sur-Nied – Laquenexy – Aromen-Garten Jardins Fruitiers – Château de Pange – Maizeroy – Courcelles-Chaussy

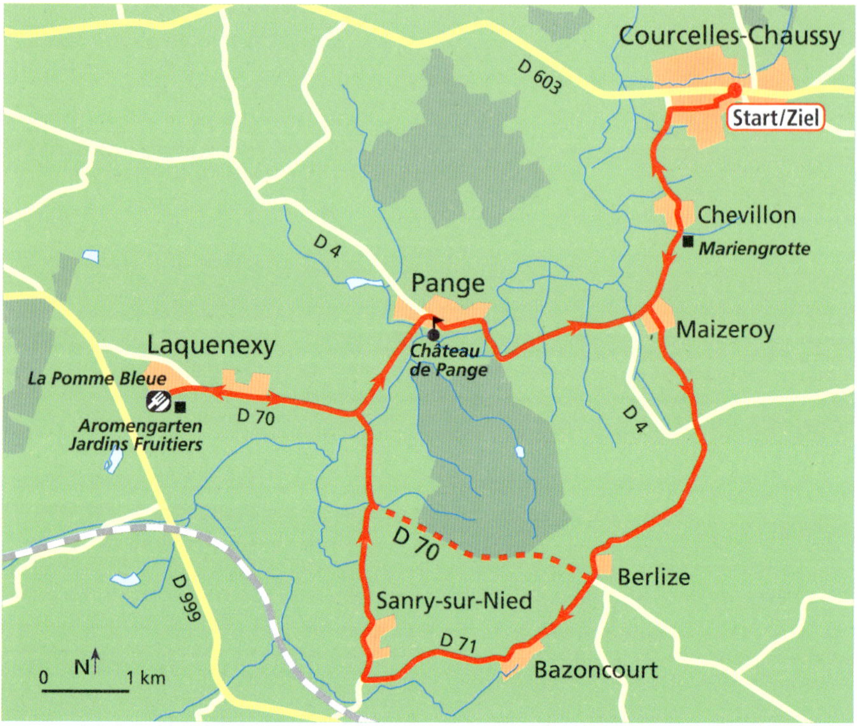

Start:
Courcelles-Chaussy,
Avenue Charles de Gaulle
Länge:
27 km
Dauer:
2 Stunden
Parken:
Gratisparkplatz am Radweg
„Circuit des deux Nieds",
Rue de Landonvillers
ÖPNV:
Tim-Bus 1/2, Courcelles-
Chaussy (Avenue de Gaulle)

Auf dem Radwanderweg „Circuit des Jardins" liegen zwei sehenswerte Gärten, die zum grenzübergreifenden Projekt „Gärten ohne Grenzen" gehören: Im malerischen Landschaftsgarten des Château de Pange sollte man das Fahrrad abstellen und einen Spaziergang am Fluss entlang machen. Das heimelige Barockschloss von 1720 steht größtenteils unter Denkmalschutz. In den Jardins Fruitiers von Laquenexy kann man essbare Blumen kosten oder auch zum Mittagessen einkehren. Felder, Wegekreuze und kleine lothringische Dörfer säumen die Landstraße. Eine pittoreske Mariengrotte, viele lang gestreckte Abfahrten und einige kurze Anstiege machen den Reiz der Strecke aus.

In **Courcelles-Chaussy** geht es vom Parkplatz des Radwegs „Circuit des deux Nieds" in der Rue des Landonvillers (D71) nach rechts zur Hauptstraße (D603). Dort geht es nach links ab und über die Place de Dr Kiffer und die Rue de Provence auf die D71 nach Pange. Durch ein kleines Wäldchen und vorbei an Feldern gelangt man zum Dörfchen **Chevillon**. Dort folgt

Im Schlossgarten Pange spielt Symmetrie eine wichtige Rolle

man nach dem Anstieg dem Schild „Circuit des Jardins" in Richtung Maizeroy. Links liegt eine **Mariengrotte**, die hinter einigen hohen Bäumen und einem weißen Holzgatter versteckt ist. An heißen Sommertagen kann man sich hier im Schatten ausruhen. Die Anwohner haben an der Steinwand Dankestafeln angebracht und eine Figur der Heiligen Bernadette aufgestellt.

In dem kleinen Dorf **Maizeroy** folgt man dem Schild „Circuit des Jardins" nach links durch das Zentrum und begibt sich dann in Richtung **Berlize**. In **Bazoncourt** kommt man an einer Kirche vorbei und folgt weiter der Hauptstraße. Nach dem Ortsausgang lädt eine herrliche lang gestreckte Abfahrt, die Vignes de Chaumont, beim Runterrollen zum Schauen ein. Links schlängelt sich das stille Flüsschen der Französischen Nied durch grüne Wiesen. Ein paar Kühe weiden unter hohen Pappeln, rechts verströmen blühende Sträucher einen süßlich-schweren Duft. Kleine Schrebergärten liegen versteckt in der Landschaft. Am Ende der Abfahrt biegt man nach rechts auf die D67 ab und erreicht das gemütliche Dorf **Sanry-sur-Nied** mit schön bepflanzten Vorgärten und alten Häusern. Nach gut zwei Kilometern lohnt sich ein Halt auf der Brücke à Domangeville: Zwischen den Bäumen taucht rechts in der Ferne der diesige Umriss des Château de Pange auf, umgeben von weiten Wiesen, die von der Nied durchzogen werden.

An der nächsten Gabelung geht es nach links auf der D70 ins malerische **Laquenexy**. Dort taucht rechts ein größe-

Tipp

Château de Pange
Sehenswert ist der edel eingerichtete Salon von Marie-Louise, in dem die französische Kaiserin 1813 als zweite Ehefrau Napoléons I. empfangen wurde.

57530 Pange
Tel. +33 (0)3 87 64 04 41
www.chateaudepange.fr
Öffnungszeiten:
10 – 12, 14 – 18 h
Mai: Sa, So, Fei:
Juni – Aug: tägl. außer Mo
Sept, Okt: Sa, So
Eintritt Garten: 4/3 Euro

Im Schloss sind nur geführte Besichtigungen um 14.45, 15.45 und 16.45 h möglich.
Weitere Infos s. S. 165

Rast an der Mariengrotte

ABSTECHER:
Wanderung mit Eseln in Les Etangs, 5 km nördlich von Courcelles-Chaussy, s. S. 168
TIPP FÜR KINDER

Tipp

Les Jardins Fruitiers
2, Rue Bourger et Perrin
57530 Laquenexy
Tel. +33(0)3 87 35 01 00
www.jardinsfruitiersdela-quenexy.com
Öffnungszeiten:
Garten:
März – Okt: tägl. außer Di, am 1. Mai geschlossen, 10 – 19 h, Eintritt: 7 Euro, Kinder unter 16 kostenlos
weitere Infos s. S. 165

🍴 **Tipp**

Restaurant La Pomme Bleue
Das Restaurant (zwei Couverts im Guide Michelin) bietet Gerichte mit Obst, Blumen und Gemüse aus den Gärten; Kindermenü

Mi – So, Eintreffen 12 – 13 h, Reservierung empfohlen
Tel. +33 (0)387350125

Die Sonne spielt im Aromengarten mit Licht und Schatten

rer moderner Spielplatz auf. Wer mit Kindern unterwegs ist, sollte hier haltmachen und auf dem sauberen Gelände ein Picknick oder eine Pause in der Sonne genießen, während sich der Nachwuchs auf den Klettergerüsten tummelt. Von dort folgt man dem Schild „Les Jardins Fruitiers de Laquenexy" zum **Aromen-Garten Jardins Fruitiers**. Das Ungewöhnliche an diesem gepflegten Garten: Besucher können hier Kräuter und essbare Blumen kosten. Sei es der beliebte Schnittlauch oder die weniger bekannte Heilpflanze Monarda. Kinder dürften ihren Spaß im Obstgartenlabyrinth haben, im Pergolatunnel gibt es rankende Bohnen, Zucchini und Kürbisse zu entdecken. Lehrreich ist es einen Blick in den verbotenen Garten zu werfen, wachsen dort doch giftige Pflanzen. Hingegen beherbergt der Gemüsegarten eines Neugierigen, der potager d`un curieux, ungewöhnliche essbare Pflanzen wie eine Bambusart, die wie Haselnuss schmeckt, oder Blätter mit Austerngeschmack.
Von den Gärten geht es zurück zur Gabelung auf die D67 nach Pange. Die erste Ausfahrt am Kreisel führt zum Schloss, dem **Château de Pange**. Der Schlosspark ist ein moderner Themengarten, der die historische Gartenanlage mit zeitgenössischer Gestaltung verbindet. Schöne Blickfänge sind die steinernen Skulpturen und die dreihundert Jahre alten Eichen.

Die Französische Nied fließt auch durch den Garten des Château de Pange

Vom Schloss aus folgt man der D4 nach links in die Rue de Lorraine, durch den Ort und einen Hügel hinauf. An der Gabelung am Ortseingang von **Maizeroy** geht es wieder links auf der D71 nach **Courcelles-Chaussy** (Schild „Vers Circuit des deux Nieds") zurück.

i

Im Château de Pange trifft Eleganz auf Moderne
Das Schloss von Pange wurde 1720 gebaut, seinen eleganten und modernen „Garten des Erwachens" hat der Landschaftsarchitekt Louis Benech 2003 neu geschaffen. Ländlich gehalten, fügt sich der 22.000 m² große Garten malerisch in die Landschaft um das Flüsschen der Französischen Nied ein. Das Schloss, in dem die Familie Pange noch heute wohnt, kann im Sommer im Rahmen von Führungen besichtigt werden. Es beherbergte schon Napoléon III und Kaiser Wilhelm I.

Probieren, was da blüht: Der Aromen-Garten Jardins Fruitiers in Laquenexy
Die Jardins Fruitiers von Laquenexy umfassen auf fast vier Hektar über 20 Themengärten und verstehen sich als „Garten der Aromen": Es gibt einen Kräutergarten, den Garten der essbaren Blumen, einen Kürbistunnel und einen verbotenen Garten. Neu ist der Maori-Themengarten mit Statuen und Pflanzen aus Neuseeland. Zur Anlage gehören neben dem Restaurant „La Pomme Bleue" auch ein Kiosk, ein Salon du thé (Mi – So, 15 und 18 h) und ein Pflanzenladen.

Grenzübergreifendes Projekt „Gärten ohne Grenzen"
Die beiden Gärten von Pange und Laquenexy gehören zu dem Netzwerk „Gärten ohne Grenzen" mit 23 Themengärten im Dreiländereck Deutschland, Frankreich und Luxemburg. Das Projekt „Jardins sans Limites" umfasst restaurierte historische Gartenanlagen und moderne Gärten. Für die Aufnahme in das Netzwerk müssen die Gärten Kriterien eines Qualitätsvertrags erfüllen. Die EU bewilligte 1998 die Förderung des Projekts, im Herbst 1999 öffnete mit dem Barockgarten des Parks von Nell im deutschen Perl der erste Garten des Netzes. In die insgesamt sechs Gärten im Departement Moselle kamen allein 2009 über 115.000 Besucher.

Durch Lothringens herbe Schönheit Metz

Centre Pompidou-Metz – Hauptbahnhof – Porte Serpenoise – Park l'Esplanade – Justizpalast – Markthalle – Kathedrale Saint-Étienne – Place Saint-Louis – Kirche Saint-Maximin – Porte des Allemands – Île du Petit Saulcy – Hafen – Canal de Jouy – Botanischer Garten

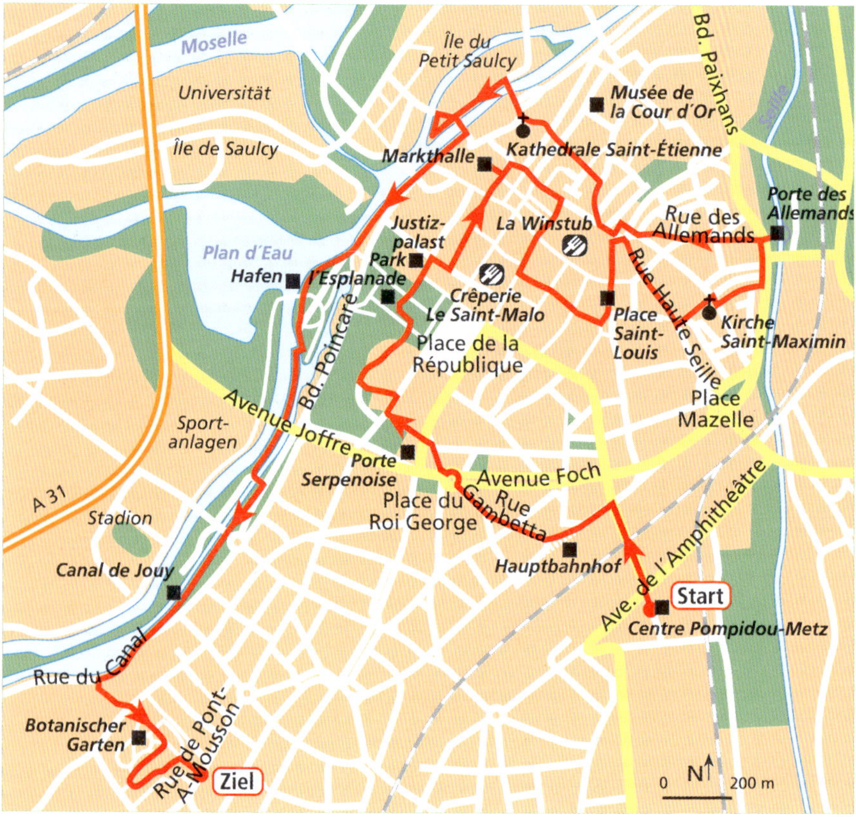

Start:
Metz,
Centre Pompidou-Metz
Länge:
8,5 km
Dauer:
4 Stunden
Parken:
Parkhaus Gare-Amphi-
théâtre

Die Hauptstadt des Mosel-Departements gewinnt ihre Besucher durch das verblüffende Aufeinanderprallen deutscher und französischer Architektur und Lebensart. Lange Zeit war Metz eine Garnisonsstadt und mehr als 40 Jahre stand die Stadt unter deutscher Besetzung – das zeigt sich eindrucksvoll an den Prestigebauten im Kaiserviertel Wilhelms II. Kunstfreunde werden vom hochmodernen Centre Pompidou begeistert sein und sich die Kathedrale Saint-Etienne, eine der höchsten gotischen Kathedralen Frankreichs, nicht entgehen lassen. Die Tour führt über quirlige Zentrumsstraßen zu magisch leuchtenden Kirchenfenstern von Chagall und Cocteau und am ruhigen Moselkanal zu einem der schönsten botanischen Gärten Lothringens.

Das Centre Pompidou in Metz zog im ersten Jahr 800.000 Besucher an

Die Tour beginnt am jüngsten Wahrzeichen der Stadt: dem **Centre Pompidou-Metz**. Das Museum ist die erste Dependance des großen berühmten Vorgängers in Paris. Der Bau von Shigeru Ban und Jean de Gastines zeigt seit 2010 zeitgenössische Kunst. Das Dach aus weißer Glasfaser-Teflon-Membran erinnert an einen chinesischen Hut, die 77 Meter hohe Spitze ist eine Hommage an das Jahr 1977, als in Paris das Centre Pompidou eröffnet wurde. Die filigran geschwungene Dachkonstruktion besteht aus hellem Holz und verleiht dem Bau gemeinsam mit dem Dach Transparenz und Leichtigkeit.

Vom Museum geht es entlang der Rue des Augustins durch die Bahnunterführung. Rechter Hand steht noch der Wasserturm, der die Dampflokomotiven versorgte. Links dominiert der imposante **Hauptbahnhof** (1905–08) im neoromanisch-wilhelminischen Stil den Platz. Er ist nicht, wie viele Gebäude des alten Metz, aus dem goldgelben Kalkstein Pierre de Jaumont erbaut, sondern aus graugelbem Vogesen-Sandstein, dem Grès des Vosges. Geplant hat den Bau der kaiserliche Baurat Jürgen Kröger, der Uhrenturm soll nach Skizzen von Kaiser Wilhelm II entstanden sein. Mit einer 300 Meter langen Halle und mehr als zehn breit angelegten Gleisen war der Bahnhof für militärische Zwecke konzipiert. Besonders sehenswert sind die Hallen – die Kapitelle zeigen technische und soziale Fortschritte der damaligen Zeit – und der Kaiserpavillon samt Glasfenster mit mittelalterlichen Motiven. Das gesamte Viertel wird

Tipp

Centre Pompidou-Metz
1, Parvis des Droits-de-l'Homme
57020 Metz
Tel. +33 (0)3 87 15 39 39
www.centrepompidou-metz.fr
weitere Infos s. S. 157

Öffnungszeiten:
Mo, Mi, Do, Fr 11 – 18 h
Sa 10 – 20 h, So 10 – 18 h
Di geschlossen

Wasserturm im Zentrum

Der Hauptbahnhof

„Quartier imperial" genannt und ist von wilhelminischer Architektur geprägt. Schließlich gehörte Metz von 1870 bis 1918 zum Deutschen Reich, ab 1902 wurde dieses Viertel neu gestaltet. Von der im gleichen Stil gehaltenen Hauptpost gegenüber geht es geradewegs in Richtung Zentrum. Nach dem Kreisel nimmt man die Rue Harelle, dort läuft man links zur **Porte Serpenoise**. Das Tor ersetzt seit 1851 ein mittelalterliches und davor ein römisches Stadttor. Hat man den Park passiert, geht es rechts und gleich links zur Zitadelle. In dem Proviant-Magazin, Überrest der Metzer Zitadelle von 1556, befindet sich ein nobles Hotel-Restaurant. Im Park gegenüber steht der Palais du Gouverneur (1902–05), ebenfalls im wilhelminischen Stil. Die Straße führt hinter der Zitadelle und vorbei an einer alten Templerkapelle zum **Park l'Esplanade**. In dem stets bunt bepflanzten Landschaftspark französischer Art entspannen Touristen und Metzer gleichermaßen vom Trubel des quirligen Zentrums. In der Mitte sprüht ein Springbrunnen

Goldenes Blättermeer verzaubert den Park l'Esplanade

feine Wassertropfen in die Luft. Rechter Hand vom Brunnen fällt der aus gelbem Sandstein erbaute **Justizpalast** mit seinen drei mächtigen Komplexen auf. Der Bau des Palastes, ursprünglich als Sitz des Königlichen Militärgouverneurs konzipiert, wurde 1791 zwar beendet, allerdings blieb wegen der Französischen Revolution unter anderem die Fassade unvollendet. Sehenswert an dem klassizistischen Bau ist vor allem das große Portal. Herkules stellt auf dem linken Frontgiebel die Stärke dar, auf dem rechten steht Minerva für die taktische Militärführung. Von dort führt die Strecke direkt auf die Rue Haute-Pierre. In der Nummer 2 steht das Geburtshaus des Dichters Paul Verlaine, der hier 1844 das Licht der Welt erblickte (Führung in Französisch: März – Dez, Di – So, 15.15 und 16.30 h, Reservierung unter Tel. +33 (0)6 34 52 22 34, 57 oder verlaine@wanadoo.fr). Als Verlaine sieben Jahre alt war, zog die Familie nach Paris.

¶¶ Tipps

Crêperie Le Saint-Malo
Salate, herzhafte Galettes in vielfältigen Variationen wie z. B. mit Ei, Schinken, Käse, Gemüse oder Hühnchen. Als Dessert gibt es süße Crêpes oder Eis.

14, Rue des Clercs
57000 Metz
Tel. +33 (0)3 87 74 56 85
www.creperie-metz.com
Öffnungszeiten:
Di – Fr 11.45 – 22 h
Sa 11.15 – 22.30 h
So, Mo geschlossen

La Winstub
Elsässische Küche mit Flammkuchen, Sauerkraut, Grumbeerekiechle (eine Art Kartoffelpfannkuchen) und Vogesenbier.

2, Rue Dupont des Loges
57000 Metz
Tel. +33 (0)3 87 37 03 93
Öffnungszeiten:
Di, Mi, Do 12 – 14 h,
19 – 22 h
Fr, Sa 12 – 14, 19 – 22.30 h

An der Ecke rechts und darauf links geht es durch die kleinen Straßen direkt zur Metzer **Markthalle**. Händler bieten in der u-förmigen Halle viele frische regionale Spezialitäten an. Gleich gegenüber steht das markanteste Wahrzeichen der Stadt. Die Hauptteile der **Kathedrale Saint-Etienne** wurden zwischen 1220 und 1522 erbaut. Aus zwei Kirchen entstanden, ist das Gewölbe der aus dem gelben Pierre de Jaumont errichteten Kirche 42 Meter hoch. Damit zählt sie zu den höchsten gotischen Kathedralen Frankreichs. Unter ihren luftigen Gewölben beherbergt sie mit 6500 Quadratmetern zudem eines der wichtigsten Kirchenfenster-Ensembles in Europa. Deshalb trägt die Bischofskirche auch den Beinamen „Laterne du Bon Dieu". Vom Mittelalter bis in die Moderne haben sich hier einige der renommiertesten Künstler verewigt: Hermann von Münster (Fenster Westseite, 14. Jahrhundert), Valentin Bousch (südliches Querschiff, 16. Jahrhundert) und Marc Chagall (Chor, 20. Jahrhundert). Am Südwestportal wird – je nach Auslegung der Kunsthistoriker – im linken oder im rechten Teil des Apostelfrieses (untere Reihe) ein Frühwerk des Naumburger Meisters vermutet. Jenes unbekannten meisterlichen Steinbildhauers, der Europas Kathedralen in der Hochgotik mit lebensnahen, gar lächelnden Figuren schmückte.

In der Kathedrale Saint-Etienne gibt es viele Kunstschätze zu entdecken

Mit der Kathedrale im Rücken geht man geradeaus die Rue En Fournirue hinab, biegt dann nach rechts in die lebhafte Rue du Ladoucette mit ihren Geschäften ein und kommt am Place Saint-Jacques mit seinen beliebten Cafés vorbei. Die zweite Querstraße linker Hand, die En Chaplerue, führt geradewegs auf den **Place Saint-Louis**. Zwischen dem 13. und 15. Jahrhundert angelegt, ist der Platz einer der interessantesten und charmantesten der Altstadt. Mit einer Gale-

Eine lebendige Kulisse des Mittelalters

Musée de la Cour d'Or Metz Métropole

Zeigt die Geschichte und Archäologie der Stadt Metz von der keltisch-römischen Zeit bis heute. Sehenswert vor allem die rätselhaften Zimmerdecken aus Metzer Häusern, die mit Szenen aus mittelalterlichen Tierdichtungen (Bestiarien) bemalt sind. Ausgestellt sind auch antike Thermen, Grabstelen der Merowinger, ein Mithras-Schrein und Alltagsgegenstände. Eine Gemäldesammlung zeigt französische, flämische, niederländische und deutsche Bilder vom 16. bis zum 20. Jahrhundert, darunter auch Werke von Metzer Künstlern.

2, Rue du Haut Poirier
57000 Metz
Tel. +33 (0)3 87 20 13 20
www.musee.metzmetropole.fr
Öffnungszeiten:
täglich 9 – 18 h,
Di geschlossen

Das Lothringer Kreuz, das im Zweiten Weltkrieg während der deutschen Besatzung symbolisch für das Freie Frankreich stand.

rie von etwa 60 Arkaden lehnen sich seine mittelalterlichen Häuser an den Fuß des Hügels Sainte-Croix. Die schmalen, hohen Gebäude haben Flachdächer, sodass es aussieht, als ginge die in sich geneigte Fassadenwand direkt in den Himmel über. Von den Häusern ragen teilweise noch mächtige römische Mauerreste in den Platz hinein. Am Ende des Platzes biegt man zweimal nach rechts auf die Rue Haute Seille. In der zweiten Querstraße nach links eröffnet sich hier ein weiterer besonderer Platz der Stadt. Der Place des Charrons wurde im 18. Jahrhundert aus einer Straße heraus verbreitert und als Platz angelegt. Hätte man ihn vor 1906 besucht, würde man hier noch auf einer Flusshalbinsel stehen. Denn bis zu dem Seille-Hochwasser säumte der Fluss den Platz, welcher über eine Brücke mit dem Rest des Zentrums verbunden war. Am Ende des Platzes führt die Strecke nach rechts zur **Kirche Saint-Maximin**. Zwischen dem 12. und 15. Jahrhundert erbaut, beherbergt diese kleine romanische Kirche mit dem barocken Eingangsportal Kirchenfenster von Jean Cocteau aus den 1960er-Jahren. 14 große Glasfenster realisierte der Schriftsteller, Regisseur und Maler hier einige Jahre vor seinem Tod. Er verwendete klassische christliche Symbole und geometrische Figuren, aber auch Motive, die durch die indigene Kunst Afrikas und Amerikas inspiriert sind. Zarte Blau-, Ocker- und Grüntöne sind umgeben von einem Flechtwerk aus weichen Linien und schaffen so ein mildes Licht (täglich 9 bis 18 h).

Von der Kirche geht man nach rechts und gleich wieder rechts in die Seitenstraße Rue du Wad Bouton und dann nach links über den Boulevard André Maginot zur **Porte des Allemands**. Das Deutschherrentor ist eines der wichtigsten Monumente in Metz, betont es doch einmal mehr die militärische Bedeutung, die diese Grenzstadt lange Zeit hatte. Die beiden schlanken, runden Türme entstanden 1230, die massiven Türme, die Seille-Brücke und den eleganten Laubengang baute man im 15. und 16. Jahrhundert an. Um 1680 integrierte der Festungsbaumeister Vauban (siehe Infobox S. 57) das Tor in die neue Metzer Stadtbefestigung. Der Name rührt von einem ehemaligen Krankenhaus des Deutschen Ordens her, welches sich gegenüber befand. Am Fuß einer der Türme ist eine kleine Figur in den Stein gehauen: der Artillerist von Metz. Mit einer Kanonenkugel und dem Kopf zwischen den Beinen durchgestreckt, zeigt er dem Feind seinen blanken Hintern. Die Figur weist natürlich aus Metz heraus auf das Umland. Vom Deutschherrentor führt die Strecke über die gegenüberliegende Rue des Allemands wieder ins Zentrum und am Novotel rechts vorbei wieder auf die En Fournirue. Dort biegt man in die dritte Querstraße, die auf einen kleinen Platz am Fuß der Rue d'Enfer führt. Hier stand ehemals das Wohnhaus von François Rabelais, dem Schöpfer des grotesken Romanzyklus um die Riesen Gargantua und Pantagruel (siehe

Infobox S. 40). Das Haus ist dem Platz und einem Café mit Terrasse gewichen. Übrig blieben nur die Türen, die an den Mauern im Garten angebracht wurden. Linker Hand führt der Weg die En Jurue hinauf zum Chor der Kathedrale. Hier nimmt man die Gasse Rue du Vivier am Chor, hinab zur kanalisierten Mosel.

Über die Brücke gelangt man auf die kleine Flussinsel **l'île du Petit Saulcy** im Altarm der Mosel. Hier stehen sich die Oper aus hellem Jaumont-Stein und die evangelisch-reformierte Kirche Temple Neuf gegenüber. Auch diese Kirche entstand unter deutscher Besetzung im neoromanischen Stil und im für die Region sonst untypischen grauen Vogesensandstein. Es ist gewollt, dass sie an den Dom zu Speyer oder andere Romanikkirchen am deutschen Rhein erinnert. Vom kleinen Park hinter der Kirche, dem Jardin d'Amour, hat man einen schönen Blick auf die Moselbrücken, die umliegenden hellen Sandsteinhäuser und das grünliche Dach der Kathedrale. Von der Insel überquert man die Mosel in Richtung Zentrum, nimmt dann aber eine der Treppen zum Fluss hinab. Hier spaziert man am Moselkanal stadtauswärts. Schwäne und Enten schwimmen vorbei, hinter den Bäumen liegt auf der anderen Seite das Universitätsgelände. Der **Hafen**, wo auch Tretboote gemietet werden können, geht über in den großen Lac aux Cygnes, den Schwanensee. Umsäumt von Wiesen und Parks treffen sich hier die Metzer vor den Toren des Zentrums, um Zeit im Grünen zu verbringen. Am **Canal de Jouy** geht es immer weiter nach Süden. Direkt an der kanalisierten Mosel spaziert man hier am Fuß der Vorstadtviertel, die deutlich von der wilhelminischen oder klassizistischen Architektur geprägt sind. Viele imposante Stadtvillen mit Erkern, Balkonen und großen Fenstern säumen die prächtige Baumallee, die parallel zum Kanal verläuft.

Nach der Unterquerung der Autobrücke gelangt man über die Fußgängerbrücke zum linken Ufer, wo es geradeaus weitergeht. Rechter Hand sieht man auf der anderen Seite das Stadion und das Zentrum des FC Metz. Am Ende der Allee folgt links eine Ansammlung moderner Häuser. Die sich anschließende Querstraße führt links zum **Botanischen Garten** hinauf. Der englische Landschaftsgarten versammelt in einem großen Rosengarten über 80 Sorten. Gegründet wurde der Park 1866, heute gehört er zu dem grenzüberschreitenden Projekt „Gärten ohne Grenzen" (siehe Tour 05, S. 33ff). Auf dem 4,4 Hektar großen Gelände stehen hundertjährige Ginkgobäume, Mammutbäume oder Sumpfzypressen, aber auch seltene Gewächse wie der Persische Flieder oder der Falsche Christusdorn. In den Gewächshäusern von 1861 wachsen Orchideen, Kakteen und Palmen. Der Haupteingang des Gartens mündet auf die **Rue de Pont-à-Mousson**, von dort geht es mit der Buslinie 1 zurück zum Hauptbahnhof.

Auch die Oper ist aus dem gelben Jaumont-Sandstein erbaut

Die Île du Petit Saulcy

ABSTECHER:

Robert-Schuman-Haus in Scy-Chazelles, 8 km westlich von Metz, s. S. 157f

Museum des Deutsch-Französischen Krieges und der Annexion in Gravelotte, 17 km westlich von Metz, s. S. 158

Garten der heimischen Pflanzen in Scy-Chazelles – Garten ohne Grenzen, 7 km westlich von Metz, s. S. 165

Walygator-Freizeitpark in Maizières-lès-Metz, 12 km nördlich von Metz, s. S. 168

SCHLECHTWETTER-ALTERNATIVE:

Historische Zugfahrten von Vigy, 15 km nordöstlich von Metz, s. S. 170

i

Ein Humanist als Spion des Königs?

Im März 1546 kommt der humanistische Dichter François Rabelais nach Metz, das seit Ende des 12. Jahrhunderts eine freie Reichsstadt war. Offiziell arbeitet Rabelais als Arzt in der Stadt. Der kontaktfreudige und gewandte Gelehrte, von dem es heißt, er konnte mit dem blasierten Adel an den üppigen Tafeln ebenso gut umgehen wie mit dem einfachen Volk in einer schäbigen Kaschemme, soll im besonderen Auftrag des französischen Königs Henri II nach Metz gekommen sein. Rabelais soll die Stimmung unter der Stadtbevölkerung im Hinblick auf einen Anschluss an Frankreich einschätzen. Und tatsächlich, 1552 kommt die bedeutsame Stadt unter die französische Krone. Rabelais selbst verlässt Metz 1547, verewigt aber einige Gepflogenheiten und Legenden wie den Drachen Graoully im vierten Buch seines satirischen Romanzyklus um die Riesen Pantagruel und Gargantua.

Vorbei an Bunkern und Panzerglocken

Fort Hackenberg – Truppeneingang Block E.H. – Budling – Auberge du Hackenberg – Hackenberg-Kapelle – Panzer-Schutzgraben – Kampfblöcke 2, 3, 5 – Veckring – Fort Hackenberg

Das Fort Hackenberg ist eine sehr gut erhaltene Bunkeranlage der Maginot-Linie aus der Zeit des Zweiten Weltkrieges. Besucher können in der funktionstüchtigen Anlage, die heute ein Museum ist, nicht nur Soldatengroßküchen und einen OP-Saal besichtigen, sondern auch das autonome Elektrizitätswerk und versenkbare Panzerdrehtürme. Die zahlreichen Stollen der unterirdischen Stadt werden auf der Original-Elektrobahn durchfahren. An der Oberfläche führen Wanderwege über hügelige Felder und durch dichte Laubwälder rund um den Hackenberg. Von dem über 300 Meter hohen Hackenberg hat man einen weiten Blick über die Ebene, auf den Wanderpfaden gibt es massive Kampfblöcke und versteckte Panzerglocken zu entdecken.

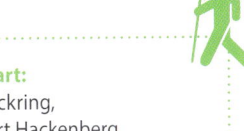

Start:
Veckring,
Fort Hackenberg
Länge: 10 km
Dauer: 3,5 Stunden
Parken:
Parkplatz vor dem Fort
ÖPNV:
Tim-Bus 107, Veckring
(Camp)

Vom offiziellen Eingang des **Fort Hackenberg** führt die Strecke nach rechts zum ehemaligen **Truppeneingang Block E.H.**, dem Entrée des hommes. In den Betonklotz marschierten ab 1939 rund 1000 französische Soldaten, um in der unterirdischen Stadt zu leben und die Grenze zu verteidigen. Der Weg geht durch einen dichten Laubwald zum Hackenberg. Es kann gut sein, dass Wanderer hier tatsächlich das Schießen von Waffen hören. Allerdings kommt dies von der im Tal in Veckring gelegenen Paintball-Anlage im ehemaligen Camp des Forts. Da aber das gesamte Terrain nach wie vor dem französischen Militär gehört und in der Vergangenheit hier schwere Kämpfe stattfanden, empfiehlt

Im Tunnel der Bunkeranlage

Das Fort Hackenberg ist eine der größten Bunkeranlagen der Maginot-Linie

Hackenberg-Kapelle

es sich, auf der Tour nur die für Wanderer ausgewiesenen Wege zu benutzen. An der Gabelung folgt man den gelb-weiß gekennzeichneten Schildern nach Budling. Vom Weg aus eröffnen sich schöne Ausblicke auf die liebliche Ebene mit ihren sanften Hügeln, kleinen Dörfern und grünen Wäldern. Das Dorf **Budling** wird geradewegs auf der Rue des Tilleuls durchwandert, vorbei an der **Auberge du Hackenberg**. Schließlich führt die Rue de la Forêt wieder in den Wald und damit den Hackenberg hinauf.

Man folgt weiter den gelb-weiß gekennzeichneten Schildern zur **Hackenberg-Kapelle**. Die moderne Kapelle liegt auf dem Hügel in 348 Metern Höhe, umgeben von einem

Der Kapellenfriedhof

Friedhof. Die Grabsteine sind bereits stark verwittert oder schon größtenteils im Boden versackt. Die alte Kapelle am selben Standort war 1945 bei einem Bombenangriff der Amerikaner zerstört worden. Bei dem weit ins Land reichenden Panoramablick wird die strategische Lage des Forts besonders bewusst.

Vorbei an der östlichen Beobachtungs-Panzerglocke des Blocks 12, welche rostig und von hohen Gräsern umwachsen neben der Kapelle liegt, führt der Pfad vom Hügel wieder in den Wald. An der kurz darauf folgenden Gabelung geht es links zum **Panzer-Schutzgraben** hinab. Dort befindet sich linker Hand auf einer Anhöhe der Block 24. Vom unterirdischen Komplex des Forts mussten die Soldaten damals 258 Stufen zu dem Block hinaufsteigen. Der Block, wie die anderen auch aus blauem Beton erbaut, wurde 1933 als letzte Anlage fertiggestellt. Von dort geht es nach rechts immer an der Steilmauer entlang, die sich wie eine tiefe Schneise durch den Wald zieht. Das Fort Hackenberg ist neben dem Fort Hochwald im nördlichen Elsass das einzige Bauwerk der Maginot-Linie, welches über einen tiefen Panzer-Schutzgraben mit einer steilen Böschung verfügt. Die Blöcke 22 bis 25 dienten dazu, diesen Schutzgraben zu decken. Der Weg führt vorbei am Block 23, welcher über zwei Dreischarten-Panzerglocken und eine Granatwerferglocke verfügt. Man sieht, dass hier gespart wurde: Die Dicke der Wände und der Decke ist reduziert. Unter dem kleineren Block 22 wurde ein Gegenminensystem angelegt. Block 21 verfügt über zwei Schießräume für

Tipp

Fort Hackenberg
Association Amifort
60 bis, Grande Rue
57920 Veckring
Tel. +33 (0)3 82 82 30 08
www.maginot-hackenberg.fr

Geführte Touren
16. Nov – März:
Sa 14 h
April – 15. Nov:
Mi, Sa, So, Feiertage 14.30 h
Juni – Sept:
täglich 14.30 h
Eintritt nur mit Führung,
Dauer 2 h bei einer Temperatur von 12 Grad

SCHLECHTWETTER-ALTERNATIVE:
Schloss Malbrouck in Manderen, 25 km nördlich von Veckring, s. S. 170f

Neugierde siegt über Appetit

🍴 Tipp

Auberge du Hackenberg
Bäuerliche Küche mit Braten, Salaten und Wurstwaren, Gerichte auch aus eigener Geflügelzucht.

21 Rue du Hackenberg
57970 Budling
Tel. +33 (0)3 82 83 50 56
Öffnungszeiten:
Do – So, Di 10 – 20 h
Mo + Mi geschlossen

Hinab nach Veckring

ℹ️

unterschiedliche Höhen und besaß eine Panzerabwehrkanone für den Schutz der Steilmauer.

Durch den Laubwald geht es zu der Ansammlung der **Kampfblöcke 2, 3, 5**. Vom Panzerdrehturm Block 2 musste nach der Offensive vom 10. Mai 1940 oft auf deutsche Angriffe reagiert werden. Der Mörser feuerte bis zu 30 Sprenggranaten oder Schrapnelle in der Minute ab und bis zu einer Weite von 6000 Metern. Die Wurfgranate von Block 3, dessen Stahlglocke noch die natürliche Gesteins-Tarnung besitzt, hatte eine Reichweite von 3600 Metern. In der Geschützkasematte Block 5, ausgerüstet mit Kanonen-Haubitzen, fanden 1934 die ersten Schießversuche statt. Allerdings gab es Leichtverletzte wegen vieler Zwischenfälle: Aufzugpanne, falsche Handhabung, lockere Schrauben an den Geschützeinstellungen, überhitzte Rohre, hoher Kohlenstoffmonoxid-Gehalt bedingt durch wenig Luftzufuhr.

Nun führt die Strecke von der Waldlichtung in Richtung des Dorfes **Veckring**. Den grün-weiß gekennzeichneten Schildern nach geht es durch die Felder- und Wiesenhänge hinab. Die gelb-goldenen Weizenstoppeln leuchten im Sommer in der Sonne, während sich gleich daneben saftig grüne Wiesen wie sanfte Wellen an den Fuß des Hügels legen. An der Straße geht es nach rechts zum Block E.H. hinauf. Von dort gelangt man wieder zum **Fort Hackenberg** und dem offiziellen Eingang, der heute über den ehemaligen Munitionseingang E.M., den Entrée des munitions, erfolgt.

Das Fort Hackenberg – Unterirdische Stadt für 1000 Mann

Das Fort Hackenberg, auch Großgruppe A 19 genannt, ist mit Gängen von insgesamt zehn Kilometern Länge und 17 Kampfanlagen eine der größten Bunkeranlagen der Maginot-Linie. An dem damals hochmodernen Fort baute man von 1930 bis 1935, es bot Platz für gut 1000 Soldaten. Die Baukosten betrugen 174 Millionen alte Francs. Befreit wurde das Fort im November 1944 von den Amerikanern. In der Zwischenzeit hatte die Wehrmacht hier Gefangenenlager und Fabriken eingerichtet. Während einer geführten Tour kann man die unterirdische Stadt mit den mehrgeschossigen Bunkern entdecken. Es wird sogar der mächtige Panzerdrehturm in Block 9 gedreht und ausgefahren. Zur Bedienung dieser Waffe waren im Kampfeinsatz 21 Soldaten nötig. Es war übrigens auch dieser Panzerdrehturm, welcher dem britischen König Georg VI. vorgeführt wurde, als dieser das Fort am 9. Dezember 1939 besuchte.

Die Maginot-Linie – „Kein Durchkommen" an der Ostgrenze

Die Maginot-Linie, von 1929 bis 1940 errichtet, reicht von den Ardennen bis zur Schweiz und von den Alpen bis zum Mittelmeer. Auf einer Länge von 700 Kilometern wurden 25 befestigte Abschnitte erbaut, in denen 36 Divisionen Verteidigungsschlachten schlagen sollten. Rückgrat der Linie waren sich gegenseitig deckende, schwer befestigte Werkgruppen (Artillerie- und Infanterie) und kleine Zwischenwerke (Kasematten), dazwischen sind Unterstände, Beobachtungsbunker und Kleinkampfanlagen errichtet. In den 20ern schätzten französische Politiker eine solche Befestigungslinie als kostengünstiger ein als Ausstattung und Unterhalt einer modernen Armee. Die Kosten der Maginot-Linie betrugen insgesamt 5 Milliarden alte Francs. Namensgeber André Maginot, seinerzeit Kriegsminister, hat die Pläne 1929 dem Parlament zur Finanzierung vorgelegt, Kopf des Projektes war aber sein Vorgänger Paul Painlevé. Das Motto lautete „On ne passe pas", „Kein Durchkommen", in Anlehnung an General Robert Nivelle und die Schlacht von Verdun. Letztendlich hielt die Maginot-Linie auch den Angriffen stand, war aber nutzlos, weil der deutsche Angriff von Belgien aus erfolgte.

Auf den Spuren des Bergbaus – Bemalte Fassaden und ein idyllisches Kalkplateau

Nilvange – Fassadenmalerei Alte Schmiede – Fassadenmalerei Wohnhaus – Fassadenmalerei Straßenszene – Château de Nilvange – Kalkwiesenplateau – Aussichtspunkt – Cité Sainte-Barbe – Monumentalmalerei der vier Minen – Nilvange

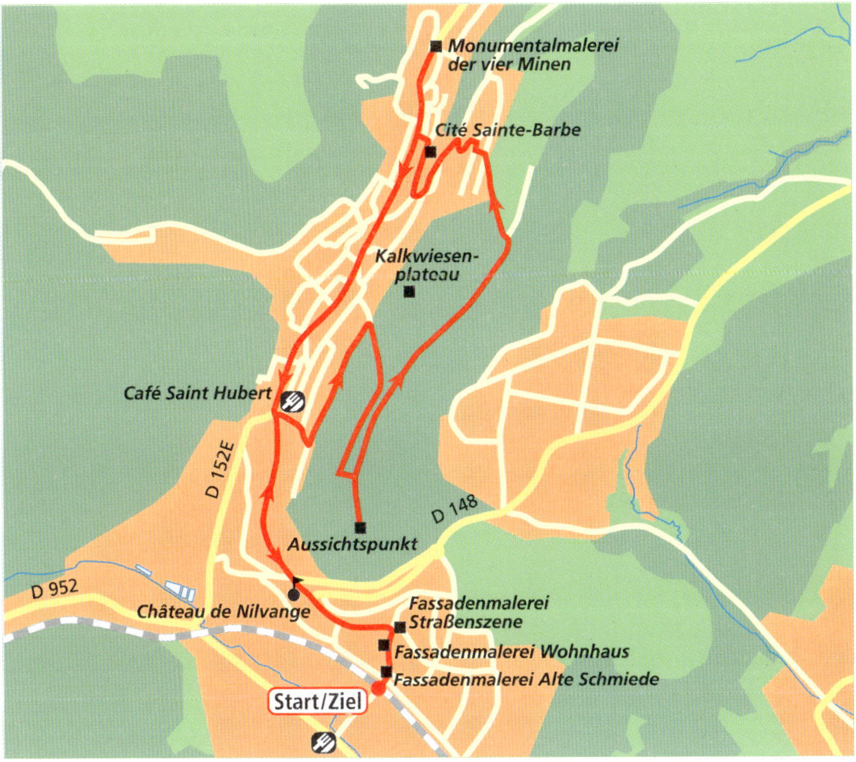

![map]
Monumentalmalerei der vier Minen
Cité Sainte-Barbe
Kalkwiesen-plateau
Café Saint Hubert
D 152E
D 148
Aussichtspunkt
D 952
Château de Nilvange
Fassadenmalerei Straßenszene
Fassadenmalerei Wohnhaus
Fassadenmalerei Alte Schmiede
Start/Ziel

Sehnsüchtige Erinnerungen an die ehemalige Glanzzeit des Bergbaus und der Stahlverhüttung – das scheinen die Bergmannsviertel und die verblichenen Fassadenreklamen in den Industriestädtchen des Fenschtals zu verströmen. In Nilvange sieht man die Spuren der Industriellen Revolution am Herrenhaus, dem Sitz der Minendirektoren, und im englischen Park. Oder an den Resten der stillgelegten Minen. Vom saftig grünen Kalkrasen der Hochebene von Algrange-Nilvange lässt sich nicht nur ein schöner Blick ins Tal genießen, auch geschützte Pflanzen und seltene Schmetterlinge kann man hier bestaunen. Eine monumentale Malerei im Gedenken an die Minen erstreckt sich am Fuß der Hochebene auf einer über hundert Meter langen Wand. Der Maler hat die Bergmänner und -frauen von damals bei ihrer Arbeit unter Tage dargestellt. Sie sind detailgetreu porträtiert, mit verarbeiteten Händen und individuellen Gesichtszügen.

Start:
Nilvange,
Place François Mitterrand

Länge: 11 km

Dauer: 3,5 Stunden

Parken:
Place Mitterrand
(Gratisparkplatz)

ÖPNV:
Tim-Bus 47, Nilvange (Route de Nilvange)

Wie ein Blick durch ein Zeitfenster: Fassadenmalerei von Greg Gawra

¶Tipps

Vom Place François Mitterrand in **Nilvange** geht es nach links auf die Rue Maréchal Foch und durch die Bahnunterführung. An der Kreuzung fällt linker Hand gleich die Fassadenmalerei **Alte Schmiede** in der Rue Maréchal Foch auf. Hier hat der Künstler Greg Gawra um die Fenster herum, an den Wänden zur Straße und im Hof lebhafte Abbilder der Vergangenheit geschaffen. Ein bärtiger Schmied bei der Arbeit am heißen Eisen; Männer, die lässig an der Hauswand zu lehnen scheinen, und Pferde, die auf die Straße schauen, als stünden sie in diesem Gebäude wahrhaftig in ihrem Stall. Geht man die Straße weiter hin-auf, findet sich links, bei den Hausnummern 35 bis 39, die **Fassadenmalerei Wohnhaus.** Auch hier täuscht der Künstler einen trompe-l'œil-Effekt vor: Als ob die Wände aus Glas seien, sieht man im Obergeschoss eine Dame mit Perlenkette auf einem Stuhl sitzen und im Untergeschoss zwei Männer am gedeckten Tisch stehen. Die **Fassadenmalerei Straßenszene** kommt gleich an der nächsten Kreuzung, Ecke Rue Maréchal Foch/Rue Victor Hugo, am letzten Haus auf der rechten Seite. Die Seitenwand des dunkelgrauen Hauses mit den weißen Fensterläden zeigt eines der großflächig gemalten Fassadenbilder von Gawra in Nilvange. Dabei hat er die Architektur des Hauses gleich mit in die Szene eingebunden. Auf die Wand sind weitere Häuserwände gemalt, die den Blick auf eine Straßenszene mit Nilvanger Bürgern freigeben. Sogar auf die zugemau-

Im Garten des Château de Nilvange

Tipp

Parc du Haut-Fourneau U4 in Uckange

Besucher können sich im Hochofen U4 und einer Dauerausstellung über die Gusseisen-Produktion informieren. Der moderne Park Jardin des Traces mit Wasserspielen und zeitgenössischen Skulpturen ist auf einer ehemaligen Industriebrache entstanden und gehört zum grenzübergreifenden Projekt Gärten ohne Grenzen.

Tipp für Kinder!

1, Rue du Jardin des Traces
57270 Uckange
Tel. +33 (0)3 82 57 37 37
www.haut-fourneau-u4.fr
Öffnungszeiten:
Di bis So 14 – 18.30 h, Freitag und Sa auch 20.30 – 24 h. Sa, So und Feiertage geführte Touren um 14.15 und 16.30 h. Geführte Touren im Garten jeden 2. So im Monat um 15.30 h. Geöffnet von 1. April bis 1. November.

erte Tür ist eine Tür gemalt – mit einer wartenden Großmutter.

Steht man vor dem Fassadenbild, geht es nach rechts. Nach 400 Metern taucht links das **Château de Nilvange** mit seiner weiß-gelben Fassade auf. Sehenswert ist der Park, auch wenn er mit anderthalb Hektar relativ klein ist. Es ist ein hübscher Ort der Ruhe, die künstlichen – leicht verwitterten und moosbewachsenen – Grotten und die sich durch das Gelände windenden Baumalleen laden zum Verweilen ein. Zu den 300 Bäumen und 100 Sträuchern gehören nicht nur Linden und Magnolien, auch so manche botanische Kostbarkeit wurde hier gepflanzt: etwa eine Libanon-Zeder oder ein Eschen-Ahorn.

Vom Herrenhaus steigt die Straße leicht an, links und rechts zu schauen lohnt sich hier. Es geht unter hohen Bäumen vorbei an schmucken Stadtvillen mit Fachwerkgiebeln, verzierten Portalen, geziegelten Zaunsäulen oder kunstvoll gearbeiteten Gittertüren. Immer geradeaus führt die Straße, die mittlerweile in die Rue de la Paix übergegangen ist. Am Schild „Pelouses calcaires – Sentier de découverte" („Kalkwiesen – Erkundungspfad") geht es rechts hinauf in die Rue du Président Wilson. Gleich zu Beginn macht die Straße eine Linkskurve, hier nimmt man rechter Hand die Steintreppe zwischen einer Vorgartenmauer und einer Hecke. Diese führt auf einen Parkplatz, gleich rechts führt von hier ein Waldweg direkt zum **Kalkwiesenplateau** hinauf. An der ersten Gabelung geht es links durch den Wald. An der zweiten Gabelung steigt man nach rechts den leichten Hang hinauf, bis man vom Wald aus auf die schmale unbewaldete Ebene kommt. An der Waldgrenze führt der Pfad die saftig grünen Kalkwiesen entlang.

Bis 1945 wurde die Ebene von einer Wanderschafherde beweidet, später abgemäht und – nachdem sie sich wieder zu bewalden begann – seit 1999 größtenteils von Bäumen

Auf dem Kalkwiesenplateau

Der Däiwelsbaart – besser bekannt als Gewöhnliche Kuhschelle

und Sträuchern freigehalten. Wegen der für Karstgebiete typischen Dolinen sollten Wanderer die Wege nicht verlassen, denn das Betreten der kreisrunden, nachgebenden Einsenkungen im Boden kann gefährlich werden. Das Pflücken von Pflanzen ist in dem geschützten Trockenbiotop verboten. Schließlich wächst hier die Gewöhnliche Kuhschelle, die in Deutschland größtenteils einen bedrohten Status hat. Im rund 15 Kilometer entfernten Luxemburg heißt sie auch Däiwelsbaart – Teufelsbart. Von April bis Mai sieht man ihre violetten Blüten immer wieder büschelweise aus dem dichten Gras herausstrahlen.

Nach 500 Metern biegt der Weg nach links und kreuzt einen anderen Pfad. Dort biegt man nach rechts ab und wandert geradeaus an einigen hohen Nadelbäumen vorbei. Dann hat man am **Aussichtspunkt** Gelegenheit zu einem Blick auf Nilvange und das hügelige Fenschtal. Die Häuser und Straßen liegen in der Talsohle dicht an dicht gepresst, an den sanft steigenden Hängen reiht sich immer wieder eine kurze Häuserkette auf, bis sie links und rechts im Grün der Bäume verschwindet. Vom Ausblick geht man zweimal links und kommt wieder auf den Weg mit den Nadelbäumen. Immer geradeaus geht es weiter über die idyllische Hochebene. Vielleicht sieht man einen Scheckenfalter mit seinen hell- und dunkelorangefarbenen Flügeln vorüberflattern. Abseits vom Pfad wächst auch das große, in Deutschland gefährdete, Windröschen, die violette Bergaster oder das in Lothringen geschützte weiße Veilchen.

Nach ca. 1,5 Kilometer geht man an der Weggabelung geradeaus und von der Hochebene hinab. An der kleinen Gassengabelung geht es geradeaus, dann biegt man rechts ab, gleich darauf geht man nach links und weiter

Das Kalkwiesenplateau ist eine landschaftliche Besonderheit

die Straße Rue Witten hinab. An der Straßengabelung geht man nach links, weiter den Hang hinab. Rechter Hand taucht bald ein Friedhof auf, an der sich anschließenden Kreuzung geht es zweimal rechts. Nun führt der Weg immer geradeaus hinter dem Friedhof vorbei.

So kommt man in die ehemalige Bergmannssiedlung **Cité Sainte-Barbe**, eine kurze Straße mit kleinen, schmalen, dicht an dicht gebauten Zweifamilien-Häuschen. Man folgt der Straße nach links. Am Ende des Zauns biegt man nach rechts wieder auf die Rue Maréchal Foch und erreicht nach 500 Metern die Stützwand mit der **Monumentalmalerei der vier Minen** von Greg Gawra. Auf über hundert Metern schieben Bergmänner der Minen die Lore, behauen mit der Hacke den Stein oder tragen bei einer Prozession ihre Schutzheilige St. Barbara. Der Eisenerz-Bergbau wurde in Nilvange zwischen 1882 und 1983 betrieben, zur Hochzeit waren in den neun Hochöfen der vier Minen rund 5000 Arbeiter beschäftigt. Das Auftragswerk der Stadtverwaltung unter der kommunistischen Bürgermeisterin Henriette Simonetto wurde 1989 – sechs Jahre nach Schließung der letzten Mine – feierlich eingeweiht. Der Stahlkonzern Arcelor Mittal hat trotz starker Proteste im Frühjahr 2013 seine Hochöfen im nahen Florange geschlossen. Das waren die letzten beiden in Ostfrankreich. Von der Monumentalmalerei folgt man der Rue Général de Gaulle und der Rue Maréchal Foch wieder zurück zum Place François Mitterrand. Oder man nimmt die Buslinie 32 bis Haltestelle Médiathèque am Château de Nilvange und läuft zum Place Mitterrand.

Fassadenmalerei in der Rue Maréchal Foch

ABSTECHER:
Wiesengarten am Schloss in Manom – Garten ohne Grenzen , 14 km nordöstlich von Nilvange, s. S. 166

SCHLECHTWETTER-ALTERNATIVE:
Freizeit- und Wellnesskomplex in Amnéville-les-Thermes, 19 km südlich von Nilvange, s. S. 171

Fassadenmalereien mit poetischer Nostalgie

Der Maler Greg Gawra hat besonders in den Städten Algrange, Hayange, Remelange und Fameck im Fenschtal verschiedene Fassaden mit aufwendigen Wandmalereien verschönert. Ukrainischer Abstammung, hat sich der 1954 in Nilvange geborene Gawra als autodidaktischer Maler vor allem mit dem Industrieerbe und dem Alltagsleben der Region beschäftigt. Ein Hauch von Nostalgie schwingt in den poetisch-realistischen Szenen mit. Denn seine detailgetreuen Fassadenbilder zeigen die Arbeit der Bergmänner, Bauern, Bäcker oder Straßenbahnfahrer während der prosperierenden Zeit zwischen den beiden Weltkriegen. Gawras größtes Werk ist das monumentale Mauernbild der vier Minen in Algrange, das sich auf einer Stützwand in der Rue General de Gaulle über mehr als hundert Meter erstreckt. Mit diesem und anderen Werken hat Gawra in 20 Jahren 2500 lokale Persönlichkeiten an die Mauern seiner Heimat gemalt. Auf manchen Wänden hat er auch seinen Schäferhund „Schnaps" verewigt.

Das Château de Nilvange und der Glanz vergangener Zeiten

Das Herrenhaus in Nilvange zeugt vom Reichtum vergangener Zeiten. Denn die Eisen- und Stahlverhüttung bescherte den Städten hier zwischen dem Ende des 19. und der Mitte des 20. Jahrhunderts einen gewissen Reichtum. 1899 erbaut, diente das Herrenhaus als repräsentativer Sitz der Direktoren der Metallurgischen Gesellschaft (Société Métalllurgiqe de Knutange, SMK) aus dem benachbarten Knutange. Der englische Garten und die gelben Schmucksteine auf der weißen Fassade spiegeln den Geschmack der Auftraggeber wider, welche den Neobarock als Baustil bevorzugten. Der Garten ist heute öffentlich zugänglich und kann zwischen 8 und 20 Uhr besucht werden. Aufgrund seines Artenreichtums ist der Park auch Schutzgebiet des französischen Vogelschutzbunds.

In Gorze lebt längst Vergangenes weiter

Rue Général de Gaulle – Rue du Commerce – Marienfigur – Mont Belin – Waschhaus – Abteipalast – Stiftskirche Saint-Étienne – Kapelle Saint-Clément – Rue de Novéant

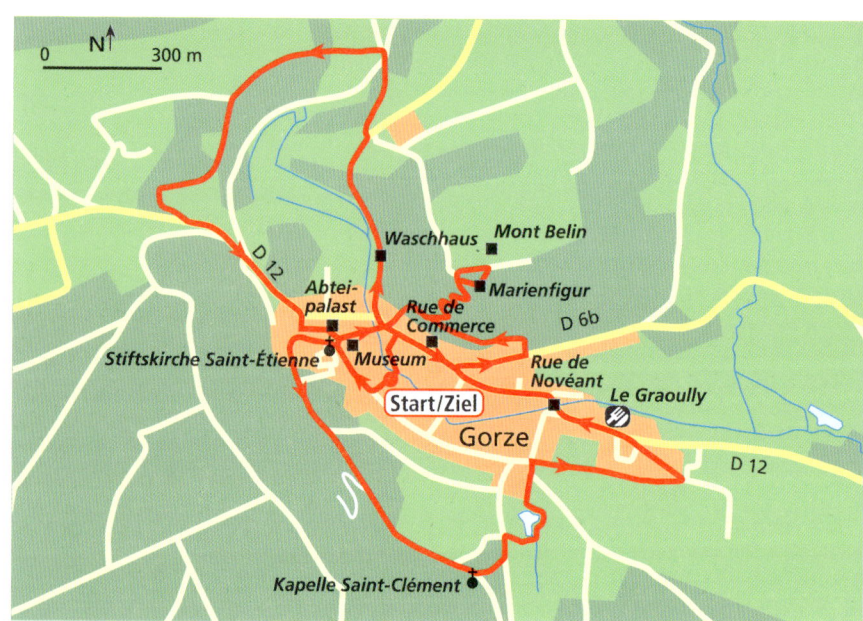

Start:
Gorze,
Rue Général de Gaulle
Länge:
6,5 km
Dauer:
2 Stunden
Parken:
Rue Général de Gaulle,
Gratisparkplatz gegenüber
der école élémentaire
publique
ÖPNV:
Tim-Bus 78, Gorze (Place
Maurice Barrès)

Das kleine Städtchen Gorze liegt in den Wäldern des Regionalen Naturparks Lothringen und bietet allerhand historische Kleinode. Neben Straßenzügen mit vielen erhaltenen Häusern, von der Renaissance bis zum 18. Jh., verzaubert vor allem der stille Charme des verwaisten Abteipalastes mit seinen Nymphenfiguren aus gelbem Kalkstein. Die Stadt aus ungewöhnlicher Perspektive sieht man vom Weg zur Marienfigur auf dem Mont Belin. Erst wandert man dicht hinter sehr gepflegten oder auch schön verwilderten Gärten vorbei, dann blickt man, umgeben von nahezu mystischer Ruhe, ins Tal hinab.

Der Weg beginnt in der **Rue Général de Gaulle** in Gorze, man passiert rechter Hand erst seinen sehr gepflegten, blumenreichen Garten, dann das ehemalige Priorat selbst. In dem Gebäude von 1773 befinden sich heute das Rathaus von Gorze und das Tourismusbüro. Nach rechts geht es durch die schmale Gasse Rue de l`Eglise, vorbei an der ehemaligen Schule: ein prachtvolles Gebäude von 1874 mit weißen Fensterläden und blauen Türen. Dann biegt man nach rechts in die **Rue du Commerce**, die Hauptstraße des kleinen Städtchens. Verpassen sollte man nicht einen Blick in die wohl schmalste Gasse von Gorze, wenn nicht von ganz Lothringen: Gleich nach der alten Bäckerei auf der

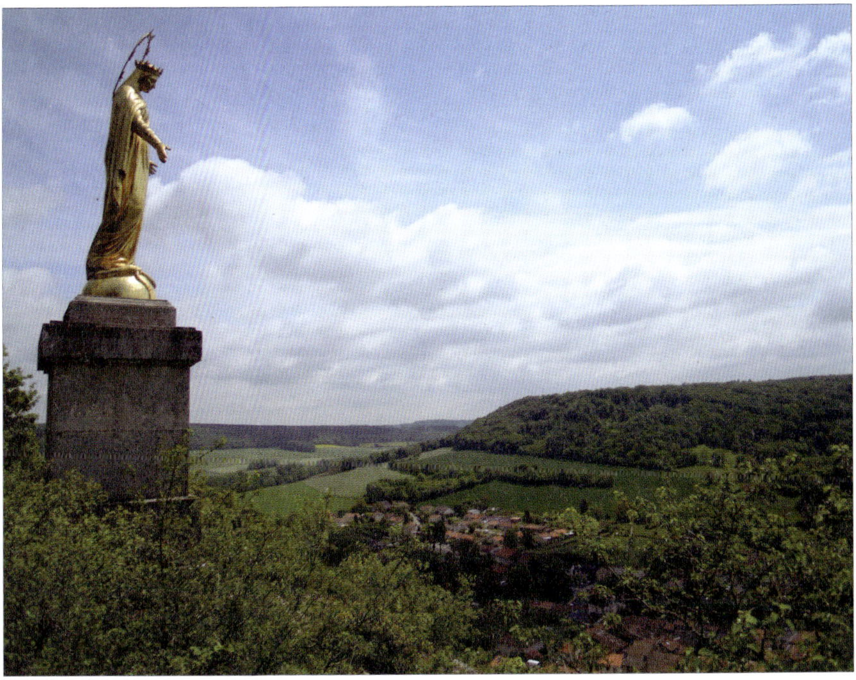

Seit 1868 wacht die Marienfigur über das Städtchen Gorze

rechten Seite geht eine enge, aber hohe Passage zwischen den Häuserblöcken zum Parkplatz. Nebeneinander laufen ist darin unmöglich. Geradeaus gibt es in der Rue du Commerce viele interessante Fassaden zu sehen. Hier reihen sich kleine dreigeschossige Renaissancebauten – repräsentatives Erdgeschoss mit paarweise angeordneten Fenstern samt Bogen, fein gestalteter Wohnetage und kleinem Mezzanin-Dachgeschoss – an größere, staatliche Gebäude aus dem 17., 18. und 19. Jh. An der Straßengabelung begrüßt das Vereinshaus, ehemals das Rathaus, den Wanderer mit einer Fassade im neo-klassizistischen Stil und drei elegant geschwungenen Eingangsportalen. Dort geht es links die Rue Raymond Mondon hinauf. Vorbei an einigen kleinen Wohnhäusern aus der Renaissance mit ihren waagerechten Türstürzen und dekorativ angedeuteten Gesimsen.
Der Einstieg auf den Wanderweg ist linker Hand am Zebrastreifen, bei Hausnummer 32. An der Gabelung des Wanderweges biegt man links auf einen schmalen Trampelpfad ab. Dieser führt, parallel zur Rue Raymond Mondon und der Rue du Commerce, auf einer Anhöhe direkt hinter den Gärten der Wohnhäuser vorbei. Links hat der Wanderer einen schönen Blick auf die reich bestückten Blumenbeete und gepflegten Rasen oder auf völlig verwilderte Gärten und verfallene Steintore. Rechts sieht man auf dem Hügel Mont Belin bereits die golden glänzende **Marienfigur** über dem dichten Wald. Nach etwa 150 Metern zweigt

Tipp

Restaurant le Graoully
Traditionelle Küche aus Lothringen, im Sommer mit Terrasse unter Bäumen.

1, Rue Sainte Catherine
57680 Gorze
Tel. +33 (0)3 87 52 00 44
Öffnungszeiten:
Sa, So 12 – 14.30 h
Fr, Sa, So 19 – 22.30 h

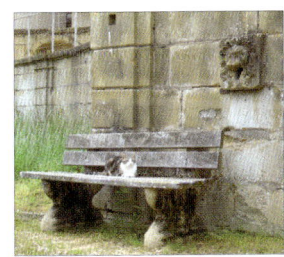

Die Herrin des Abteipalastes

Waschhaus am Wegesrand

rechter Hand bei einem Eisengitter eine Serpentine ab, die den **Mont Belin** hinaufführt. Nach einigen Haarnadelkurven kommt man kurz vor dem Gipfel an einer Heiligenstatue vorbei. Vermutlich handelt es sich um den Heiligen Rochus von Montpellier – den Schutzpatron der Pest- und Cholerakranken – mit seinem Hund. Der Weg führt auf dem Gipfel geradewegs zur Marienfigur. Von hier oben hat man einen schönen Blick über die roten Dächer von Gorze und die grünen Hügel und Täler rings um die Stadt. Den Blick kann man in aller Stille genießen, nur begleitet vom Gesang der Vögel und dem Gesumme der Insekten. Hinter der Marienfigur steht auf dem Hügel eine von einem rostigen Gitter eingezäunte Mariengrotte mit dem Gekreuzigten und einer Pietà-Szene. Die Widmung ist nicht mehr zu entziffern und die Szenerie hier und da von Gräsern und kleinen Sträuchern überwuchert. Doch bei starker Sonneneinstrahlung leuchten die weißen Figuren regelrecht aus dem wilden Grün hervor. Beim angrenzenden Feldrand kann man sich auf einer Bank im Schatten ausruhen, bevor man die Serpentine wieder herabsteigt.

Am Fuß des Hangs geht es nach rechts. Nach einigen Metern nimmt man linker Hand einen Pfad und läuft zwischen den Gärten wieder auf die Rue du Commerce hinab. Dort wendet man sich nach rechts auf die Straße in Richtung Rezonville. An Scheunen, Bauernhäusern und Garagen vorbei, verbirgt sich links am Ortsausgang hinter einer Steinmauer eine Besonderheit vergangener frankophoner Alltagskultur: ein lavoir. Das überdachte **Waschhaus** legte man ab dem Ende des 18. Jh. an den Ortsrändern als öffentliche Einrichtungen an. Nur Frauen kamen in die Waschhäuser, die oft von nahe gelegenen Flüssen gespeist wurden, um hier die Wäsche zu spülen. Der bretonische Lokalhistoriker François Kergonou beschrieb gar eine hierarchische Platzverteilung im lavoir. Am zugewucherten Waschhaus und dem Flüsschen La Gorzia vorbei, führt die Straße einen Hang hinauf. In der Kurve biegt man nach links in einen Feldweg ein (Schild Chalet CTL). Nach 200 Metern nimmt man den zweiten Weg nach links, danach gleich den Feldweg, der links eine Erhebung hinaufgeht. Hier wandert man durch Felder und Wiesen und folgt dem Weg le Patural geradeaus in den Wald. Der Weg kann im Wald uneben und teilweise von der Vegetation bewuchert sein. Folgt man ihm durch den kühlen Schatten, führt er geradewegs zum Fußballfeld von Gorze, bis er schließlich auf die Rue de la Meuse mündet.

Bergab befindet sich auf der rechten Seite ein Durchgang zwischen den Mauern zweier großer Gebäude. Dort geht es direkt zu den Brunnenfiguren im französischen Garten des **Abteipalastes**. Die fast mannsgroßen Figuren sind aus dem typischen Kalkstein der Region, dem gelben Jaumont. Sie stellen Nymphen dar und wurden jüngst restauriert. Durch den Garten steigt man die Treppen mit den gelblichen Steinbalustraden zum Hof des Palastes hinab. Das Gebäude steht einsam da, als träume es, wie völlig in die Episoden seiner bewegten Geschichte versunken. Die meisten Fensterläden der hohen Fenster sind geschlossen, auf den Gesimsen wächst Moos, die Steingesichter über den Fenstern sind vom Regen dunkel gefärbt. Ob die Uhr mit ihrem verwitterten grünen Ziffernblatt immer noch Punkt vier Uhr anzeigt?

Gegenüber vom Abteipalast steht die ehemalige Stiftskirche **Saint-Etienne.** 1077 gegründet, soll sie die älteste gotische Kirche in Lothringen sein. Die Fassade ist allerdings romanisch. Das kleine Portal, ehemals für die Kleriker reserviert, zeigt eine Szene des Jüngsten Gerichts, das große Portal die Jungfrau und zwei Engel. Sehenswert ist im Inneren die aus dem 16. Jh. stammende Holzfigur des Gekreuzigten. Sie wird der Schule des lothringischen Renaissance-Künstlers Ligier Richier zugeschrieben (siehe Tour 26, S. 133). Richier gilt – aufgrund des verbüffenden Realismus seiner Figuren – als lothringischer Michelangelo. Interessant ist auch die Eichentäfelung des Chors im Rocaille-Stil von 1744.

Nach dem Kirchenbesuch geht es rechter Hand, zwischen Abteipalast und Kirche, die Rue des Fêves hinauf. Nach dem Seniorenheim mündet die Straße in den Feldweg Chemin de Saint-Clément über. So spaziert man durch den Wald geradewegs zur **Kapelle Saint-Clément**. Die fünf Meter hohe Kapelle wurde 1603 zu Ehren des Besuchs von Clemens von Metz, dem ersten Metzer Bischof, gebaut. Der Legende nach hat der Heilige Clemens Metz im 3. Jh. von dem wüsten Drachen Graoully befreit. Am Renaissance-Schrein von 1582 neben der Kapelle sollen Messen für die Leprakranken, die gegenüber auf dem Mont Belin wohn-

ABSTECHER
Auf der Strecke zwischen Metz und Gorze passiert man am östlichen Moselufer das **Dorf Jouy-aux-Arches**, wo noch Reste des alten römischen Aquäduktes stehen (D657, Grand Rue). Im Auto fährt man direkt unter dem antiken Bau durch, der die umgebenden Häuser überragt. Das Aquädukt stammt aus dem 2. Jahrhundert. Am anderen Moselufer, in Ars-sur-Moselle, geht das Aquädukt weiter, insgesamt ist es über einen Kilometer lang.

Brunnenfigur aus Sandstein

Saint-Etienne gilt als Lothringens älteste gotische Kirche

Die Strecke führt an liebevoll gepflegten Gärten vorbei

ten, gelesen worden sein. Oberhalb der Kapelle steht das Croix des loups von 1607, ein ehemaliger Pilgerort für den Karfreitag. Links von der Kapelle gelangt man über einen Pfad zu einem kleinen Tümpel. Folgt man dem Weg östlich um den Tümpel herum, geht es geradewegs auf die Rue Général de Gaulle. Dort verläuft die Strecke über den Feldweg auf der rechten Seite in ein Wohngebiet. An dessen Ende nimmt man rechts den Feldweg, auf dem man an einem Wohnviertel vorbeikommt. An dessen Ende, nimmt man links den Chemin Fontaine des Allemands und kommt direkt auf die Rue Sainte Cathérine. Auf der anderen Straßenseite befindet sich hinter einer prächtigen Trauerweide das Le Graoully. Von dort folgt man der **Rue de Novéant** immer geradeaus wieder ins Zentrum von Gorze. Gleich nach der Rechtskurve sollte man links auf die hellgrünen Fensterläden eines gelben Hauses achten. Darin ist jeweils das Lothringer Kreuz mit seinen zwei Querbalken geschnitzt: Die beiden Querbalken sind von den Enden des Längsbalkens jeweils gleich weit entfernt. Das Kreuz war seit König René I. das Symbol der Fürsten von Anjou, welche bis 1473 über Lothringen regierten. Im Zweiten Weltkrieg wurde das Kreuz zum Symbol des freien Frankreichs im Kampf gegen das „Dritte Reich". Die Rue de Novéant wird links und rechts wieder von vielen historischen Häusern mit bunten Fensterläden gesäumt und führt auf die Rue du Commerce. Durch die Altstadtstraße und die schmale Gasse geht es wieder zum Ausgangspunkt.

Auf dem Mont Belin

In der Rue du Commerce gibt es viele historische Häuser

ABSTECHER:
Papierkunst-Museum in Pont-à-Mousson, 22 km südlich von Gorze, s. S. 158
TIPP FÜR KINDER

Unsere liebe Frau wacht über Gorze
Über dem Moselstädtchen Gorze thront auf dem Mont Belin die goldfarbene Marienfigur Notre-Dame-de-Gorze. Von hohen Bäumen umgeben, steht die Figur auf einem knapp zehn Meter hohen Felsen. Die Statue aus Gusseisen ist – mitsamt dem Heiligenschein – vier Meter hoch und 1800 Kilogramm schwer. Die Inschrift auf dem Sockel lautet „Ils m'ont établi gardienne de leur ville" (Sie haben mich als Wächterin über ihre Stadt aufgestellt) – schließlich errichteten die Bürger von Gorze die Figur als Dank für den Schutz während der Choleraepidemie zwischen 1832 und 1849. Eingeweiht wurde die Maria von Gorze am 16. Juni 1868.

Für 30 Pfennig mit der Straßenbahn nach Gorze
Am 28. Dezember 1912 stellte sich für die Gorzer ein Fortschritt ein, der ihnen das Leben leichter machte: Die (noch) französischen Bürger konnten mit der elektrischen Straßenbahn ins seinerzeit (wegen des Deutsch-Französischen Kriegs bereits) deutsche Nachbarstädtchen Novéant (Neuburg an der Mosel) fahren. Dort verband der Grenzbahnhof das Deutsche Reich und Frankreich. Die Konzession für die Bahnstrecke hielt die von zwei deutschen Eisenbahnbau-Gesellschaften gegründete Lothringische Eisenbahn-AG im seinerzeit ebenfalls deutschen Thionville (Diedenhofen). Eine Fahrt kostete 30 Pfennig. Für die 6 km lange Strecke brauchte die Bahn 17 Minuten. Fahrpläne listen für den Tagesbetrieb vor Kriegsausbruch noch 14 Hin- und Rückfahrten auf, doch während des Ersten Weltkrieges wurde der Betrieb zeitweise eingestellt. Nachdem Lothringen wieder französisch geworden war, ging die Bahn 1924 an das Département Moselle über. Wegen der Omnibuslinien, die in den 20ern eingerichtet wurden, verlor die Straßenbahn viele Fahrgäste. So wurde sie am 1. Juli 1933 testweise stillgelegt. Zwei Jahre später baute man die Bahnanlagen ab.

Der Abteipalast als Zeuge der Veränderung
Die Abtei Gorze umfasste mehr als 20 Dörfer und ging im Vertrag von Vincennes 1661 vom Herzogtum Lothringen an Frankreich. Der Abteiplast, heute verschlossen und größtenteils ungenutzt, kann auf eine wahrhaft wechselvolle Geschichte zurückblicken. Das barocke Haupthaus wurde 1696 bis 1699 unter der Aufsicht des bayrischen Grafen und Abtes Philipp Eberhard zu Löwenstein erbaut. Im 18. Jh. feierten dann Metzer Parlamentarier dort ihre Feste. Als der Palast im Zuge der Französischen Revolution nationales Gut wurde, wurde er 1811 als Armenhaus genutzt, 1813 als Militärkrankenhaus, 1816 als Kaserne der Kavallerie, 1828 als Außenstelle eines Metzer Krankenhauses. Dann, 1886, quartierte sich die Kongregation der Barmherzigen Schwestern aus Straßburg ein.
Der im französischen Stil gehaltene Garten des Abteipalastes ist öffentlich. Die Rampen zum Garten sind den Sagenfiguren Jason und Medea gewidmet. Besonders sehenswert sind die fein gearbeiteten Brunnenfiguren, welche in acht Nischen der Begrenzungswand am Ende des Gartens eingebracht sind.

VAUBAN, EMAILLE UND STAHL – LONGWYS ZAHLREICHEN SCHÄTZEN AUF DER SPUR

Majorelle-Glasfenster – Museum der Hüttenindustrie – Vauban-Festung – Place Darche – Emaille-Museum – Porte de France– Parc des Récollets – Place du Général Leclerc

(map)

- Majorelle-Glasfenster
- D 918
- D 918 A
- N 52
- Museum der Hüttenindustrie
- Place Darche
- BE
- Emaille-Museum
- Porte de France
- Vauban-Festung
- D 26
- Parc des Récollets
- D 918 A
- Albert Premier
- Place du Général Leclerc
- Start/Ziel
- Gare de Longwy
- D 18
- D 520
- N 52

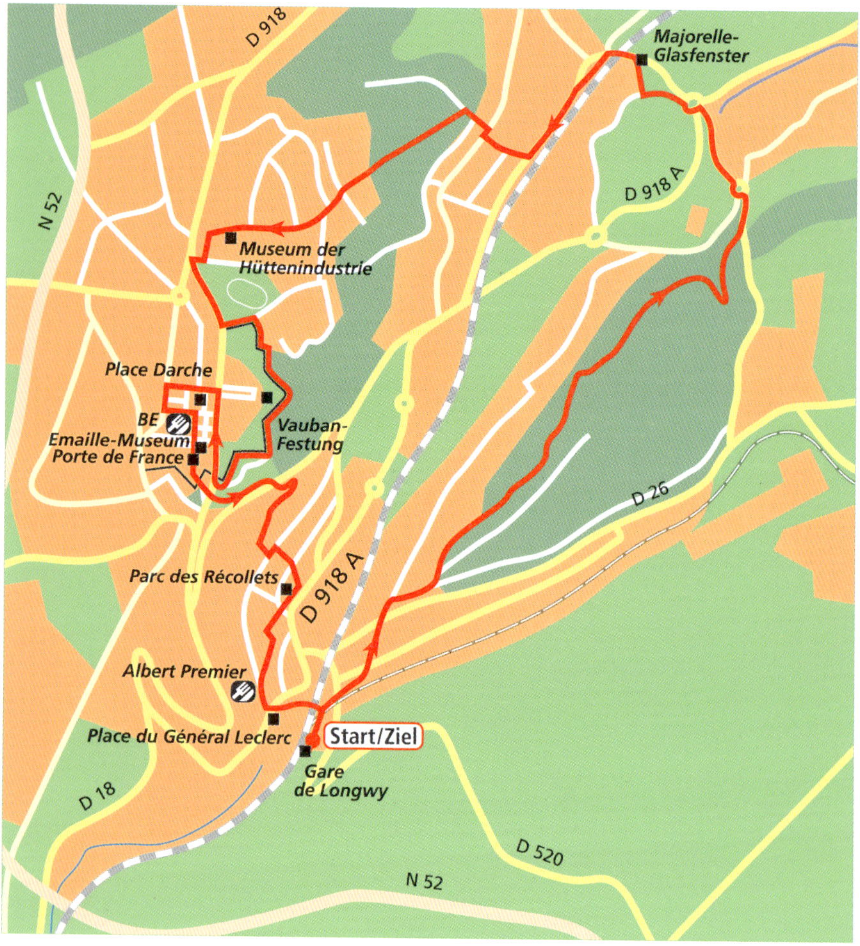

Start: Longwy,
Place Raymond Pottelette

Länge: 10 km

Dauer: 4 Stunden

Parken:
Place Salvador Allende
hinter dem Bahnhof

Das nordlothringische Longwy steht für die Gegensätze „massiv" und „zerbrechlich": Die Oberstadt wird von den wuchtigen Nutz-Mauern der Vauban-Festung geschützt, während in berühmten Emaille-Manufakturen seit Jahrhunderten zerbrechliche Luxus-Tonwaren entstehen. Von der befestigten Oberstadt, Teil des UNESCO-Welterbes, führt die Strecke in die Unterstadt mit einem sehenswerten Park und einem architektonisch interessanten Platz. Höhepunkt sind die Glasfenster von Louis Majorelle aus Nancy. Mit kräftigen Farben, rot und gelb leuchtend, sind sie eine Hommage an das ehemals große Stahlwerk von Longwy und an dessen Arbeiter.

Der Bahnhof von Longwy, die Gare de Longwy, in der Unterstadt ist Ausgangspunkt der Wanderung. Von der Place Raymond Pottelette geht es hinauf zu einer großen Kreuzung, wo die Strecke zunächst auf die Rue Saint-Louis (Schild Einfahrverbot für Autos) führt. An der ersten Gabelung geht es nach links in die Rue de Bois de Châ und dort gleich nach rechts in die Rue du Haut Mérite. Dann führt die Strecke an der zweiten Gabelung über die Rue de Château d'Eau hinauf in den lichten Laubwald Bois de Châ. Der ruhige Weg verläuft oberhalb der Stadt auf einem Hügelplateau. Vom Wald geht es auf die Straße und am Friedhof vorbei den Hügel hinab.

Über die Kreisel führt die Strecke zum Weiterbildungszentrum Jean Monnet in Longlaville, dem ehemaligen Verwaltungsgebäude der Stahlwerke von Longwy. Es reicht, sich beim Empfang zu melden und die 27 farbenprächtigen **Majorelle-Glasfenster** können besichtigt werden (Mo – Fr, 8 – 17 h, Tel. +33 (03)82 24 94 54, kein Eintritt). In dem eleganten Treppenhaus mit Lorbeergeländer zeigen die Fenster auf vier Etagen alle Prozesse der Stahlproduktion. Die Glasfenster im Art déco-Stil von Louis Majorelle (siehe Infobox Tour 13 Jugendstil in Nancy, S. 69ff) stammen aus den Jahren 1928 und '29 und stehen unter Denkmal-

siehe Infobox Tour 13 Jugendstil in Nancy, S. 69ff

⑂ Tipps

Restaurant BE
Französische und belgische Küche mit Entrecôte, Pasta, Frikadelle, Pommes Frites, Hamburger, Veggie-Burger. Tagesmenüs und Bar mit Bier-Sortiment.

17, Rue Aristide Briand
54400 Longwy
Tel. +33 (0)3 82 44 95 69
Öffnungszeiten:
Mo 10.30 h – 14 h,
Di – Fr bis 22 h, Sa 18 – 23 h,
So geschlossen

Restaurant Albert Premier
Traditionelle und Savoyardische Küche, Tagesmenüs mit kaltem Büffet als Vorspeise.

31, Avenue Albert Premier/
Place Général Leclerc
54400 Longwy
Tel. +33 (0)3 82 24 51 82
Öffnungszeiten:
Täglich, So-Abend und
Mo geschlossen

Glasfenster von Majorelle

Wie Vaubans Festung ein süßes Gebäck hervorbrachte
Sébastien Le Prestre, Marquis de Vauban, wirkte als Festungsbaumeister Ludwigs XIV am Bau und Umbau von über 160 Stadtbefestigungen mit. Der bedeutendste französische Militärarchitekt (1633 – 1707) der Barockzeit war zudem General und Marschall von Frankreich. Die Bauarbeiten in Longwy begannen 1679. Der Grundriss umfasste ein Sechseck mit sechs Bastionen, zwei Stadttoren, fünf Brunnen, elf Kasernen, einer Kirche, einem Paradeplatz (Place Darche) und einem Waffenarsenal. Abgeschreckt werden sollte vor allem die spanische Garnision in Luxemburg. 2008 nahm die UNESCO zwölf besonders beispielhafte und gut erhaltene Anlagen Vaubans, darunter die Oberstadt von Longwy, in die Liste des UNESCO Welterbes auf. Longwy ist insofern besonders, da es zu den neun Städten gehört, die Vauban aus dem Nichts errichten ließ. Daher kommt Longwy-Haut seiner Vorstellung von einer idealen Stadt am nächsten. Die Bäcker von Longwy haben sich davon inspirieren lassen und aus Äpfeln, Honig und Mirabellen das süße Gebäck „étoile Vauban" kreiert. Auf dem Stadtrundgang ist es nahe der Place Darche zu haben: Boulangerie Udasse (13, Rue de l'Hôtel de Ville) oder Patisserie Clemann (13, Rue Aristide Briand).

Der Pavillon im Parc des Récollets besitzt einen maroden Charme

schutz. Dargestellt sind die Arbeiter bei ihrem kräftezeh-renden Tagewerk: dem Schmelzen des Eisenerzes, dem Flüssigmachen des Roheisens, dem Abfließenlassen der Schlacke, dem Walzen zu Flachstahl. Die dominierenden Farben sind rot, orange, gelb und blau, die Farben des Feu-ers und des Erkaltens. Hinter dem ehemaligen Fabrikge-lände geht es per Bahnüberführung wieder nach Longwy. Am orangefarben verputzten Haus biegt man nach rechts in die Rue Joseph Labbé ein, welche geradeaus bald auf einen Weg führt. An der Dreiergabelung des Weges ver-läuft die Strecke über den linken Weg, den Chemin du Truc, in den Hangwald und steil hinauf nach Longwy-Haut. Oben geht es durch die Rue du Tivoli, wo man linker Hand das **Museum der Hüttenindustrie** passiert. Dann geht's nach links durch die Rue Mercy.

Bei den Festungswällen biegt man nach links ab, vor den Wohnblöcken nach rechts zur sternförmigen **Vauban-Festung**. Der Weg führt entlang der verbliebenen Mau-erzacken der ehemals sechseckigen Festung. Die breiten Gräben zwischen den hohen dicken Mauern muten fast wie ein wilder Park an. An den Gräben entlang und über

Chemin du truc

Die imposante Porte de France führt in die Vauban-Festung aus dem 17. Jahrhundert

die Avenue Charles de Gaulle geht es ins Innere des historischen Teils der Oberstadt. Das Zentrum der Festung bildet die große **Place Darche.** Auf dem Platz fällt ein kurzer runder Turm auf: Wo heute das Tourismusbüro seinen Sitz hat, befand sich früher der Brunnen für die Bürger der Stadt. Das Wasser wurde von zwei Männern aus 60 Metern Tiefe über ein großes Rad heraufgebracht. Den Platz säumen das Rathaus und die Kirche Saint-Dagobert, beide im klassizistischen Stil. Der Kirchturm war ursprünglich 43 Meter hoch und diente als Beobachtungsposten des Militärs. Die Strecke führt weiter durch die Rue Aristide Briand, vorbei am **Emaille-Museum**, zum Stadttor **Porte de France**. Auf einer Brücke passiert man den Festungsgraben und erhält einen guten Blick auf die äußeren Festungsmauern. Gegenüber des Monuments für die Gefallenen führt ein schmaler Weg (der mittlere der drei), die Côte/Grimpette de la Charlot-

Die Mauern von Vaubans Festung hielten den Zeiten stand

te, in die Unterstadt. Von dem schmalen Weg eröffnet sich ein weiter Panoramablick auf das moderne Longwy. Der Weg verläuft zwischen dichtem Gebüsch am Hang entlang und führt in ein Wohnviertel. Erst geht es ein paar Meter nach links, dann in die Rue du Chanoine Muel hinab. Nach der Einmündung steht links ein gelb verputztes Haus mit weißem Holzgartentor, hier verläuft die Strecke über zwei schmale, versetzte Gassen zwischen den Häusern weiter hinab. So gelangt man direkt zum Pavillon des **Parc des Récollets**. Der große Steinpavillon wirkt, als habe er schon viele Geschichten erlebt. Seine Säulen zeigen Spuren des Regens, die Ziegel seines Vordaches tra-

Der Parc des Récollets ist im französischen Stil gehalten

Der Park wurde als Kurpark für das später gescheiterte Thermenprojekt angelegt

SCHLECHTWETTER-ALTERNATIVE:
Schloss von Cons-la-Grandville, 7 km südwestlich von Longwy, s. S. 171

gen grünes Moos und ein Graffitisprayer hat seiner Liebsten eine Botschaft hinterlassen. Das Gefühl vom süßen Lustwandeln lebt gleich hinter dem Pavillon auf. In der schattigen Platanen-Allee flaniert es sich, als sei man eben auf dem Weg zu einer Abendveranstaltung. Links liegt der Park mit seinen Beeten im französischen Stil, in dessen Wasserbecken Schwäne nach Algen suchen. Dahinter fällt der marode Charme des stillgelegten Kinos „Longwy-Palace" mit seinem rot-weißen vergilbten Erker auf.

Vom Park geht es zwischen Jugendstilhäusern und einer Statue der Jeanne d'Arc hindurch auf die **Place du Général Leclerc.** Auf dem lang gezogenen Platz fallen rechts einige sehenswerte Gebäude auf. Etwa ein eklektizistischer Bau (Immobilienagentur im Erdgeschoss) mit fantasievoll gestalteter Fassade aus Pilastern und Kapitellen im Rokoko-Stil, klassizistische Balustraden im ersten Stock, im zweiten Girlanden im Empire-Stil. In der Nachbarschaft findet man Art déco (Optiker) mit vier Fensterreihen und einfachem Dekor aus geometrischen Formen. An der Ecke stellt die elegante Brasserie l'Excelsior anmutigsten Jugendstil mit zahlreichen französischen Balkonen, geschwungenen Fensteroberkanten und Konsolen vor. Gegenüber befindet sich die Banque de France, ein klassizistischer Bau aus dem grauen Vogesenstein, Grès de Vosges, mit Mansardendach. Das Gebäude nebenan, heute das Rathaus, stammt von 1914. Der gelb-weiße Nachbarkomplex war Teil eines gescheiterten Thermalprojektes. Mit Thermen und Schwimmbad eröffnet, wurde der Bau in der jüngeren Vergangenheit u.a. als Restaurant genutzt. Vom ehemaligen Restaurant der Thermen zweigt die Strecke über die Rue des Récollets ab und führt wieder zurück zum Bahnhof.

DURCH DIE WÄLDER ZU BRIEYS „STRAHLENDEM" CORBUSIERHAUS

Sangsue-Weiher – Mühle von Dolhain – Wald von Napatant – Wald von Avril – Kreuzung der fünf Bäume – Cité radieuse – Briey

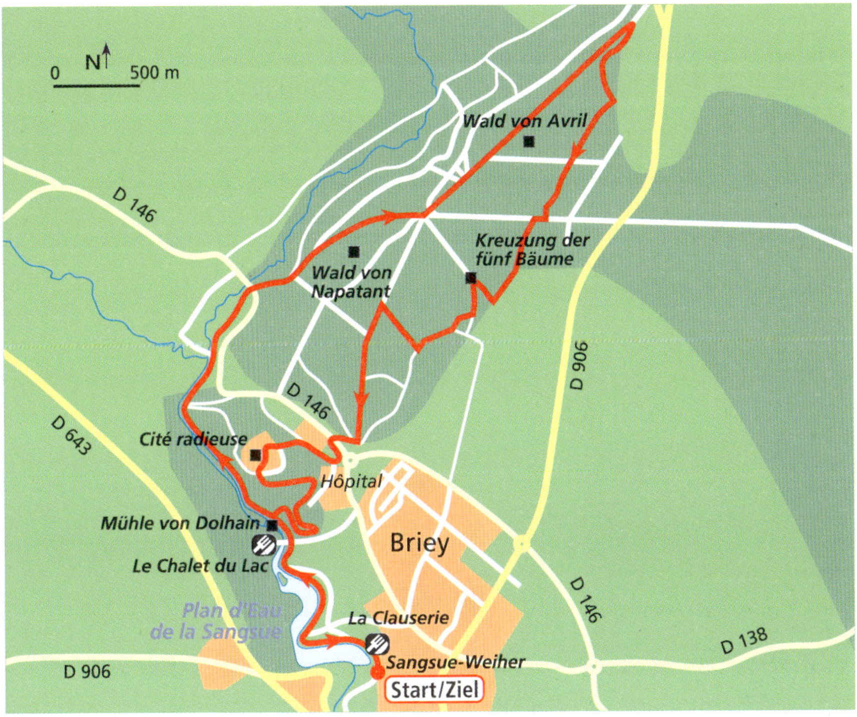

Die Wälder rund um die Stadt Briey laden zu idyllischen Naturtouren auf schönen und ruhigen Wegen ein. Vom lang gezogenen Sangsue-Weiher kommt man an einer Mühle vorbei, geht an einem Bach entlang und wandert durch dichten Laubwald. Auf dem Rückweg findet sich ein Höhepunkt für Liebhaber moderner Architektur: Der Schweizer Architekt Le Corbusier schuf hier um 1960 eine Cité radieuse. Der riesige Wohnblock ist funktional und wird von einer Fassade mit kastenförmigen bunten Balkonen geprägt.

Start:
Plan d'eau de la Sangsue
Briey
Place de Niederaussen
Länge: 12 km
Dauer: 3,5 Stunden
Parken:
Gratisparkplatz des Plan d'eau de la Sangsue
ÖPNV:
Ted-Bus R100, Jarny-Homecourt-Briey, Homecourt (Gare SNCF) bis Briey (Rue Raymond Mondon oder Cité administrative)

Das Ostufer vom **Sangsue-Weiher** liegt wie in einem Kessel eingebettet unterhalb der Oberstadt von Briey. An den Hängen stehen die Häuser, die zum Stadtzentrum gehören. Die Wanderung führt vom Parkplatz aus auf der rechten Seite des Gewässers entlang. Umgeben von einem staatlichen Laubwald sind die gut ausgebauten Wege bei den Briotins, den Einwohnern von Briey, zum Spazierengehen beliebt. Der Weg schlängelt sich auf der Talsohle an dem lang gezogenen künstlichen Gewässer entlang. Bald wird linker Hand die **Mühle von Dolhain** passiert. Der Weg führt nun durch das schmale Tal des Flüsschens Woigot, das den

Am Sangsue-Weiher

Der Weg führt an der Mühle von Dolhain vorbei

Im Wald von Avril lohnt sich ein Pilz-Bestimmungsbuch im Rucksack

Weiher speist. Links und rechts von dichten Waldrainen gesäumt, verläuft der idyllische Weg nah am Bach. Schließlich stößt er auf die Route Départemental. Auf der anderen Straßenseite geht es direkt geradeaus weiter. Nun wird es ein wenig steiler, denn die Strecke führt geradewegs den Hügel hinauf in den **Wald von Napatant**. An der großen Kreuzung mit den breiten Waldwegen und dem Picknicktisch biegt die Strecke nach links in den **Wald von Avril** ab. Dieser Weg ist schon einsamer als der Spazierweg am Weiher. Dafür entdeckt man im Spätsommer am Wegesrand allerhand verschiedene Pilze und hört, wie beim Näherkommen Greifvögel von den Baumkronen auffliegen. Immer geradeaus geht es tiefer in den Wald hinein, Lichtungen werden seltener und das Laubdach wird immer dichter. Nach etwa 1,6 Kilometern zweigt auf der rechten Seite ein schmaler Weg in einer Haarnadelkurve ab. An einem der vorderen Bäume in der Kurve ist eine rot-weiße Markierung gepinselt. Dieser Weg führt zurück in den Wald von Napatant. Bald verläuft er auf der linken Seite an einem großen

Die Cité radieuse von Le Corbusier oder wie ein Franc die Moderne rettete

Der moderne Wohnhauskomplex in Briey-en-Forêt entstand 1960 nach den Plänen des Schweizer Architekten Le Corbusier. Der Künstler hatte eine solche Wohneinheit – den Vorläufer des Plattenbaus – bereits in Marseille realisiert. Er setzte dabei sein Modular-Schema um, ein Proportionssystem, das sich am Körpermaß des Menschen und am Goldenen Schnitt orientiert. Weil Effektivität und Wirtschaftlichkeit den Komplex (ursprünglich 339 Wohnungen) ausmachen, wurden Gemeinschaftsräume, Ladenzeilen, Verbindungskorridore und Kindergärten integriert. Die Idee war, ein vertikales Viertel zu schaffen, das aus sich heraus strahlt, daher die Bezeichnung Cité radieuse. Drei solcher Bauten von Le Corbusier befanden sich bereits in Berlin, Rezé (Pays de la Loire) und Firminy (Rhône-Alpes). Für den Bau in Briey, heute ein eingetragenes Denkmal, sah es aber schon einmal düster aus: 1979 stand die Cité radieuse zur Hälfte leer und wurde 1983 geschlossen. Der Abriss drohte, doch der neu gewählte Bürgermeister Guy Vattier war dagegen. 1987 kaufte das benachbarte Maillot-Krankenhaus den Bau für einen symbolischen Franc. Heute sind rund 250 Wohnungen und 50 Studios wieder bewohnt. Der Verein „Association La Première Rue" veranstaltet auf Anfrage Führungen durch das Gebäude (131, Résidence Le Corbusier, 54150 Briey-en-Forêt, Tel. +33 (0)3 82 20 28 55, www.lapremiererue.fr).

Feld entlang. Zwischen den Bäumen wird der Blick links frei auf die Felder und die dazwischen verlaufende Landstraße. Dann wieder stehen die jungen Bäume nah am Wegesrand und geben der Strecke den Charakter eines langen und dichten Laubengangs. Die Strecke ist mit weißen Schildern mit rotem Kreis markiert und führt nach einigen Kurven wieder auf einen breiten Waldweg. Hier wendet man sich erst nach rechts, nach rund 50 Metern nach links auf einen schmalen Waldpfad. Der Pfad macht nach 500 Metern eine fast rechtwinklige Rechtskurve und führt bald an die kleine **Kreuzung der fünf Bäume**. Hier geht man nach links, an der nächsten Wegekreuzung nach gut 500 Metern zweigt die Strecke dann nach rechts ab und mündet bald in einen breiten Waldweg. Dieser ähnelt den Waldwegen der großen Kreuzung im Wald von Napatant. Von hier führt die Strecke nach links und bald auf die Landstraße.

Vom Kreisel geht es zur **Cité radieuse** ab. Nach ein paar hundert Metern taucht linker Hand zwischen den Bäumen der gut 50 Meter hohe und 110 Meter lange Wohnblock von Le Corbusier auf. Der imposante Wohnkomplex mutet an wie ein riesiges Kreuzfahrtschiff auf Pfeilern, das aus dem Wald herausragt. Roher Beton, die Fassade mit farbigen, abgeteilten Balkonen und ein versetzter Turm dominieren den Wohnblock. Steht man direkt davor, führt am linken Ende der Gebäudeseite ein Weg wieder in den Wald (große Steine versperren den Autos der nahen Straße die Einfahrt). Dem Verlauf des Waldweges folgend, passiert man am Hang eine Lichtung. Hier öffnet sich ein schöner Blick auf den Sangsue-Weiher und die Mühle von Dolhain. Hinter der nächsten Kurve zweigt rechts ein schmaler Pfad ab (Schild „stand tir"). Auf diesem Pfad geht's wieder nach links zum Weiher hinab und zurück zum Ausgangspunkt. Vom Parkplatz führt eine Treppe hinauf zum Stadtzentrum von **Briey**.

ABSTECHER:
Jahrmarktsmuseum in Conflans-en-Jarnisy, 14 km südwestlich von Briey, s. S. 159

ABSTECHER:
Puppenfabrik Petitcollin in Étain, 27 km westlich von Briey, s. S. 159

Funktional: die Cité radieuse

Schönheit in jedem Winkel: die Altstadt von Nancy

Porte Saint-Nicolas – Wassergarten – Porte Saint-Georges – Kathedrale von Nancy – Touristinformation – Musée des Beaux Arts – Place Stanislas – Place Saint-Epvre – Hôtel d'Haussonville – Porte de la Craffe – Église des Cordeliers – Herzogspalast Musée lorrain – Parc de la Pépinière – Markthalle – Kirche Saint-Sébastien

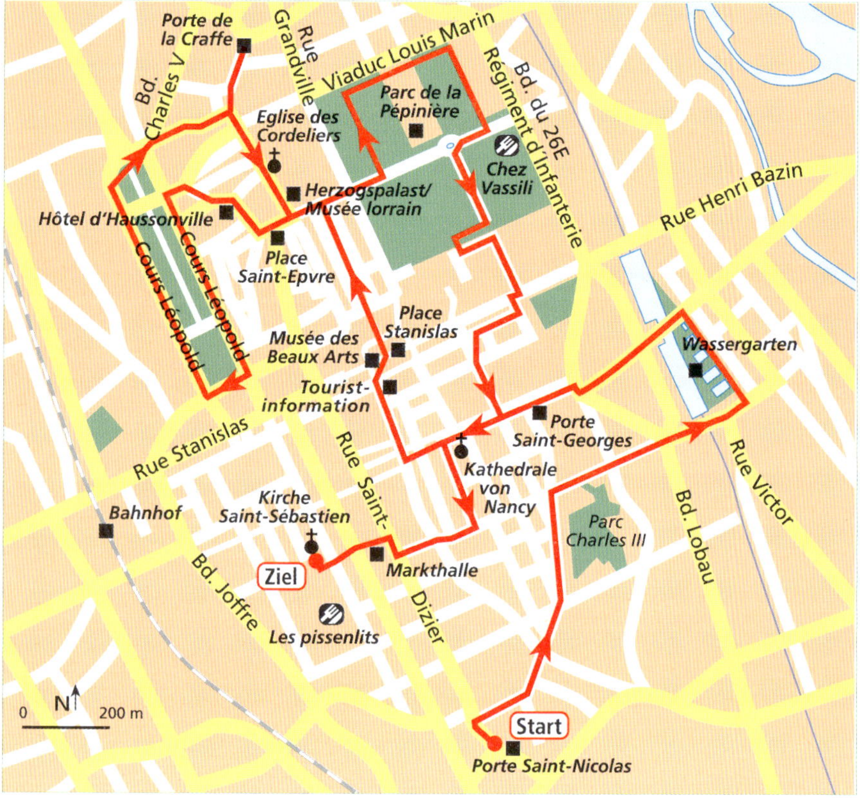

Start:
Nancy,
Porte Saint-Nicolas
Länge: 9 km
Dauer: 3,5 Stunden
Parken:
Parkhaus Parking Saint-Nicolas, 32, Rue des Fabriques

Während die lothringische Hauptstadt Metz in ihrem Stadtbild zahlreiche Spuren von ihrer Bedeutung als Festungsstadt zeigt, präsentiert sich Nancy als die Schwester mit Sinn für Feinheit und Kunst. Italienische Architekten sowie Renaissance und Jugendstil haben die ehemalige Hauptstadt des lothringischen Herzogtums stark geprägt. Die Tour führt durch verschiedene Stadtviertel: Mächtige Stadttore, mittelalterliche Gassen, Prachtbauten im Renaissance-Stil und der größte Park der Stadt liegen im Zentrum nah beieinander. Als Plätze von besonderer Schönheit und Harmonie gehören die Place Stanislas, Place de la Carrière und Place d'Alliance zum Weltkulturerbe der UNESCO.

Die Tour beginnt an der **Porte Saint-Nicolas** aus dem Jahr 1602. Das Stadttor zeigt in Richtung der Stadt Saint-Nico-

Die Place Stanislas gehört zum Weltkulturerbe der UNESCO

las-de-Port, wo eine dem Heiligen Nikolaus gewidmete Basilika steht. Auf dem Giebel prangt das Wappen von Herzog René II mit Adlern und Ritterhelm. Das Tor erinnert an den Triumph des Herzogs über Karl den Kühnen in der Schlacht von Nancy im Jahr 1477. Von dort geht es nach rechts die Rue des Fabriques hinauf in die Neustadt – in jenes Viertel, das Herzog Charles III im Stil der Renaissance erbauen ließ. Das Viertel wurde im 17. Jahrhundert in rund 30 Jahren errichtet, um den Hygiene- und Sicherheitsanforderungen der wachsenden Stadt

Der Neptunbrunnen auf der Place Stanislas

Wie die Renaissance nach Lothringen kam

Der Beginn der Renaissance in Lothringen wird zeitgleich mit dem Sieg bei der Schlacht von Nancy im Jahr 1477 gesehen. Damit begann die Kulturepoche hier rund zwei Jahrzehnte früher als im Rest des heutigen Frankreich. Der Schlacht folgte eine Zeit, in der die Unabhängigkeit Lothringens gesichert war und die politische Stabilität einen wirtschaftlichen und kulturellen Aufschwung weiter förderte. Herzog René II plante, die Kriegsspuren für Nancy durch eine moderne Stadtplanung zu beseitigen. Die Befestigungen wurden nach den Plänen italienischer Architekten erneuert. So entstanden die Place de la Carrière und der Bau des heutigen Musée des Beaux Arts. Überhaupt machten Künstler aus Flandern und Italien hier Station und nahmen Einfluss auf die Entwicklung. Zu Beginn des 17. Jahrhunderts entstand die Idee einer Ville Neuve im Süden der Stadt: Diese sollte gut befestigt sein und mit einem rechtwinklig angelegten und zu den Stadttoren führenden Straßennetz den Idealen der Renaissance entsprechen. Die Aktivitäten in Nancy strahlten auf den Rest des Herzogtums aus, Spuren der Renaissance finden sich auch in Verdun, Metz, Bar-le-Duc, Toul oder Neufchâteau.

gerecht zu werden. Nach dem Park Charles III wird rechts der Rhein-Marne-Kanal überquert. Unter hohen Bäumen geht man am Flussufer durch den 1996 angelegten **Wassergarten**. In einem Kanal wachsen violette Iris, in einem Becken wiegen sich Schilf und Rohrkolben im Wind, in einem anderen plätschern viele kleine Springbrunnen. Zwischen den insgesamt sieben Wasserbecken liegen versteckt kleine, intime Plätze. Von hier geht es wieder zum Zentrum.

An der Kreuzung fällt bereits das Tor **Porte Saint-Georges** im Renaissance-Stil auf. Zwischen 1606 und 1619 erbaut, war das Tor später dem Bau der ersten (Kutschen-) Straßenbahn der Stadt im Weg. Um 1878 entstand eine regelrechte Polemik um das Tor, das schließlich gerettet wurde – auch, weil sich der Schriftsteller Victor Hugo und der Nancyer Kunsthandwerker Emile Gallé zu Wort meldeten. Gekrönt wird die Porte von einem Giebel mit einer Statue des Heiligen Georg und zwei Sphingen. Die zwei Allegorien für Krieg und Frieden stammen von Jean Richier, einem Bildhauer aus der lothringischen Künstlerfamilie um Ligier Richier (siehe Infobox Tour 26 um Saint-Mihiel, S. 133). Das Tor markierte damals das Ende der Neustadt und der rechtwinklig angelegten Straßen. Dahinter steht die zwischen 1703 und 1742 errichtete **Kathedrale von Nancy**. Von ihren drei Architekten ist Jules Hardouin-Mansart zu nennen, er war ein wichtiger Hofarchitekt von Louis XIV. Blickfang im 60 Meter langen Kirchenschiff ist das Kuppelfresko mit 150 biblischen Gestalten. In der Apsis hängen drei große Gemälde des lothringischen Malers

Das Kuppelfresko in der Kathedrale war nach vier Jahren vollendet

Claude Charles, die Episoden aus dem Leben des Heiligen Sigibert zeigen.

Von der Kathedrale geht es nach rechts in die Rue des Dominicains. Dort finden sich zwei Häuser im Jugendstil, der die Stadt Nancy – nach Paris der zweitwichtigste Platz für diese Kunstform in Frankreich – an vielen Stellen schmückt. Bei Nummer 38 steht die Gingko-Apotheke mit

♟ Tipps

Restaurant Les pissenlits
Löwenzahn-Salat, Lachs mit Kardamomcreme, Kalb mit Morcheln und Pilaw, Rumkuchen oder Mirabellenmousse.

27, Rue des Ponts
54000 Nancy
Tel. +33 (0)3 83 37 43 97
les-pissenlits.com
Öffnungszeiten:
Di – Sa 11.45 – 14 h,
19.15 – 22.30 h,
So und Mo geschlossen

Chez Vassili
Französische Küche trifft auf georgische Einflüsse.

46 Boulevard du 26ème RI
5400 Nancy
Tel. +33 (0)3 83 30 61 29
www.chezvassili.com
Öffnungszeiten:
Di – Sa 11 – 15 h
Do, Fr und Sa 18.30 – 23 h

Immer was los: Die Place Stanislas bei Nacht

Tourismusbüro
Place Stanislas
54000 Nancy
Tel. +33 (0)3 83 35 22 41
www.nancy-tourisme.fr

Öffnungszeiten
April bis Okt:
Mo – Sa 9 – 19 h
So und Feiertage 10 – 17 h
Nov bis März:
Mo – Sa 9 – 18 h
So und Feiertage 10 – 13 h

Weitere Tipps zu den Nancy-Touren 12 und 13 im Serviceteil:
Museen s. S. 159f
Parks + Gärten s. S. 166
Baden + Freizeitparks s. S. 173
Schlechtwetter-Alternativen s. S. 168

der meisterlich gearbeiteten Innenausstattung des Möbelkünstlers Louis Majorelle (siehe Tour 13 Jugendstil in Nancy, S. 71ff). Nummer 7 – 9 wurde seinerzeit als Kaufhaus konzipiert. Sehenswert an dem Gebäude ist die edle Holzvertäfelung aus Mahagoni, in die Blütendolden geschnitzt sind. Von dem Gebäude aus sieht man bereits die golden verzierten Tore zu einem der schönsten Plätze in ganz Lothringen: Die **Place Stanislas** gehört mit den umliegenden Plätzen Place de la Carrière und Place d'Alliance zum Weltkulturerbe der UNESCO. Durch die Farben Weiß und Gold verströmt der belebte und offene Platz zu jeder Jahreszeit einen eleganten Charme. An den Seiten befinden sich ein Neptun- und ein Amphitritebrunnen. Die Brunnen wiederum sind mit kunstvoll geschmiedeten und vergoldeten Toren umrahmt. 1755 wurde der Platz vollendet, den Stanislas Leszczynski, der frühere König von Polen und damalige Herzog von Lothringen und Bar, in Auftrag gegeben hatte. Gesäumt wird der Platz von den großen Gebäuden des Rathauses (mit **Touristinformation**), der Oper und des **Musée des Beaux Arts**.

Hinter der Place Stanislas und dem Triumphbogen liegt die ältere, von zwei langen Baumreihen gesäumte Place de la Carrière. Seit ihrer Entstehung im 16. Jahrhundert, als man die mittelalterlichen Stadtmauern versetzte, wurden hier Turniere und Reiterspiele ausgetragen. Stanislas wollte den Platz nutzen, um die südliche Neustadt und das nördliche Mittelalterviertel zu verbinden. Die Renaissance-Stadtpalais an der Ost- und Westseite des Platzes erhielten daher symmetrisch aufeinander abgestimmte Fassaden im klassizistischen Stil. An der Nordseite umfasst ein Halbkreis

Das Hôtel d'Haussonville ...

... und seine trompe-l'oeil-Tür

aus Säulen den heutigen Palais du Gouverneur.

Nun wird es enger und verwinkelter, denn die Tour führt linker Hand in die Gassen der Léopold-Altstadt aus dem Mittelalter. Die gemütliche **Place Saint-Epvre** mit den kleinen Cafés und den im Sommer beliebten Straßenterrassen wird dominiert von der gleichnamigen Basilika. Das neugotische Gotteshaus aus dem 19. Jahrhundert ist errichtet aus einem sehr hellen Kalkstein, dem Pierre d'Euville des Departements Meuse. Bei Sonnenlicht leuchtet die Kathedrale strahlend weiß, ihr Turm misst 87 Meter. Zu den Stiftern der Kathedrale gehören die Kaiser Napoléon III für Frankreich und Franz-Joseph für Österreich. Im Inneren sind ihnen Kirchenfenster gewidmet. Die neugotischen Orgeln auf der Empore (eingeweiht vom österreichischen Komponisten Anton Bruckner) und im Chor stammen vom deutschen Orgelbauer Joseph Merklin.

Man überquert den Platz und weiter geht es in die Rue Monseigneur Trouillet. Linker Hand schlendert man hier an einem Kleinod von Nancy vorbei. Das **Hôtel d'Haussonville** ist eines von vielen schönen Anwesen in diesem Viertel, aber etwas Besonderes, weil seine Balustraden im Innenhof zwei Baustile aufweisen: War die erste Etage noch vom verschnörkelten Flamboyant der Spätgotik geprägt, ist in der zweiten Etage schon die Renaissance in Mode. Ein weiterer Schatz der lothringischen Renaissance ist die trompe-l'oeil-Holztür im Hof. Auf ihr glaubt man, in weitere Höfe zu blicken. Möglich macht das die perspektivische Darstellung – entwickelten doch die Künstler der Renaissance die Ansätze der Perspektive aus der Antike weiter. Die Straße geht in die Rue des Loups über, wo ein imposanter Stadtpalast steht. Dessen Mauern verraten das Amt des damaligen Hausherrn: Links und rechts vom Eingangstor des Hôtel des Loups sitzen zwei steinerne Wölfe, im Frontgiebel des Eingangsportals prangt der Kopf eines Wildschweins – hier wohnte der oberste Jäger des lothringischen Herzogs Léopold I.

Der Turm der Kathedrale Saint-Epvre ist 87 Meter hoch

Dann führen die linken Querstraßen auf einen der größten Plätze in Frankreich: Der Cours Léopold und die Place Carnot bilden eine 470 Meter lange und 120 Meter breite Esplanade. Acht längs verlaufende Baumreihen geben dem Platz den Charakter eines Stadtwaldes. Ringsum finden sich Gebäude vom 12. bis zum 20. Jahrhundert, darunter das Jugendstilhaus Maison Bloch (Nummer 50). Sehenswert sind der 12 Meter hohe klassizistische Triumphbogen Porte Désilles an der Nordseite und der Obelisk auf der Place Carnot. Der Obelisk wurde 1896 in Gedenken an den französischen Präsidenten Sadi Carnot eingeweiht, der einem Attentat zum Opfer gefallen war.

Über die Rue de la Craffe an der Nordostseite des Cours Léopold geht es zum ältesten Stadttor von Nancy. Die **Porte de la Craffe** stammt aus dem 14. Jahrhundert. Beeindruckend an dem wehrhaften Bau sind die beiden Rundtürme und das gotische Tor mit dem Lothringer Kreuz. Hinter dem Tor steht wenige Schritte entfernt noch die Porte de la Citadelle von 1598. Dieses Stadttor sollte das Altstadtviertel im Norden abschließen und die Porte de la Craffe verstärken. An der Innenseite des Stadttors sind zwei Ritter und zwei Infanteristen sowie zwei keulenschwingende Herkulesse abgebildet. Ringsherum blieben Teile des Blumendekors erhalten. An der Außenseite befindet sich eine nach der Revolution in den Giebel gesetzte Statue von Charles III. Darunter sind zwei Allegorien zu sehen, die

Die Porte de la Craffe ist das älteste Stadttor von Nancy

wahrscheinlich die Mäßigung und die Angemessenheit als herzogliche Tugenden darstellen. Von der Innenseite des Stadttors kann man über die Querstraße Rue Sellier in den kleinen versteckten Zitadellen-Garten auf den Stadtmauerresten hinaufsteigen. In den kleinen quadratischen Beeten mit Kräutern, Rosen und geometrisch geschnittenen Buchsbäumen treffen die Gartenkunst des Mittelalters und der Renaissance aufeinander (geöffnet von 8 h bis zum Einbruch der Dunkelheit).

Zurück an der Porte de la Craffe führt die Strecke die Grande Rue hinab. Denkmalgeschützte Stadtpaläste stehen hier neben kleinen Läden mit farbigen Erdgeschossfassaden. An vielen Wohnhäusern sieht man Skulpturen in den Türgiebeln und Balkone mit kunstvoll geschmiedeten Gittern. Linker Hand kommt man an der **Église des Cordeliers**, der Franziskanerkapelle, aus dem 15. Jahrhundert vorbei. Sehenswert sind die Gräber des Herzogs René II und seiner Frau Philippe de Gueldre. Ihre Grabplastik mit dem faltigen Gesicht wurde von dem lothringischen Renaissancekünstler Ligier Richier gestaltet. Die Kuppel der Kapelle hat einen trompe-l'oeil-Effekt (Besichtigung beim Musée Lorrain anfragen, siehe Tipp S. 160). Wem beim Straßenbummel plötzlich Wasserspeier über dem Kopf auffallen, der ist am Palais Ducal, dem **Herzogspalast**, angekommen. Begonnen wurde der Bau aus weißem Kalkstein unter René II im Jahr 1502. Allerdings blieb nur das an die Grande Rue grenzende Gebäude mit dem Monumentaleingang erhalten. Der Eingang verbindet den Flamboyant-Stil der Spätgotik mit der frühen Renaissance. Die Reiterfigur musste aus gelbem Jaumont-Stein

Blickfänge: Der Herzogspalast ...

... und seine Wasserspeier

Im Hôtel des Loups wohnte einst der oberste Jäger des Herzogs

Im Parc de la Pépinière

rekonstruiert werden, weil das Original in der Französischen Revolution beschädigt wurde. Die Figur stellt den Herzog Antoine, den Nachfolger und Sohn von René II, dar. Im Palast befindet sich das **Musée Lorrain**. An der Ecke des Herzogspalastes geht man links in den **Parc de la Pépinière**. Früher war dies die Baumschule von Stanislas, heute ist der Park mit 23 Hektar der größte von Nancy. Neben Spielplätzen, einem Rosengarten, Minigolf, Bouleplätzen und Springbrunnen gibt es auch Tiergehege mit Affen und Ziegen. Vom Parc de la Pépinière kreuzt man die Place de l'Alliance, die von hellen zweigeschossigen Häuserreihen umgeben ist. Dass der Platz, von Stanislas beauftragt, von einem dichten Karree kastenförmig beschnittener Bäume umgeben ist, verstärkt seinen symmetrischen und eleganten Charakter. In der Mitte steht ein barocker Brunnen, der damals die Allianz zwischen Frankreich und Österreich-Ungarn symbolisieren sollte.

Über die Rue Bailly an der Südwestseite des Platzes führt die Strecke wieder in die Rue Saint-Georges und zur Kathedrale. Dort geht es in die Rue Montesquieu und weiter bis zur **Markthalle** aus dem Jahr 1850. Hier bieten rund 65 Händler ihre Waren feil, auch Antiquare und kleine Restaurants gehören dazu (geöffnet Di – Sa, 7 – 19 h). An der dahinter liegenden, großen Place Charles III fällt die **Kirche Saint-Sébastien** auf. Die Kirche mit ihrer vom Barock inspirierten Fassade aus weißem Meuse-Kalkstein wurde zwischen 1720 und 1731 erbaut. Die Reliefs imitieren einen Wandteppich mit Putten und Medaillons mit Christus, der Jungfrau, dem Heiligen Karl Borromäus und dem Heiligen Nikolaus. Im Kircheninneren trägt die Kuppel des Querschiffs Flachreliefs, welche das Martyrium des Heiligen Sebastian darstellen.

i

Der Kupferstecher Jacques Callot und die Früchte seiner italienischen Lehrjahre

Jacques Callot war ein lothringischer Zeichner, Kupferstecher und Radierer, der 1592 in Nancy geboren wurde. Seine Abzüge waren wegen der besonderen Lichtführung und der weit entwickelten Perspektivtechnik beliebt; selbst der große Rembrandt van Rijn sammelte Callots Werke. Zwischen 1612 und 1624 verbrachte Callot seine Lehrzeit in Florenz und Rom. Dort entstanden einige seiner berühmtesten Werke, die heute im Musée Lorrain in Nancy zu sehen sind. Inspiriert von den Buckligen, die den Großherzog Cosimo II de Medici belustigen sollten, fertigte Callot 21 Radierungen an, die als Gobbi bekannt wurden. Es handelt sich um pittoreske Einzeldarstellungen der Buckligen und Kleinwüchsigen als Bettler, Musikanten oder Schauspieler in Aktion. 1633 fertigte er unter dem Titel „Les misères de la guerre" (Die Gräuel des Krieges) 18 Radierungen über den Dreißigjährigen Krieg an. Callot wurde von seinen Zeitgenossen und nachfolgenden Künstler-Generationen auch geschätzt, weil er einige Neuerungen in die Radierung einführte, die beispielsweise sehr differenzierte Hell-Dunkel-Abstufungen ermöglichten. Er starb 1635 in Nancy.

NANCY, EINE STADT VOLLER JUGENDSTILSCHÄTZE

Avenue Foch – Basilika Sacré-Cœur – Villa Majorelle – Jugendstilmuseum École de Nancy – Schwimmbad Nancy-Thermal – Rue Félix Faure – Parc Sainte-Marie – L'Est Républicain – Brasserie Excelsior – Tourismusbüro – Place Stanislas

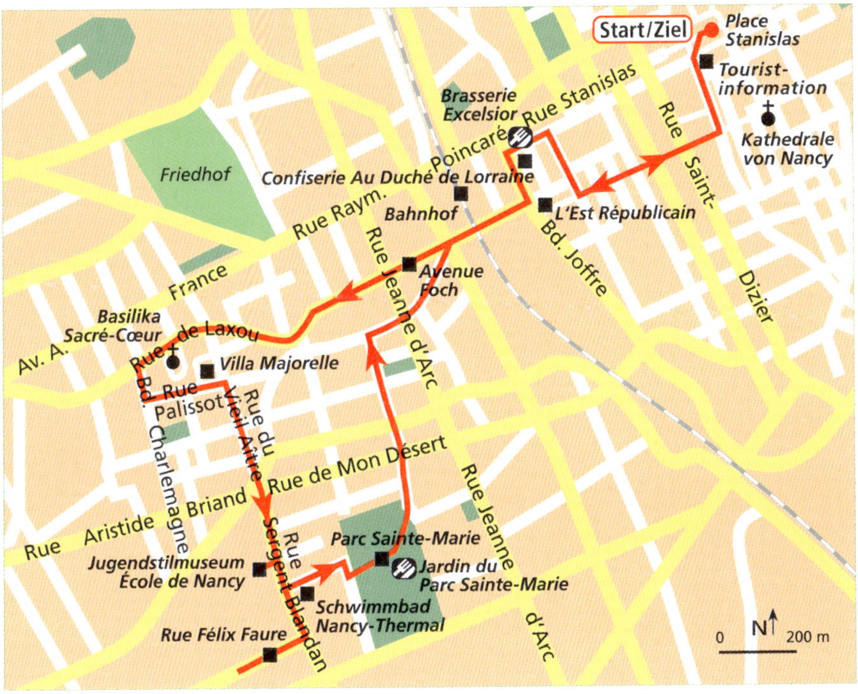

Zwischen 1900 und dem Ersten Weltkrieg ging es der Kunst darum, der Industriellen Revolution Schönheit, Virtuosität und Einzigartigkeit entgegenzusetzen. Im reichen Nancy, das dem damals deutsch besetzten Metz auch ein kulturelles Gegengewicht sein wollte, schufen die heimischen Jugendstilkünstler zahlreiche Gebäude als Gesamtkunstwerke: Fenster, Fassaden, Möbel, Schmiedearbeiten sowie Glas- und Keramikobjekte präsentierten sich in den anmutigen Formen und floralen Mustern dieses neuen Stils. Beispielhaft dafür ist die Villa Majorelle, an der man Verspieltheit und Eleganz in jedem Detail findet. Das Jugendstilerbe der Stadt ist reich und kann im Museum École de Nancy, aber auch in vielen Straßenzügen und an unzähligen Ecken bestaunt werden.

Start:
Rue Saint-Léon/Ecke Avenue Foch
Länge:
7 km
Dauer:
2 – 3 Stunden
ÖPNV:
Stan-Bus 3, LAXOU Provinces (Rue Saint-Léon)

Der Jugendstilrundgang beginnt am Haus des Dr. Spillmann, Rue Saint-Léon 34. Die Pinie ist das hervorstechende Dekorationselement aus der Natur, welches das imposante Eckgebäude schmückt: als Zapfen in Form einer Skulptur auf den Säulen des Portals, als Zapfen und

Nadeln in Form eines Frieses über den Fenstern. Entworfen wurde das Haus von dem Nancyer Architekten Lucien Weissenburger. Am Stadthaus des Doktors geht man links vorbei die **Avenue Foch** hinauf. In der Wohnstraße mit einer dichten Baumallee stehen vier Jugendstilgebäude von besonderem Interesse: Zuerst das Haus des Dr. Jacques an

Jugendstil der Jahre 1902 bis 1904: Das Gebäude France-Lanord in der Avenue Foch

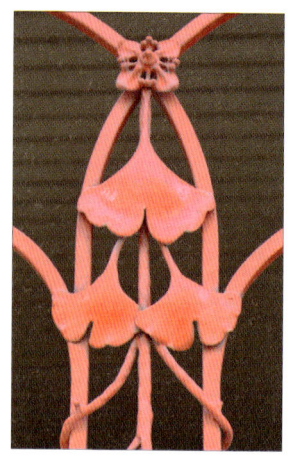

der Kreuzung Avenue Foch/Rue Jeanne d'Arc mit Schmiedearbeiten von Louis Majorelle, Fenstern von Jacques Gruber und Figuren von Léopold Wolff. Die Nummer 45 trägt das Gebäude Loppinet von 1902. Mit der 69 findet man das Gebäude Lombard des Nancyer Architekten Emile André, der zuvor von Reisen aus Tunesien, Ägypten, Sizilien und dem damaligen Persien zurückgekommen war und in der Folge in Nancy ein Dutzend Gebäude entworfen hat. Auch das Haus France-Lanord, Nummer 71, stammt von ihm. Gegenüber steht ein Turm, welcher an ein historisches Datum erinnert, das zwar nicht in Zusammenhang mit dem

ℹ Nancy als bedeutendes Zentrum des französischen Jugendstils

Im Jahr 1900 zeigen Émile Gallé, Louis Majorelle und die Glashütte Daum ihre Werke auf der Pariser Weltausstellung, ein Jahr später gründen sie die École de Nancy. Die École de Nancy, die Schule von Nancy, gilt – nach Paris – als wichtigstes Zentrum des Art nouveau in Frankreich. Die Strömung in Nancy hebt sich aber von dem Art nouveau des restlichen Frankreichs bewusst ab. In Ornamenten werden Disteln, Dolden, Riesenbärenklau, Seerose, Libellen und Kürbisgewächse besonders häufig verwendet. Zudem nahmen die Künstler in Nancy Elemente der Spätgotik und des Rokoko auf. Die Produktivität ist kurz, der Erste Weltkrieg und das Aufkommen des Art déco, mitgetragen von Daum, Gruber und Majorelle selbst, bedeuten den Niedergang. Auf der Internationalen Ostfrankreich-Ausstellung in Nancy stellen die Künstler 1909 zum letzten Mal gemeinsam aus. In der Folgezeit wird diese Kunst nicht sonderlich hochgeschätzt. Die Stadt ließ in den 70er-Jahren zahlreiche Jugendstilhäuser abreißen, um das Bahnhofsviertel neu zugestalten. Doch zur Feier des 100-jährigen Geburtstags der Kunstströmung in Nancy hatte sich die Stadt auf das Erbe besonnen: Man holte die Kunst aus den Museumsdepots in die Ausstellungsräume und restaurierte zwischen 1998 und 2000 etwa 350 Gebäude.

Jugendstil steht, aber für die Entwicklung der Region von entscheidender Bedeutung war. Der lothringische Herzog René II hatte hier sein Hauptquartier, als er 1477 in der Schlacht von Nancy die Burgunderkriege beendete. Die Schlacht bedeutete eine katastrophale Niederlage für die Burgunder und für Lothringen eine lange Zeit politischer Stabilität sowie den Beginn der Renaissance. Karl der Kühne, der letzte Herzog von Valois-Burgund, fiel ganz in der Nähe.

Der Straße folgt man in ihrem Verlauf und geht auf der Rue de Laxou weiter. In deren dritter Querstraße, der Rue Abbé-Gridel, steht gleich am Anfang das helle Stadthaus Mangon von 1902 mit sehr harmonisch geschwungenen Balkonen. Paul Charbonnier, der Architekt des Hauses von Dr. Jacques, hat hier sein erstes Mietshaus entworfen. Gegenüber fasziniert der ebenfalls sehr helle Bau der **Basilika Sacré-Cœur**, welche an ihr Vorbild vom Pariser Montmartre erinnert und ebenfalls im romanisch-byzantinischen Stil erbaut ist. Der Innenraum ist hell, weiße und gelbe Steine wechseln einander ab. Der Altar besteht aus weißem Marmor, seine bunten Mosaiksteine stammen wahrscheinlich aus Venedig oder Florenz. Die Marienstatue, gefertigt aus weißem Carrara-Marmor, wird von zwei Engeln begleitet. Am Altar sind zwei Insignien zu sehen: das Tintinnabulum, die lithurgische Prozessionsglocke, und der Padiglione, der Seidenschirm zum Schutz der Priester während der Prozession (im Sommer täglich 9 – 19 h, sonst bis 18 h, mittags geschlossen).

Von der Kirche folgt man der Rue de Laxou bis zur nächsten Ecke und geht dann dreimal links um den Block herum in die Rue Louis Majorelle. Die Ornamente der Wohnhäuser sind geometrischer und flächiger gestaltet. Zacken, Stufen und stilisierte Blumen schaffen eine insgesamt kühlere Ästhetik als die der Jugendstilfassaden: Diese Häuser aus den 20er- und 30er-Jahren spiegeln die

¶¶Tipp

Brasserie Excelsior

Französisches Frühstück, Fisch- und Fleischgerichte wie Hummer, Austern, Tatar vom Charolais-Rind oder Sauerkraut nach Straßburger Art mit Würsten. Zum Dessert Crème brûlée oder Mirabellensorbet.

50 Rue Henri Poincaré
54000 Nancy
Tel. +33 (0) 3 83 35 24 57
www.brasserie-excelsior.
com/fr/
Öffnungszeiten
täglich 8 – 0.30 h, So und Mo
bis 23 h

Prägend: Louis Majorelle

Villa Majorelle – Gesamtkunstwerk der Nancyer Jugendstilkünstler

Die Jugendstilvilla wurde zwischen 1901 und 1902 erbaut und hieß seinerzeit Villa Jika, nach den Initialen der Frau des Bauherren Louis Majorelle. Die Harmonie der Volumen und des Dekors ergänzt sich wunderbar mit den dynamischen Linien des Gebäudes. Schließlich ist die Villa ein Gemeinschaftswerk von talentierten Jugendstilkünstlern aus Paris und Nancy. Als Tischler und Kunstschmied war Majorelle einer der wichtigsten Künstler von Nancy. Die Holz- und Schmiedearbeiten übernahm er selbst, den Entwurf für das Haus gab er bei dem jungen Pariser Architekten Henri Sauvage in Auftrag. Die Bauleitung übernahm der lokale Architekt Lucien Weissenburger, mitverantwortlich auch für die Brasserie Excelsior. Die Glasfenster stammen von Jacques Gruber. Besonders farbenprächtige und großflächige Fenster von Gruber befinden sich in der Villa Corbin, dem Sitz des Jugendstilmuseums École de Nancy. Geführte Besichtigung der Villa Sa und So, 13.45 und 15 h, (Anmeldung unter Tel. +33 (0)3 83 17 86 77 oder servicedespublics-musees@mairie-nancy.fr).

![Villa Majorelle]

Villa Majorelle

Jugendstilmuseum
École de Nancy

verspielte Strenge des Art déco wider. Auf der rechten Seite der Straße führt die **Villa Majorelle** dann die fließenden Linien und die asymmetrische Fassadengestaltung des Jugendstils vor. Das Regenvordach, die Dachrinnen und die Verandaballustrade sind mit Blättern oder Blüten verziert. Besonders auffallend ist das große dynamisch geschwungene Fenster im Obergeschoss, wo sich der Kunsthandwerker und Hausherr Louis Majorelle sein Atelier einrichtete.

An der Ecke der Villa Majorelle geht es rechts auf die Rue du Vieil Aitre, nach 500 Metern, vor der Fußgängerbrücke, taucht rechter Hand das **Jugendstilmuseum École de Nancy** auf. Das Museum befindet sich im ehemaligen Wohnhaus des Geschäftsmannes Eugène Corbin. Der Sammler war ein bedeutender Mäzen dieser Kunstrichtung und schenkte der Stadt 1935 rund 600 Gegenstände, welche seit 1964 im Museum gezeigt werden. Im Garten kann man das Aquarium von Lucien Weissenburger mit dem japanisch anmutenden Dach und eine kleine Grabstätte bestaunen. Das Grabmal wurde 1969 vom nahe gelegenen Friedhof Préville hierher versetzt, der Kunstkritiker Jules Nathan hatte es für seine Frau in Auftrag gegeben. Es ist eines der ersten Grabmale im Jugendstil in Nancy. Das Museum selbst ist

Fenster im Jugendstilmuseum

reich bestückt mit Arbeiten der renommiertesten Nancy-er Künstler. Zu sehen sind nicht nur Möbel – edle Tropen-hölzer, mit Leder und Bronze verziert – aus der Tischlerei von Majorelle, sondern auch Gemälde des Malers Victor Prouvé oder Glas- und Keramikgegenstände des Glas-meisters Emile Gallé. Besonders sehenswert sind das Bett der Morgen- und der Abenddämmerung mit entspre-chend gestaltetem Kopf- und Fußteil, die Schlafzimmer-einrichtung aus der Villa Majorelle und das Tauben- und Pfauenfenster des Glasmalers Jacques Gruber.

Vom Museumsgebäude geht es geradeaus weiter. Auf der linken Seite sieht man die grünlichen Kuppeln vom **Schwimmbad Nancy-Thermal**. Die nächste Straße auf der rechten Seite, die **Rue Félix Faure**, hütet einige der farbenfrohsten Jugendstilfassaden in Nancy: Zwischen 1900 und 1910 nach Plänen von César Pain entstanden, zeigen die Obergeschosse aufgemalte Blumenranken in Himmelblau, Erdbeerrosa, und Lindgrün. Die Kacheln über den Fenstern, die schwungvollen Linien der Dach-giebel und die kleinen französischen Balkone nehmen

Tipp

Confiserie Au Duché de Lorraine
Süße Spezialitäten aus ganz Lothringen und aus Nancy: Macarons, Mirabellen-Prali-nen, Bergamottebonbons, Baba au rhum und Gâteau de Stanislas.

Place de la Gare
47, Rue Henri Poincaré
54000 Nancy
Tel. +33 (0) 3 83 30 13 83
Öffnungszeiten
Mo – Sa 8.30 – 19 h
So 9.30 h – 12.30 h

Auch lecker, wenn man sie einfach so aus der Hand isst: Macarons de Nancy

Florale Farbenpracht in der Rue Félix Faure

die schönen Farben wieder auf. Auch die Fassaden der umliegenden Häuser weisen neben Natursteinen oder hübsch verzierten Balkongittern sehenswerte Schmuck-stücke auf: Gemalte Blüten der Passionsblume (genau

Die Brasserie Excelsior wurde 1911 eingeweiht

Tourismusbüro
Place Stanislas
54000 Nancy
Tel. +33 (0)3 83 35 22 41
www.nancy-tourisme.fr

<u>Öffnungszeiten</u>
April bis Okt:
Mo – Sa 9 – 19 h
So und Feiertage 10 – 17 h
Nov bis März:
Mo – Sa 9 – 18 h
So und Feiertage 10 – 13 h

**Weitere Tipps zu den Nan-
cy-Touren 12 und 13
im Serviceteil:**
Museen s. S. 159f
Parks + Gärten s. S. 166
Baden + Freizeitparks
s. S. 173
**Schlechtwetter-Alternati-
ven** s. S. 168

gegenüber) oder eine Borte aus Kacheln mit feuerroten Mohnblüten
an der Nummer 15. Von den bunten
Stadthäusern geht es zurück zum Ju-
gendstil-Schwimmbad. Das Bad wurde
zwischen 1910 und 1913 nahe einer
heißen Heilquelle erbaut. Die weißen
Gebäude sind mit Säulen, einem imposanten Eingangsportal sowie hohen Fenstern, Fayencen und Mosaiken
aus Steingut verziert. Hinter dem Bad
liegt der **Parc Sainte-Marie**, in dem
1909 die Internationale Ostfrankreich-
Ausstellung stattfand. Der elsässische
Fachwerk-Pavillon zeugt noch davon.
Der Park ist mit fast acht Hektar der
zweitgrößte öffentliche Park der Stadt
und beherbergt hochgewachsene Tulpenbäume, Eichen, Zedern und Mammutbäume.
An der Nordseite verlässt die Strecke
den Park über die Rue de Graffigny. Man
folgt der Straße und biegt in die fünfte Querstraße rechter
Hand ein, die Rue de la Commanderie. An der Straßenecke
und an der Nummer 22 bezeugen die Apotheke Jacques
und das Gebäude Biet Nancys reiches Jugendstilerbe.
Die Straße mündet wieder auf die Avenue Foch, über die
es geradewegs ins Zentrum geht. Am Bahnhofsvorplatz
sticht das Gebäude **L'Est Républicain** (1912) hervor. Der
ehemalige Hauptsitz der ostfranzösischen Tageszeitung
ist der letzte Bau der École de Nancy. Die einfach struk-
turierte, mit Eichenblättern dekorierte Fassade spiegelt
eine Hinwendung zum Klassizismus wider. Besonders
auffällig ist der Turm: In der Vergangenheit war darin ein
kleines Leuchtturmlicht installiert, es sollte Aktualität und
Information symbolisieren. Heute hat nur noch die Lokal-
redaktion im Gebäude ihre Büros. Gegenüber findet sich
die Spur des Mäzens Eugène Corbin wieder. Die ehemaligen Magasins Réunis, deren Direktor Corbin war, wurden
1925 mit Elementen des Art déco-Stils wieder aufgebaut.
Die Pläne kamen nach Corbins Auftrag von Pierre Le Bour-
geois, der auch das Zeitungsgebäude entworfen hatte. An
dem Kaufhaus geht man nach links in die Rue Mazagran.
An der Ecke der zweiten Querstraße befindet sich eine der
schönsten Brasserien der Stadt.
Die **Brasserie Excelsior** in der Rue Henri Poincaré hat eine
intakte Jugendstilfassade und -einrichtung sowie ein ty-
pisches Art déco-Untergeschoss. Der Entwurf für das Gebäude stammt von Weissenburger und Alexandre Mienvil-
le. Der Saal ist 12 mal 25 Meter groß, aber sehr gemütlich,
auch weil Gestaltung und Mobiliar präzise aufeinander
abgestimmt sind. Die Möbel aus Mahagoni stammen aus

der Majorelle-Tischlerei, die zehn Fenster mit Farn-, Ginkgo- und Pinienornamenten hat Jacques Gruber gestaltet. Die Pflanzenmotive wiederholen sich auch im Mosaikboden.

Geht man die Rue Henri Poincaré weiter hoch, kommt man links an der Industrie- und Handelskammer für die Region Meurthe-et-Moselle vorbei. Besonders schön an diesem Jugendstilgebäude sind die elegant geschwungenen Fenster und Balkonnischen sowie das kunstvoll gearbeitete Eingangsvordach mit den Majorelle-Schmiedearbeiten. Von dort biegt man nach rechts ab und folgt der Straße bis zur Rue Saint-Jean, einer quirlig-lebendigen Einkaufspromenade mit Straßenbahnverkehr. An der Ecke geht es nach links, vorbei an der Bank Renauld von Charbonnier. Man bleibt auf dieser Straße bis zur Rue des Dominicains, in die man nach links einbiegt. Die Strecke führt immer geradeaus zum **Tourismusbüro**. Auf dem Weg liegen weitere Jugendstilgebäude, in denen heute Geschäfte untergebracht sind: die Ginkgo-Apotheke, Rue des Dominicains 38, mit Innenausstattung von Majorelle; das ehemalige Magasin Goudchaux, Rue des Dominicains 4; das von Emile André entworfene Gebäude Camal, Rue Saint-Julie 5; sowie das Casino des familles, Rue Saint-Julien 5.

Hinter dem Tourismusbüro liegt der berühmteste Platz von Nancy, kein Beispiel für Jugendstil, aber ein Prachtexemplar von seltener Eleganz: der 106 mal 124 Meter große **Place Stanislas**, Teil eines schönen Architektur-Ensembles aus dem 18. Jahrhundert. Der Platz entstand auf Wunsch von Stanislas Leszcynski, Herzog von Lothringen und Schwiegervater von Ludwig XV. Die klassizistische Architektur spielt hier mit verschiedenen Rokoko- und Barockeinflüssen. So hat der Kunstschmied Jean Lamour die beiden symmetrischen Brunnen von Neptun und Amphitrite mit Torbögen voller Goldblätter geschmückt. Mit den umliegenden Plätzen Place de la Carrière und Place d'Alliance gehört der 1755 vollendete Platz zum Weltkulturerbe der UNESCO.

Das erste Jugendstil-Grabmal von Nancy

Efeuranken als Fenstergitter

Ein französischer Palast auf dem Land mit englischem Garten

Château de Haroué – Vaudeville – Ormes-et-Ville – Haroué

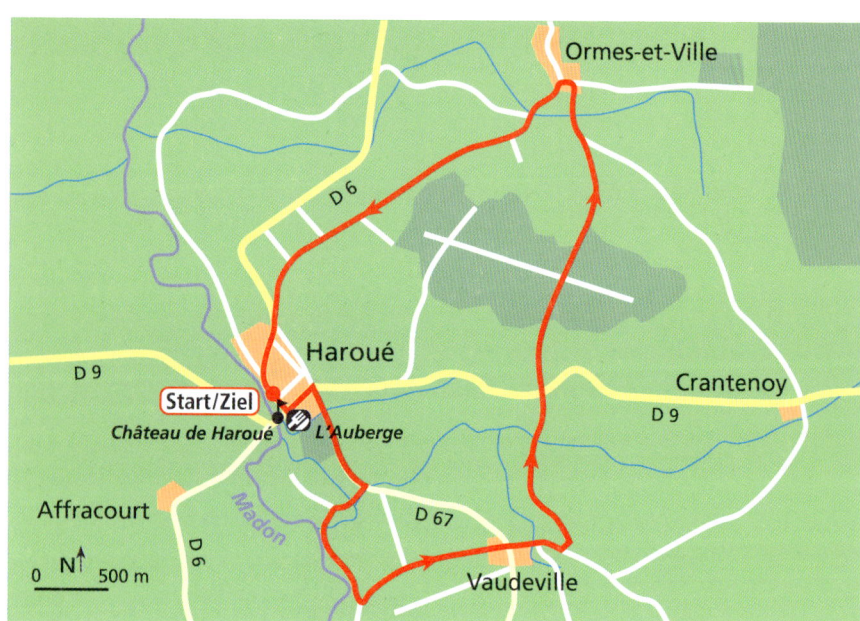

Start:
Château de Haroué,
Haroué
Place du Château
Länge:
11 km
Dauer:
3,5 Stunden
Parken:
Gratisparkplatz gegenüber
vom Château
ÖPNV:
Ted-Bus R590 Nancy-Me-
reville-Frolois-Germonville
(Ormes-et-Ville), (Haroué)

Das imposante Château de Haroué ist ein wahrer Palast auf dem Lande, der von der Baulust seiner Schöpfer zeugt: 12 Türme, 52 Schornsteine und über 300 Fenster kann der elegante Bau vorweisen. Vom Schloss und seinem großen Park führt die Wanderung zwischen Weiden und Wiesen, Wäldern und Feldern durch die umliegenden Dörfer.

Das große **Château de Haroué** ragt mit seinen vier mäch-tigen Türmen hinter einer kastenförmigen Bäumchenhe-cke hervor und beherrscht den Ortseingang. Vom Schloss geht es über die Rue du Maréchal de Beauvau nach rechts in die Rue Boffrand (Richtung Vaudeville). Die Straße führt aus Haroué heraus und eine schattige Baumallee entlang. Vor der Kurve und dem Hügelanstieg zweigt rechter Hand ein Pfad ab. Der Weg wird links von Weiden und rechts vom Park des Schlosses gesäumt. An der Gabelung zweigt die Strecke nach links ab. Hier eröffnet sich ein schöner Blick auf die elegante parkseitige Fassade des Schlosses mit den unzähligen Fenstern. Zwischen grünen Wiesen und entlang des Flusses Madon führt der Weg zu einer asphaltierten Waldstraße. Hier geht es nach links den Hü-gel hinauf und immer geradeaus in das kleine Dorf **Vau-deville**. Die Hauptstraße wird überquert und weiter geht es an liebevoll bepflanzten Vorgärten und typischen Dorf-

Im Château de Haroué leben die Nachfahren des Prinzen de Beauvau-Craon

häusern vorbei. Kurz vor dem Ortsausgang zweigt linker Hand zwischen zwei Häusern ein Wiesenpfad ab (Schild mit blauem Kreis auf weißem Grund). An der gleich darauffolgenden Gabelung führt die Strecke nach links und immer geradeaus durch Wiesen und Felder. Die umliegenden Hügel sind sanft geformt, hier und da sieht man kleine Baumalleen, an den grünen Hängen weiden Schafe und Kühe. Schließlich fällt der Weg ab, eine kleine Brücke führt über das Bächlein Revau. Man überquert die Route Departementale, dann verläuft der Weg zuerst durch Felder und Wiesen und bald durch einen stattlichen Laubwald.

Im Dorf **Ormes-et-Ville** geht es in Richtung Haroué erst einmal direkt zum anderen Ortsausgang. Nach mehreren hundert Metern auf der Landstraße führt links ein Feld-

Das Château de Haroué – Palast auf dem Land mit adligen Bewohnern

Das Schloss von Haroué macht trotz seiner Größe einen eleganten Eindruck. Der mächtige Bau wurde zwischen 1720 und 1732 für den Prinzen Marc de Beauvau-Craon, Vizekönig der Toskana, errichtet. Entworfen hat den Umbau der Architekt Germain Boffrand (Herzogspalast in Nancy und Schloss Lunéville). Die vier mittelalterlichen Türme und die Wassergräben des Vorgängerschlosses von Marschall François de Bassompierre wurden dabei integriert. Im Schloss sind Gobelin-Wandteppiche aus dem 18. Jahrhundert und der für Lothringen einzigartige chinesische Salon zu bewundern. Ein Teil der Möbel wurde von Louis XVIII in Auftrag gegeben und der Familie vermacht. Das Château de Haroué ist ein Palast auf dem Land, allerdings ein bewohnter: Hier leben heute noch die Nachfahren des Prinzen de Beauvau-Craon. Ein Teil des öffentlichen Schlossparks im französischen Stil ist als englischer Garten angelegt. Nur geführte Besichtigungen im Schloss: Juli – Aug, täglich 10 – 12 h, 14 – 18 h; April – Okt, Sa, So 14 – 18 h, Eintritt im Garten frei; www.chateaudeharoue.com, Tel. +33 (0)3 83 52 40 14.

🍴 Tipp

L'Auberge

Tagesmenüs, hausgemach-te Foie Gras mit Feigen-Chutney, Schweinefilet mit Mirabellen, Rinderfilet mit Käse aus Langres, Zander-filet in Wein (Gris de Toul), Fischsuppe. Flambierte Ap-feltarte mit Calvados oder Crème brûlée mit Berga-motte zum Dessert.

6, Place du Château
54740 Haroué
Tel. +33 (0)3 83 52 45 23
www.auberge-haroue.fr
Öffnungszeiten:
täglich, geschlossen am
So-Abend und Mo

ABSTECHER

Colline de Sion, 12 km südöstlich von Haroué
Der Hügel von Sion war ehemals eine Kultstätte der keltischen Leuker, später verehrte man auf dem von Weitem sichtbaren Hügel die Mutter Gottes. Sehens-wert sind die Basilique Notre-Dame-de-Sion und ein 45 Meter hoher Turm mit einer Marien-Statue.

SCHLECHTWETTER-ALTERNATIVE:

Schloss des Marschall Ly-autey, 15 km südwestlich von Haroué, s. S. 171

Liebliche Harmonie der Farben am Wegesrand

weg langsam einen Hügel hinauf. Von Feldern umgeben, wandert man auf dem langgezogenen Hügel geradewegs auf Haroué zu. Es eröffnen sich schöne Panoramablicke über die Hügel und Täler. Bevor der Weg abfällt, kommt man an einer Wiese vorbei, auf der Pflaumenbäume in Reih und Glied stehen. Am Ortseingang von **Haroué** führt die Strecke direkt zur Rue de l'Abbé Harmand. An der fol-genden Gabelung geht es nach links und dem Straßenver-lauf folgend wieder zum Schloss.

Die Wanderung führt hinter dem Schloss vorbei

Per Rad vom Mätressen-Schloss zum kleinen Versailles

Lunéville – Château de la Favorite – Bahnhof – Étang Thiriet – Hériménil – Fraimbois – Chapelle Palatine – Schlosspark Gerbéviller – Haudonville – Lamath – Rehainviller – Château de Lunéville

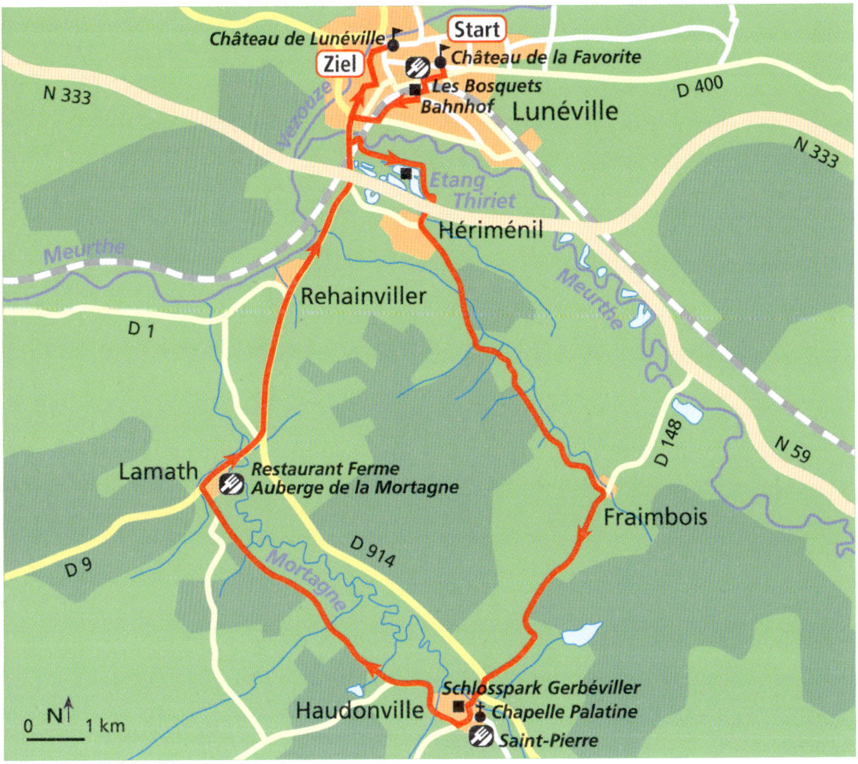

Die Radtour führt über Dörfer und Felder zu drei ganz unterschiedlichen Schlössern in und um Lunéville. Da ist zuerst das Château de la Favorite aus dem 18. Jahrhundert. Nur wenige Meter vom Hof entfernt brachte der Herzog Stanislas hier seine Mätressen unter. In Gerbéviller musste man das Schloss nach dem Ersten Weltkrieg erst wieder aufbauen. Den eleganten Landsitz umgibt ein 24 Hektar großer „bemerkenswerter Garten" im englischen Stil. Hier legte der Architekt von Kaiserin Josephine seinerzeit selbst Hand an. Höhepunkt der Tour ist das Château von Lunéville mit seinem französischen Garten. Das prächtige Schloss erlebte seine kurze Glanzzeit unter Herzog Stanislas. Vorbild für den Bau war das Schloss von Versailles.

Start:
Lunéville,
Cours de Verdun
Länge:
32 km
Dauer:
4,5 Stunden
Parken:
Rue des Bosquets,
Gratisparkplatz

Die Tour beginnt in **Lunéville** am **Château de la Favorite**, das in unmittelbarer Nähe zum berühmten Herzogsschloss steht. Anders als das große Vorbild jedoch liegt dieser Bau versteckt im Hof des Cours de Verdun

Das Hofleben im Schloss von Lunéville erblühte im 18. Jahrhundert

(Schild Centre Social et Culturel Erckmann, gegenüber des Kreisels Cours de Verdun/Avenue de Lattre de Tassigny) nahe der Gartenseite des Château de Lunéville. Das kleine Schloss ist umgeben von einer großen Wiese und mehreren Wohnhäusern. Sein Garten blieb nicht erhalten, dafür ist auf der Seite zur Wiese noch die Originalfassade zu sehen. Herzog Léopold ließ den Bau zwischen 1730 und '34 für seinen Sohn Charles-Alexandre errichten. Genutzt wurde das Schloss aber auch von Herzog Stanislas, der hier einige seiner Mätressen unterbrachte. Mit dem Tod von Prinz Charles-Alexandre im Jahr 1780 verkaufte sein Erbe – der österreichische Kaiser Joseph II – das Schloss an ein Mitglied des Hofes. Ende der 90er-Jahre wurde es wiederum auf Beschluss des Lunéviller Stadtrats an einen Privatmann verkauft.

Vom Schloss geht es über die Seitenstraße Rue Emile Erckmann nach rechts auf die Rue d'Alsace. Dort führt die zweite Seitenstraße links (Rue Charles Guérin) zum Bahnhof. Linker Hand vom **Bahnhof** verläuft die Strecke über eine Fußgängerbrücke auf die andere Seite der Gleise. Dort geht es rechts auf der Rue des Bénédictins an den Schienen entlang. An der Route Départementale fährt man nach rechts auf die Faubourg de Ménil, vorbei am karmesinroten Gebäude der Feuerwehr. An der Ampel der Rue Saint-Maur zweigt die Strecke nach links ab, in Richtung Gerbéviller. Auf der Straße fährt man geradeaus und überquert die Meurthe. Gleich danach geht links an einem Baugeschäft die Straße Chemin du Grand Pré ab.

Immer geradeaus führt die ruhige Straße weg vom Trubel Lunévilles und unter einer Brücke hindurch auf die Wiesen vor der Stadt. Hier liegen viele kleine Weiher und der 22 Hektar große **Étang Thiriet**. Die Strecke verläuft an der Nordseite zweier Weiher entlang, bis sie schließlich in einer Rechtskurve zur Autobahnüberführung abbiegt. Danach geht es zwischen Wiesen und Baumgruppen hindurch und hinauf zum Dorf **Hériménil**. An der Gabelung am Ortseingang geht links die Rue du Pâtis ab. So gelangt man auf die Grande Rue, welche aus Hériménil hinausführt. An der folgenden großen Straßengabelung geht es nach rechts weiter (Schild Forêt Communale de Hériménil). Die ruhige und schmale Landstraße D98 verläuft zunächst durch einen dichten Laubwald. Schließlich liegen zu beiden Seiten der Straße Felder mit kleinen Baumgruppen. Immer geradeaus führt die Strecke an dem Bauernhof Ferme des Abouts vorbei und durch das Dorf **Fraimbois**. Auf der Landstraße geht es von hier direkt nach Gerbéviller. In der kleinen Stadt führt die Strecke an der Straßengabelung nach links den Hang hinab ins Zentrum. Über den Kreisel radelt man geradeaus über den Mortagne-Fluss. Am Ende der Straße tauchen bereits die beiden Türme der **Chapelle Palatine** auf. Die Kapelle gehörte früher zum

Im Schloss von Lunéville kann man auch das Lakaienzimmer besichtigen

Kloster der Unbeschuhten Karmeliten. Das Kloster aus dem 16. Jahrhundert blieb allerdings nicht erhalten. Die Kapelle schmückt sich mit Fenstern, von denen einige aus dem 15. Jahrhundert stammen und einigen der ursprünglich sehr zahlreichen Reliquien (Besichtigung an Sonntagen nur mit Führung). Gegenüber der Kapelle liegt der Eingang zum **Schlosspark Gerbéviller**. Sehenswert sind die Orangerie, der Rosengarten, der Laubengang im Stil von 1900 und das Wasserbecken. Vom Park geht es über die Rue Carnot weiter in Richtung Ortsausgang. Nach eini-

¶¶**Tipps**

Ferme Auberge de la Mortagne
Ente mit Mirabellen, Rinderbraten mit Löwenzahnsauce, Hühnchen mit Weißwein.

10, Rue de la Côte
54300 Lamath
Tel. +33 (0)3 83 71 00 12
Öffnungszeiten:
Sa-Abend und So-Mittag

Restaurant Les Bosquets
Terrine aux Foie gras mit Kürbischutney, Rinderfilet in grüner Pfeffersauce, Lachs mit Parmesankruste, Baba du roi Stanislas.

2, Rue des Bosquets
54300 Lunéville
Tel. +33 (0)3 83 74 00 14
www.restaurant-lesbosquets.fr
Öffnungszeiten:
täglich, außer Di- und So-Abend sowie mittwochs

ABSTECHER:
Stickereikonservatorium François-Rémy in Lunéville, s. S. 160f

SCHLECHTWETTER-ALTERNATIVE:
Basilika von Saint-Nicolas-de-Port, 23 km nordwestlich von Lunéville, s. S. 172

15

Tipp

Château de Gerbéviller: ein Garten vom Architekten der Kaiserin

In Gerbéviller gab es seit dem 12. Jahrhundert ein Schloss, doch der genaue Standort des zerstörten Vorläufers ist unbekannt. Auch der Nachfolgebau an heutigen Platz wurde zerstört. Doch die Ruine des Ersten Weltkriegs baute man wieder auf – nur diesmal eingeschossig. Der Garten hat eine glücklichere Geschichte hinter sich. Im 16. Jahrhundert ließ der Schlossbesitzer, ein Finanzbeamter des Herzogs Henri II, hier zwei sehenswerte Gebäude errichten: das Nymphäum, also ein Nymphenheiligtum in Form eines Brunnenhauses, und den Roten Pavillon. Um 1815 wurde der Park im Stil eines englischen Gartens umgestaltet und erhielt damit sein heutiges Aussehen. Gartenbaumeister war Louis-Martin Berthault. Er hatte als Architekt für Kaiserin Joséphine, die Gattin von Napoléon I, gearbeitet. Das Nymphäum, ehemals mit Muscheln und Mosaiken dekoriert, wird derzeit restauriert. Der Park ist als „Jardin remarquable" („bemerkenswerter Garten") ausgezeichnet. 10. Mai bis 28. Sept: Sa und So 14 – 18 h. Château de Gerbéviller, 54830 Gerbéviller Tel. +33 (0)3 83 42 71 57, www.chateau-gerbeviller.com.

Hinter Hériménil führt die Strecke am Waldrand entlang

gen hundert Metern verläuft die Strecke nach rechts über die D122 in Richtung Lamath. Die Straße führt an den langen Mauern des Schlossparks entlang. Das kleine Straßendorf **Haudonville** ist schnell durchfahren. Die Strecke folgt dem Verlauf der Landstraße und führt durch Felder und Wiesen. Bevor sie ein Stück am Waldrand entlangläuft, passiert man den Bauernhof Ferme des Bordes. In **Lamath** geht es dann nach rechts auf die Route Departementale D9/D914. Die Landstraße führt über die kleinen Dörfer Le Magasin, **Rehainviller** und Chaufontaine geradewegs zurück nach Lunéville.

Château de Gerbéviller

Chapelle Palatine

Der Schlossgarten von Lunéville verleitet zum Müßiggang

Wieder an der Ampelkreuzung der Rue Saint-Maur, geht es diesmal geradeaus auf die Rue Saint-Anne. In der Wohnviertelstraße taucht rechts bald ein Wohngebäude mit rosafarben gestrichenen Fensterläden auf und links ein rosafarbener Wohnblock. Hier geht es nach links in die Rue Sébastien Keller (Schild Château). Die Straße führt am Stadtrand entlang, sodass sich links noch ein Blick auf die Wiesen der Meurthe und den Fluss selbst anbietet. Die Straße biegt schließlich nach rechts in die Rue de la Tour Blanche ein. Am Ende öffnet sich die Straße und das eindrucksvolle **Château de Lunéville** taucht plötzlich auf. Seine imposante Fassade beherrscht den Platz.

Tipp

Maison de la Mirabelle
23 km südlich von
Lunéville

Die Mirabelle gehört zu Lothringen wie das Herzogsschloss zu Lunéville. Auf dem von Obst- und Mirabellengärten umgebenen Hof erklärt ein Film (auch in Deutsch), was es mit der kleinen gelben Frucht alles auf sich hat. In der Brennerei wird gezeigt, wie Mirabellen zu Obstbrand veredelt werden.

16, Rue du Capitaine
Durand
54290 Rozelieures
Tel. +33 (0)3 83 72 32 26
www.maisondelamirabelle.
com
Öffnungszeiten:
Mai – Sept: Mo – Sa 9 – 11 h,
13.30 – 17.30 h, So 13.30 –
17.30 h
Okt – April: Mo – Fr 9 – 11 h,
13.30 – 17.30 h,
Sa und So auf Anfrage

Unterwegs im lothringischen Klein-Kanada

Col de la Vierge Clarisse – Dorf Pierre-Percée – Vierge de Para – See Lac Pierre-Percée – Aussichtspunkt – Staudamm – Anlegestelle – Vierge Clarisse

Start:
Parkplatz Vierge Clarisse zwischen Badonviller und Pierre-Percée (D182)
Länge:
11 km
Dauer:
3,5 Stunden
ÖPNV:
TED-Bus R650 Lunéville-Badonviller und Ted-Bus S713 Badonviller (Collège EP) bis Pierre-Percée (Village)

Die lang gezogenen Buchten des Sees Lac de Pierre-Percée und stattliche Mittelgebirgswälder machen den Reiz dieser Wanderung aus. Durch die rund 400 Meter hoch gelegenen Mischwälder führt die Strecke zum kleinen Dorf Pierre-Percée und zum gleichnamigen See. Das kristallklare Wasser des großen Sees lockt Tiere und Naturliebhaber gleichermaßen an. Vom Staudamm öffnet sich ein herrlicher Blick ins Tal. Man wandert am Seeufer mit seinen kleinen spitzen Buchten entlang und durch den Wald wieder zurück.

Der Col de la **Vierge Clarisse** bildet den Auftakt für die Tour zum großen See Lac de Pierre-Percée. Die kleine Marienfigur Vierge Clarisse ist in einem Kästchen an einem Baum direkt an der Departement-Straße D182 angebracht. Vom gleichnamigen Parkplatz gegenüber führt die Tour nach rechts auf einen breiten Waldweg (Schild für Radweg Circuit VTT, gelber Wimpel mit zwei gelben Punkten und roter Nummer 7). Der Weg fällt zunächst leicht ab. Er wird von hohen Nadel- und Laubbäumen gesäumt, links und rechts breiten sich sattgrüne Moosteppiche aus. Die Strecke verläuft mit einigen Kurven durch den Wald nach Süden. Nach rund 2,5 Kilometern mündet der Weg

Der See Lac de Pierre-Percée ist der größte See Lothringens

Tipps

Hotel-Restaurant Le Chalet
Pilzpfanne, gegrilltes Rindfleisch in Morchelsauce, Räucherwurst mit Kartoffelgratin.

La Grande Voye
54540 Pierre-Percée
Tel. +33 (0)3 83 42 03 52
Öffnungszeiten:
täglich 12 – 14 h, Sa, So 18 – 21 h, Do geschlossen

Restaurant Le Grill
Forelle, Lachsfilet, Pizza, Rumpsteak mit Pfifferlingen.

Place de la Mairie
54540 Pierre-Percée
Tel. +33 (0)3 83 42 24 31
Öffnungszeiten:
täglich, Mo- und Di-Abend sowie Mi geschlossen

auf eine Waldstraße. Hier geht man hangaufwärts direkt in das kleine **Dorf Pierre-Percée**. In der Dorfmitte findet sich rechter Hand eine kleine Kirche und ein Denkmal für die Gefallenen. Dahinter tauchen auf dem Berg die Ruinen des Château de Salm auf. An der Kreuzung biegt man nach links ab und läuft bergauf. Nun folgt der Weg den Schildern zur **Vierge de Para** (roter Kreis, rotes Kreuz oder violette Nummer 4).

Der Pfad verlässt das Dorf und steigt zu Beginn steil an. Schließlich verläuft die Strecke eben durch den Wald. Im Herbst werden Pilzkenner mit Sicherheit fündig, säumen doch viele verschiedene Arten den Weg. Auch Esskastanien werfen hier und da ihre dunkelbraun glänzenden Früchte auf den Waldboden. Rechter Hand blitzt immer mal das kräftige Blau des **Lac de Pierre-Percée** zwischen Baumstämmen und Blattwerk hindurch. Der Strecke stets geradeaus folgend, gelangt man schließlich zur Vierge de Para auf der linken Seite. Die kleine Marienstatue ist wie die Vierge Clarisse auch in einem Kasten an einem Baum montiert. Der Weg ist inzwischen auf 460 Meter Höhe angestiegen.

Lothringens größter See am Fuß der Vogesen

Der See Lac de Pierre-Percée ist 302 Hektar groß und mit einem Fassungsvermögen von 61 Millionen Kubikmeter Wasser der größte See Lothringens. Er liegt auf einer Höhe von 387 Metern. Wegen seiner ausgefransten Form, die aus der Vogelsperspektive an ein Ahornblatt erinnert, trägt er den Beinamen „Kleines lothringisches Kanada". Gespeist wird der Lac de Pierre-Percée von den beiden Meurthe-Zuflüssen La Plaine und Vieux Pré. Daran dass er künstlich angelegt wurde, erinnert allein die Staumauer. Die 69 Meter hohe Mauer wurde zwischen 1981 und 1985 von der Elektrizitätsgesellschaft EDF errichtet, 1993 war die Flutung vollzogen. Über einen unterirdischen Kanal ist der See mit dem 80 Meter tiefer gelegenen Einspeisungsbecken Lac de la Plaine verbunden, wo sich auch ein Wasserkraftwerk befindet. Das gestaute Wasser, das über die Meurthe in die Mosel fließt, erfüllt zwei Aufgaben: Es kompensiert den Wasserverbrauch des Atomkraftwerks Cattenom aus der Mosel und stabilisiert bei Niedrigwasser die Pegel von Mosel und Meurthe. Baden ist nur im Lac de la Plaine erlaubt.

Die Kirche im Dorf Pierre-Percée stammt aus dem 18. Jahrhundert

ABSTECHER

Am See Lac de la Plaine bietet die **Pôle Sports Nature** (4 km südlich von Pierre-Percée) Kanu, Kajak, Paintball, Minigolf, Stand up Paddle und Badestrand.

Pôle Sports Nature
La grande haie
88110 Celles sur Plaine
Tel. +33 (0)3 29 41 13 04
www.psnparc.com
Öffnungszeiten
Juli, Aug: täglich 10 – 19 h
Mai, Juni: Mi, Sa, So 10 – 19 h
April und Sept: Sa,
So 13 – 18.30 h

Eine der vielen versteckten Buchten

Von der Vierge de Para führt die Strecke noch ein Stück geradeaus, bis rechter Hand ein schmalerer Pfad abzweigt (Schild mit rotem Kreis). Zwischen Laubbäumen geht es zum See hinunter. Zahlreiche Farne, hüfthoch und buschig gewachsen, säumen den Weg.

Nach zwei Biegungen mündet die Strecke über eine kleine Treppe auf die Straße. Nun sieht man auch den See endlich von Nahem. Von den Nadelbäumen am Ufer und dem satten Grün der weiten Wälder eingerahmt, spiegelt die große Wasserfläche das tiefe Blau des Himmels wider. Linker Hand finden sich ein überdachter **Aussichtspunkt** direkt am Ufer und dahinter der **Staudamm**. Hier lässt sich in der Sonne eine kleine Rast einlegen, eines der Haubentaucherpärchen wird sich bestimmt an der Staumauer bei der Fischjagd beobachten lassen. Hinter der Staumauer öffnet sich ein herrlicher Blick auf das rund 70 Meter tiefer gelegene Tal mit seiner schmalen Straße. Die Hänge sind lang gezogenen und dicht bewaldet, die einzelnen Bäume an der Talstraße wirken wie Miniaturbäumchen auf einer Modelleisenbahn.

Von der Staumauer geht es wieder zurück zum Weg. Gegenüber der Treppe folgt man der Strecke zwischen Straße und See. Der schmale Waldweg verläuft zunächst ober-

i Wie ein Schloss durch seinen Brunnen in Erinnerung blieb

Die Ruinen des Schlosses Château de Salm überragen das Dorf Pierre-Percée, wo sie in 500 Metern Höhe auf einem Felsen thronen. Der Bau gehörte den Grafen von Salm und stammt aus dem 12. Jahrhundert. Fünf Jahrhunderte später vollzog sich der Niedergang und heute sind nur noch spärliche Ruinen übrig geblieben. Das Château de Salm wurde während des Dreißigjährigen Krieges in Brand gesteckt und später auf Anordnung von Kardinal Richelieu zerstört. Dennoch blieb die Geschichte des Schlosses lebendig, beeinflusste es doch die Namensgebung des Dorfes und des Sees. Der Fels, auf dem das Schloss steht, wird in Dokumenten seit 1127 als „Pietra-Perceia", durchbrochener Stein, erwähnt. Schließlich hatten die Grafen einen Brunnen in den Fels schlagen lassen, der 32 Meter tief und neun Meter breit war. Eine Maßnahme, die sich auch in das Gedächtnis der Menschen eingrub.

halb des Sees, fällt aber langsam ab, sodass das Ufer in Reichweite kommt. Die Buchten des Sees ziehen sich lang und spitz in den Wald hinein. Ihr klares Wasser schimmert in der Nähe des Waldes blau-grünlich. Bald führt der Weg nah am Ufer entlang, zwischen hoch gewachsenen Nadelbäumen und dichten Reihen von Heidesträuchern hindurch. Ist man an der **Anlegestelle** angekommen, geht man zur Straße hinauf und biegt nach links ab.

Nun zeigen weiße Schilder mit einem gelben Kreis den weiteren Streckenverlauf an. Unterhalb der Waldstraße führt der Weg weiter parallel zum Seeufer. Die Wurzeln der Bäume überziehen den Weg kreuz und quer und bilden an leichten Anstiegen kleine Treppenstufen aus. Linker Hand läuft der See bald in einer weiteren spitzen Bucht aus, die man umrundet. Hier finden sich die Ruinen von La Xaveure, einige Überreste eines schon lange aufgegebenen Dorfes. Nach der Spitze trifft der Weg bald auf den Radweg des ersten Teilstückes. Dem Radweg (gelber Wimpel mit zwei Punkten) wieder folgend, geht es rechts ab. Der Weg führt vom See weg und tiefer in den Wald hinein. Die Strecke verläuft über einige Biegungen nach Norden, stellenweise blitzt zwischen den Bäumen noch einmal der tiefer gelegene See auf. Nach knapp zwei Kilometern führt die Strecke nach rechts wieder auf die Departement-Straße und zurück zum Parkplatz der **Vierge Clarisse**.

ABSTECHER:
Kristallmuseum in Baccarat, 22 km westlich von Pierre-Percée, s. S. 161

ABSTECHER
Baccarat, 23 km westlich von Pierre-Percée

In der Galerie der Pôle Bijou zeigt das Musée Ephémère wertvolles und historisches Kristall aus der berühmten Baccarat-Manufaktur. Zudem stellen Schmuckdesigner moderne Kreationen aus.

Pôle Bijou
13, Rue du Port
54120 Baccarat
Tel. +33 (0)3 83 76 06 99
www.polebijou.com
Öffnungszeiten:
15. Mai – 30. Sept:
täglich 10 – 12.30 h,
13.30 – 18 h
1. Okt – 14. Mai:
Mi – So 13.30 – 18 h,
außerdem Mi, Sa,
So 10 – 12.30 h

Der Wanderweg führt aus dem Wald direkt ans Seeufer

AM HÜGEL DER AMEISEN

Place Stanislas – Touristinformation – Hügel der Ameisen – Panoramablick – Pick-nicktische – Weiher Étangs de Ponthaie – Kapelle Notre Dame de la Roche – Place Stanislas

Start:
Bruyères
Place Stanislas
Länge:
10 km
Dauer:
3,5 Stunden
Parken:
Place Stanislas
(Gratisparkplatz)

Die Stadt Bruyères liegt in einem Tal eingebettet zwischen mehreren bewaldeten Hügeln, die wie überdimensionale grüne Kirchenkuppeln aussehen. Die Tour führt über die Hügel und bis auf über 500 Meter Höhe: Hier oben, wo Waldameisen die Wege kreuzen, kann man über die Tal- und Hügellandschaft schauen. Am Horizont lassen sich in einen bläulichen Schleier gehüllt die nahen Gipfel der Vogesen erkennen. Die Strecke verläuft durch Laubwälder mit Esskastanien und über Talwiesen mit Rinderweiden. An den Étangs de Ponthaie vorbei, führt die Tour wieder zurück ins Zentrum von Bruyères.

Mitten im belebten Zentrum der kleinen Stadt Bruyères liegt die große **Place Stanislas** mit ihrem roten Pavillon. Die Häuser ringsum wurden in Anlehnung an den Grundriss der Place d'Alliance in Nancy angelegt. Wie das Vorbild kann auch dieser Platz einen Brunnen vorweisen: Der Neptunbrunnen stammt aus dem Jahr 1788. An den Seiten prangen Medaillons aus schwarzem Marmor und auf der Spitze thront eine Neptunfigur, die vermutlich auf dem nahen Avison-Hügel gefunden wurde.
Die Wandertour führt von der Place Stanislas zunächst über den Kreisel und an der **Touristinformation** auf der rechten Straßenseite vorbei. Über die Hauptgeschäftsstraßen Avenue du Cameroun und Rue Joffre geht es zum Rand des Zentrums. Die Häuser links und rechts werden

Vom Hügel der Ameisen blickt man auf die Vogesen

Tipp

Musée Henri Mathieu für Bruyères und Umgebung
In der Nähe der Place Stanislas befindet sich dieses Heimatmuseum. Die ethnografische Sammlung zeigt neben Originalfotos auch Kultur- und Handwerksgegenstände vom Beginn des 20. Jahrhunderts.

Rue Jean Luçat
88600 Bruyères
Öffnungszeiten:
Tel. +33 (0)3 29 50 51 33,
Juli – Sept: Do – So 15 – 18 h

spärlicher und schon wird auf der linken Seite der Blick frei auf den Hügel von Helledraye. Hier geht es nach links zum **Hügel der Ameisen** (Schild „Montagne des Fourmis"). Auf der Rue du 442ème R.I.A. führt die Strecke zwischen einzelnen Wohnhäusern langsam den Hang hinauf. An der Weggabelung vor dem Wald hat die Gemeinde bereits die erste Riesenameise aus bemaltem Metall aufgestellt. Hier zweigt die Tour nach links ab und führt über den zu Beginn asphaltierten Waldweg den Hügel hinauf (Schild „Sentier des ducs", gelbe Raute). Auf der rechten Seite säumen zahlreiche Esskastanien den Weg – Feinschmecker haben im Herbst also besser einen Beutel dabei.

Auf dem leicht sandigen Waldboden liegen Tannennadeln und Blätter. Wer genau hinsieht, entdeckt bestimmt so manches, sich scheinbar von allein bewegende Blatt: Waldameisen verschiedener Arten mögen diesen sonnigen Waldhang besonders und sind hier überall auf Nahrungssuche. Der gelben Raute folgt man den Hang hinauf, vorbei an der nächsten großen gelb-braunen Ameisenskulptur. Der von Baumwurzeln durchzogene Weg führt bald nah an der Kuppe des Hügels entlang. Den weiten **Panoramablick** über Bruyères und die umliegenden Hügel sollte man ein paar Minuten genießen. Am Horizont liegt die Gipfelkette der Vogesen in einen Schleier aus Dunst gehüllt. Bei klarem Wetter lässt sich beispielsweise der 1363 Meter hohe Hohneck, der dritthöchste Vogesenberg, ausmachen. Von hier führt der Weg an einem Spiel-

¶¶ Tipps

Restaurant Le Grimoire
Pizzas und Tagesmenüs,
Zander mit Kartoffelkruste
als Spezialität. Mittelalter-
Dekor.

8, Place du Commandant
Flesh
88600 Bruyères
Tel. +33 (0)3 29 51 05 87
<u>Öffnungszeiten:</u>
täglich 12 – 14 h, 18 – 22 h
Mi und Sa-Mittag
geschlossen

**Hôtel-Restaurant
La Renaissance**
Spezialitäten sind Hefege-
bäckküchlein mit Frosch-
schenkeln sowie Morcheln
und Lendenfilet mit Jakobsmuscheln.

25, Rue Léopold
88600 Bruyères
Tel. +33 (0)3 29 50 12 00
www.hotel-restaurant-la-
renaissance.fr
<u>Öffnungszeiten:</u>
täglich, So-Abend und Mo
geschlossen

ABSTECHER
Die **Mühle von Xamon-
tarupt**, 14 km südlich von
Bruyères

Müllerei, Ölmühle, Säge-
werk und Holzschuhe –
damit kennt sich der Besitzer der Mühle aus. Er führt
Gäste auf Anfrage.

17, Rue du Village,
88460 Xamontarupt
Tel. +33 (0)3 29 50 51 33,
contact@tourisme-
bruyeres.com

Herbstliches Farbenspiel an den Weihern Étangs de Ponthaie

platz vorbei und an eine Straßen- und Wegkreuzung. An einem der **Picknicktische** kann man unter Bäumen eine kleine Rast einlegen. Auf der anderen Straßenseite geht es schließlich über den linken Hangweg weiter (Schilder gelbe Raute, roter Kreis; eine Abkürzung ist über den Weg mit gelbem und grünem Kreis möglich).

Der Pfad führt höher den Hügel hinauf und durch den Wald. Bald wandert man auf dem Hügelplateau, rechts und links von hohen Nadelbäumen begleitet. Der Waldboden ist von einem dicht gewebten Teppich hellgrüner Moose bedeckt. Den Schildern folgend (gelber und grüner Kreis) biegt die Strecke nach rund 1,3 Kilometern nach rechts ab und in Richtung „Basse de l'Âne". Auf diesem Weg geht es zwischen Heidesträuchern und Farnen langsam hinab ins Tal. Die Strecke mündet an eine Wegkreuzung bei einem Waldhaus. Von hier verläuft die Tour über die schmale Straße (gelber und grüner Kreis). An der zweiten Straßengabelung folgt man nach links der Rue Poincaré aus Bruyères hinaus.

Nach ein paar hundert Metern auf der Landstraße zweigt auf der rechten Seite der Chemin de la Croix ab (Schild „Camping"). Dort biegt man nach links und am Fußballplatz wieder nach links auf einen Feldweg ab. So geht es geradewegs zu den kleinen **Weihern Étangs de Ponthaie**. Auf dem großen Weiher schnattern Stockenten, im kleineren Angelweiher lassen sich Fische ausmachen oder noch mal einige Blicke auf die bewaldeten Hügel werfen. An der Waldseite der beiden Weiher führt die Strecke über einen schmalen Wiesenpfad weiter. Bei einer Koppel mit weißen Rindern gelangt man auf die Straße, von wo es nach rechts wieder in den Wald geht. Dort führt der linke Weg zu der kleinen **Kapelle Notre Dame de la Roche** (grüner und blauer Kreis). Der Waldweg steigt ein wenig an und verläuft um den Avison-Hügel herum. An der Nordseite steht die weiße Kapelle an die Felsen gepresst. Die Kapelle wurde kurz vor der Französischen Revolution erbaut und ehrt die Muttergottes. Wer will, kann über einen Weg an der Südwestseite des Hügels noch zum Gipfel laufen: Auf 600 Meter Höhe bietet sich ein schöner Blick auf Bruyères und ins Tal. Am Fuß des Hügels geht es auf der linken Seite an Wohnhäusern vorbei, bevor man an der Straßengabelung nach links auf die Rue de Verdun abbiegt. Über die zweite Querstraße gelangt man wieder zur **Place Stanislas.**

ABSTECHER:
Musée Pierre-Noël in Saint-Dié-des-Vosges, 25 km nordöstlich von Bruyères, s. S. 161
Wild-West-Park Fraispertuis City in Jeanménil, 17 km nördlich von Bruyères, s. S. 168f

ABSTECHER
Abtei Notre Dame d'Autrey, 11 km südlich von Bruyères

Die denkmalgeschützte Abtei besitzt einen „bemerkenswerten Garten" mit Gemüsegarten im Stil des 18. Jahrhunderts, Baumschule, alten Rosensorten und japanischen Lebkuchenbäumen (ihr Herbstlaub soll nach Lebkuchen riechen). Geöffnet 1. April – 1. Nov: 14 – 17 h, Sa und So bis 18 h, Di geschlossen. Die Kirche im Barockstil kann ebenfalls besichtigt werden. Es werden Gästezimmer vermietet.

Abtei Notre Dame d'Autrey
88700 Autrey
Tel. +33 (0)3 29 65 89 33
www.abbayedautrey.com

An der Koppel mit den weißen Rindern ist man bald am Ziel

Zirpen, tschirpen und schaben – warum sich Ameisen unterhalten

Hört man sie oder hört man sie doch nicht? Lange hieß es, Ameisen würden nur mittels chemischer Botenstoffe miteinander kommunizieren. Aber nach und nach wurde klar, dass im Ameisenhaufen keinesfalls Totenstille herrscht. Die Königinnen etwa geben tschirpende Geräusche von sich. Möglich ist dies durch eine mit kleinen Zähnchen besetzte Kante an ihrem Hinterleib. So sind ihnen Aufmerksamkeit und Pflege der Arbeiterinnen sicher. Die Laute dieses sogenannten Stridulationsorgans sind für das menschliche Ohr allerdings kaum wahrnehmbar. 2010 fanden britische und italienische Forscher außerdem heraus, dass Ameisen bereits im späten Puppenstadium von sich hören lassen. Die Experten vermuten, dass die Puppen kurze schabende Geräusche erzeugen, um bei Gefahr von den Arbeiterinnen gerettet zu werden. Chemische Botenstoffe hätten es schwer, die harte Puppenhülle zu durchdringen. Der Forscher Anton Hermann Krausse-Heldrungen belauschte durch den Schallverstärker seines Grammophons unzählige Ameisen auf Sardinien: Er notierte schon 1910 in einem Aufsatz, dass Rote Waldameisen und Knotenameisen ein hörbares Zirpen von sich gaben. Also: Ohren auf am Hügel der Ameisen!

VOM UFER DES LAC DE GÉRARDMER HINAUF ZU DEN VOGESEN-PÄSSEN

Stadion Henri Millan – Ramberchamp – Lac de Gérardmer – Bach Ruissau du Phény – Wasserfall Saut de la Bourrique – Pass Col de Sapois – Alte Schule von Phény – Natura 2000 Gebiet – Panoramablick Observatoire de Mérelle – Stadion Henri Millan

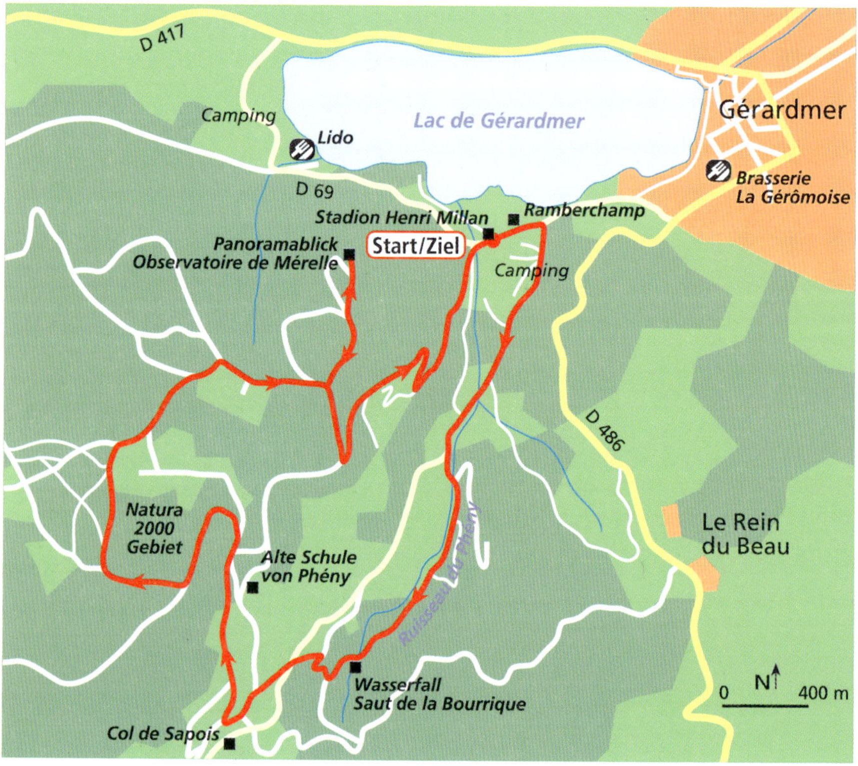

Start:
Gérardmer
Stadion Henri Millan
Chemin du Tour du Lac
Länge: 11 km
Dauer: 4 Stunden
Parken:
Stadion Henri Millan
(Gratisparkplatz)
ÖPNV:
Livo-Bus 29 Épinal (Gare)-
Gérardmer (Croisette)

Der See von Gérardmer ist der größte natürliche See der Vogesen und liegt mitten im Grünen auf 660 Metern Höhe. Im Winter ist die Gegend ein beliebtes Skigebiet, im Sommer lassen sich der kristallklare See und seine wildromantische Umgebung im Boot, auf dem Rad oder zu Fuß erkunden. Die Wandertour durch Wälder und über Pässe steigt bis auf über 950 Meter an. Unterwegs führt die Strecke durch eine kleine, aber beeindruckende Schlucht, in der ein wildes Gebirgsbächlein neben dem Weg rauscht. Auf dem Pass angekommen, blickt man auf dichte Wälder, einsame Hänge und sonnenbeschienene Täler. Höhepunkt ist der herrliche Panoramablick vom Mérelle-Gipfel. Von hier oben überschaut man den gesamten See und die angrenzenden Berge.

Die Tour startet am **Stadion Henri Millan**, das sich an der Uferstraße Chemin du Tour du Lac befindet. Die Straße

Blick von Ramberchamp auf den See

führt ein Stück durch den Ortsteil **Ramberchamp**. An der nächsten Straßengabelung kann man einen kleinen Abstecher machen und in wenigen Schritten zum Ufer des **Lac de Gérardmer** gehen. Von hier lässt sich über den gesamten See und bis zur Uferpromenade der Stadt Gérardmer schauen. Die Wanderstrecke aber zweigt nach rechts in Richtung Saut de la Bourrique ab. Die Straße führt zwischen Wohnhäusern langsam aus dem Ort hinaus. Bevor die Straße einen kleinen Hang hinaufsteigt, zweigt die Strecke nach links auf einen Waldweg ab (Wanderschild für Col de Sapois, grüner Kreis).

Der Weg verläuft durch den Wald und bald begleitet uns rechter Hand der Bach Ruisseau du Phény. Entlang des Baches führt die Strecke tiefer in den Mittelgebirgswald hinein. Schließlich wandert man durch eine schmale Schlucht und glaubt sich fast in einem Wald aus einer alten Sage: Links und rechts des Weges türmen sich moosbegrünte Felsen auf, der Bach ist zu einem plätschernden Wildbach geworden. Über mehrere kleine Brücken wechselt der nun steinige Pfad von einer Uferseite auf die andere. Bald kündigt sich der **Wasserfall Saut de la Bourrique** mit lautem Rauschen an. Zwischen den Biegungen des Weges und dem Laub der Bäume leuchtet die weiße Gischt des Wassers bald immer deutlicher hervor. Am Fuß des Wasserfalls ist man auf 750 Metern Höhe angelangt.

Am Wasserfall steigt der Weg nach rechts auf die Hangwand hinauf. Oben folgt man dem Wanderschild mit rotem Kreuz und grünem Kreis geradeaus und biegt nach einigen hundert Metern nach rechts auf einen Wiesenweg ab. Der Weg führt weiter bergaufwärts zum **Pass Col de Sapois** (roter Kreis). An dem Pass stehen einige große Häuser, ab und an passiert ein Auto die Straße. Ringsum liegen die Hügel in hintereinander liegenden Ketten aufgereiht.

Am großen weißen Haus mit der holzverkleideten Wand führt die Strecke den Hang hinauf, am Wegkreuz geht es nach rechts und weiter nach oben (grüner Kreis und rotes

Der Saut de la Bourrique

im Frühjahr blühen um Gérardmer unzählige gelbe Narzissen

Blick ins Tal

Kreuz). Der schmale Wiesenpfad führt auf die Straße, auf der es bei dem Haus mit den grünen Fensterläden nach rechts weitergeht. Bevor die Straße wieder in den Wald führt, bietet sich Gelegenheit für einen malerischen Blick von oben. An den Hang gepresst steht die **alte Schule von Phény** mit ihrem kleinen Glockenturm. Zwischen 1865 und 1969 gingen hier die Kinder des Tals zur Schule. Zwischen den Hügelketten auf der anderen Passseite leuchten im Sonnenlicht kleine weiße Häuser.

Im Wald geht es erst geradeaus, an der Straßengabelung dann auf der linken Straße weiter (blaues Kreuz). An der Weggabelung Haut du Phény hat man 957 Höhenmeter erreicht. Von hier verläuft die Strecke nach rechts und hinter der weiß-roten Schranke wieder auf einem Waldweg entlang (blaues Kreuz). Der breite Waldweg führt durch ein **Natura 2000 Gebiet**, in welchem die biologische Vielfalt von Pflanzen- und Tierarten sowie die Lebensräume geschützt sind. Die Wege sollen hier zum Wohl von Schwarzspecht, kleinen fleischfressenden Pflanzen, Fledermaus und Eule nicht verlassen werden. Die Strecke verläuft zwischen Nadelbäumen und buschigen Farnen und biegt bald nach rechts ab in Richtung Observatoire de Mérelle (blaues Kreuz, Schild gibt 40 Minuten zum Observatoire an). Langsam führt der Weg hinab und gibt an manchen Stellen den Blick auf das Tal und die gegenüberliegende Hangseite des Sees frei. Dem Verlauf des Weges folgend, gelangt man zu einer Straßen- und Weggabelung. Hier geht es nach links und geradewegs zum **Panoramablick Observatoire de Mérelle**, der auf 897 Metern liegt. Der Aufstieg auf den Holzturm lohnt sich: Von oben sieht man den See von Gérardmer strahlend blau im Tal liegen, eingerahmt von sattgrünen Hügeln und besiedelten Hängen. Wieder zurück an der Straßengabelung geht es über die Straße (gelber Kreis) hinab nach Ramberchamp und wieder zum **Stadion Henri Millan**. Im Anschluss laden die lebendigen Zentrumsstraßen von Gérardmer mit ihren Bars, Cafés und Geschäften zum Stadtbummel ein. Auf der Uferpromenade, der Promenade Quai du Lac, schlendert es sich gemütlich in der Sonne. Hier befinden sich auch zahlreiche Bootsverleiher, sodass sich die Entdeckungstour mit Tretboot, Kanu, Fischerbarke oder Elektroboot fortsetzen lässt. Das sehr umfangreiche Freizeitangebot ermöglicht aber auch Paragleiten, Klettern, Bungeespringen, Quad oder Sommerrodeln (www.gerardmer.net).

ABSTECHER:

Gesteinsmuseum in Xonrupt-Longémer, 4 km nordöstlich von Gérardmer, s. S. 161
Fahrradverleih in Gérardmer, s. S. 169

ABSTECHER
Botanischer Gebirgspark
Jardin d'altitude du Haut-Chitelet, 16 km östlich von Gérardmer

Col de la Schlucht
88400 Xonrupt Longemer
Tel. +33 (0)3 29 63 31 46
www.jardinbotaniquede
nancy.com

Der Park zeigt auf 1200 Metern Höhe rund 2500 Pflanzenarten der Gebirge der Welt. Ob Jura, Karpaten, Himalaja oder Vogesen. Der Garten gehört der Universität von Nancy und zählt zu den „bemerkenswerten Gärten".
Öffnungszeiten:
Juni: 10 – 12 h, 14 – 18 h
Juli, Aug: durchgehend
Sept: 10 – 12 h, 14 – 17.30 h

Abendstimmung am Pass
Col de Sapois

Mit Asche Meister im Leinenbleichen

In der Stadt Gérardmer kommt man an so vielen Textilunternehmen für Haushaltswäsche vorbei, wie sonst kein zweites Mal in Lothringen. Die Textilherstellung hat hier eine lange Tradition. Früher besaß jeder Hof in den Hochvogesen sein eigenes Flachsfeld. Man stellte Hemden und Betttücher für den Eigenbedarf und den Verkauf her. Erledigt wurde diese Arbeit vor allem im Winter: Die Frauen spannen, die Männer webten. 1833 begann die industrielle Herstellung mit der Gründung des Unternehmens Garnier-Thiébaut, dem weitere folgten. Eine lokale Besonderheit des Herstellungsprozesses war das Bleichen des Leinens: Nachdem das Leinen mit Holzasche gewaschen war, wurde es dem Regen ausgesetzt, wieder gewaschen und auf Wiesen ausgebreitet. Damit die Sonne das Leinen bleichen konnte, wurden die Stoffe regelmäßig mittels großer Schaufeln gewässert. Dieser Prozess wich in den 50er-Jahren chemischen Methoden. Heute stellt Gérardmer mehr als die Hälfte der französischen Textilbleichen her.

WEIHER, BÄCHE, WASSERFÄLLE – AUF ZU DEN WASSERSPIELEN DER SÜDVOGESEN

Girmont Val d'Ajol – Getreidehütte – Weiher Étang de Corfaing – Weiher Les Pranzieux – Weiher Étang de la Mollière – Bach Ruisseau du Plain Pré – Géhard-Wasserfall – Girmont Val d'Ajol

Start:
Girmont Val d'Ajol
Getreidehütte Straßenecke
Le Village und Route de
Clairgoutte
Länge:
10 km
Dauer:
3,5 Stunden
Parken:
Gegenüber Getreidehütte
(Gratisparkplatz)

Es fließt in Rinnsalen auf den Wiesen, es plätschert als Bächlein über Steine, es liegt spiegelglatt in den Weihern, es kullert in Tropfen über die Wege: In den Wäldern und auf den Wiesen um das Dorf Girmont Val d'Ajol ist Wasser allgegenwärtig. Die Strecke führt von dem Vogesendorf über Weiden und durch Wälder zu großen und kleinen Weihern. Höhepunkt der zahlreichen leisen und lauten Wasserspiele neben und auf den Wegen ist der Géhard-Wasserfall: Auf 557 Metern Höhe stürzt sich das Wasser hier laut rauschend zwischen den Felsen hinab. Zum Abschluss der Tour bietet sich ein schöner Blick auf das Dorf.

Die Wanderung zu den Weihern von Girmont beginnt im Dorf **Girmont Val d'Ajol**. An der Kreuzung der Straßen Le Village und Route de Clairgoutte fällt eine kleine **Getreidehütte** aus Holz auf. Dieses sogenannte Chalot ist typisch für die südlichen Vogesen. Die kleinen Hütten gehörten zu Bauernhöfen und dienten als Lager für Getreide und Habseligkeiten der Familie. In diesem Chalot befindet sich heute ein Informationszentrum für Touristen. Von hier startet auch die Tour, die sehr gut ausgeschildert ist (Circuit Nummer 20, gelber Streifen). Vorbei am Restaurant Ché No geht es auf der Straße den Hang hinauf. Von oben schaut man ins benachbarte Tal und auf die Hänge. Rechter Hand führt die Strecke an einem Bauernhaus aus

Bauschige Cumulus-Wolken bis zum Horizont

Tipps

Restaurant-Auberge
Ché No
Fondue, Tartiflette und mit
Croziflette (Käsegratin mit
Buchweizenpasta) auch Ge-
richte aus Savoyen.

3, Le Village
88340 Girmont Val d'Ajol
Tel. + 33 (0)3 29 30 50 91
Öffnungszeiten:
Do, Fr, Sa und So

Restaurant-Auberge de la
Ferme Saint-Vallier
Sauerkraut mit fünf Sorten
Räucherfleisch, Andouille-
Wurst (Schweine- oder
Kalbsinnereien), Omelette,
Hühnerfrikassee oder Gan-
doyau (Schweinefleisch und
Kutteln im Räucher-Pansen).
Zum Dessert gibt es Heidel-
beertarte und Eis von Plom-
bières. Terrasse mit Talblick.

30, Route de Clairgoutte
88340 Girmont Val d'Ajol
Tel. +33 (0)3 29 30 62 77
www.aubergesaintvallier.fr
Öffnungszeiten:
Sa, So, Juli und Aug
täglich außer Mo

dem 17. Jahrhundert vorbei. Heute befinden sich hier ein Restaurant und eine Herberge. Daneben liegt ein kleines Sägewerk. Auf der Straße geht es geradeaus bis zu einem großen Steinhaus auf der rechten Seite. Hier zweigt die Strecke nach links auf einen Waldweg ab. Während der Weg langsam ansteigt, gluckert nebenher das Wasser eines kleinen Baches den Hang hinab. Der Wald macht bald einer weiten Wiesenebene Platz. Hier wandert man am **Weiher Étang de Corfaing** entlang und folgt den Schildern am Waldrain, sodass man im Sonnenschein die Stille der Wiesen und Weiden genießen kann.

Am Ende der Weide mündet der Weg auf die Straße. Dort geht es nach rechts und einige hundert Meter auf den Weiler Les Faings Potots zu. Hier zweigt die Strecke nach links auf einen Wiesenweg ab und führt wieder in den Wald. Bald tut sich auf der linken Seite zwischen den Bäumen ein kleines Tal auf. Die einzeln stehenden Häuser sind von Wiesen und Koppeln umgeben, dahinter schließen sich grüne Hügel an. Der Weg führt an eine Gabelung, an der eine kuriose „Treppe" liegt: Unzählige Baumwurzeln haben sich hier aus dem Boden gehoben und sind von links nach rechts knorrig über den Weg gewachsen. An der Wurzeltreppe nimmt man den linken Weg und steigt zwischen den Weiden den Hang hinab, von rechts neugierig von Rindern beobachtet. In der Kurve biegt die Strecke nach rechts ab.

Damit verlässt man erst einmal die Wiesen und offenen Landschaften entlang des Waldrains. Jetzt führt der Weg durch den Wald, der an dieser Hangseite recht feucht ist. Und so tragen auch die abgestorbenen Bäume ein weiches grünes Kleid: Sie sind über und über mit Moosen bewachsen. Vom Weg aus sieht man ihre sattgrün eingefärbten Gerippe zwischen den normalen Bäumen hervorleuchten.

Moosbaum

Miniaturpark in
Plombières-les-Bains,
16 km südwestlich von
Girmont Val d'Ajol

Die Place Stanislas, das Château de Haroué, die bunten Fachwerkhäuser von Colmar oder die Kathedrale von Straßburg: Auf 7000 m² zeigt der Park architektonische Sehenswürdigkeiten aus Lothringen und dem Elsass im Kleinformat.

Parc Miniatures
Plombières-les-Bains
10 bis, Avenue du Parc
Tel. + 33 (0)3 29 30 51 25
www.parc-miniatures.com
Öffnungszeiten:
April – 4. Nov: täglich 10 –
12 h, 14 – 18 h
Juli – Aug:
täglich 10 – 18 h

Bald kreuzt der Weg eine Straße, an der es auf der anderen Seite weiter bergab geht. Jetzt spürt man die Feuchtigkeit in der Luft nicht nur, sondern hört auch das Wasser: Links und rechts des Weges fließen kleine klare Rinnsale glucksend über die Steine und verlieren sich im Grün des Waldbodens. Der Weg führt bald an einem Weiher mit einem Haus vorbei, hier geht man nach links bergab. Spätestens jetzt zeigt sich, wie dicht das Wanderschuhwerk wirklich ist: Die flachen Rinnsale fließen auch über den Weg …

Nach einigen hundert Metern gelangt man zum **Weiher Les Pranzieux**. Wie in die Wiese hineingegossen liegt der Weiher von dichtem Gras umgeben, dahinter die Baumreihen des Waldes. Die dunkelgrünen Baumwipfel, der zartblaue Himmel und die weißen Wolken spiegeln sich auf der glatten Wasseroberfläche und geben ein verträumtes Bild wieder. Über kleine Holzbrücken kann man zur anderen Weiherseite gelangen, ein Picknicktisch lädt am Ufer zur Rast ein. Weiter geht es wieder über den Weg an der Nordostseite des Weihers. Das nächste Gewässer liegt nur wenige Schritte durch den Wald entfernt. Nach 700 Metern führt die Strecke am **Weiher Étang de la Mollière** vorbei. Anders als Les Pranzieux besitzt er kein Grasufer, vielmehr reicht der Wald bis an das Wasser heran. Von der stillen Magie des Waldweihers inspiriert, hat jemand am Westufer eine Holzhütte errichtet. Auf ihrer Veranda steht eine Sitzbank, davor liegt ein gut vertäutes Boot im Wasser.

Vom Weiher Étang de la Mollière verläuft die Strecke geradewegs in ein kleines Tal, in dem mehrere Häuser stehen. Vor der Kurve zweigt der Weg nach rechts ab und führt immer den Schildern nach zum **Bach Ruisseau du Plain Pré**. Der flink fließende Bach wird über zwei kleine Holzbrücken überquert. Am anderen Ufer geht es nach links und weiter durch den Wald. Auch hier fließen kleine Rinnsale über den Weg. Schließlich geht es bergab und das Wasser läuft in der Mitte des schmalen Pfades entlang. Der Abstieg erfordert Aufmerksamkeit, schließlich geht es über Steine und Wurzeln sowie mal links, mal rechts des Rinnsales entlang.

Mit jedem Schritt wird ein Rauschen lauter und lauter. Es

ℹ Süße Leckerei auf dem Verhandlungstisch
Das Eis von Plombières ist eine Spezialität der südlichen Vogesen. Man servierte es schon Ende des 18. Jahrhunderts in der gleichnamigen Stadt. Die Eiscreme ist mit Eiern zubereitet und enthält kandierte Früchte, die in Kirschlikör getränkt sind. Kaiser Napoléon III soll das Dessert 1858 bei seinem Treffen mit dem sardischen Premierminister Camillo Cavour auf dem Tisch gehabt haben. Dabei ging es um nichts Geringeres als die Vorbereitung der Einheit von Italien, das damals noch in Teil- und Kleinstaaten zersplittert war. Und um die Aushandlung französischer Gebietsansprüche. Einige Jahre zuvor hatte das Dessert bereits seinen Einzug in die französische Literatur erlebt: Der Schriftsteller Honoré de Balzac erwähnte die Leckerei in seinem 1845 erschienenen Roman „Glanz und Elend der Kurtisanen".

Der idyllische Weiher Les Pranzieux bietet sich für eine Rast an

Über den Ruisseau du Plain Pré

kündigt den **Géhard-Wasserfall** in der nahe gelegenen Schlucht an. Der Weg führt im Tal auf eine Straße, auf der man nach links geht und direkt am Wasserfall vorbeikommt. Auf einer kleinen Brücke lässt sich das Naturschauspiel bewundern. Zwischen den dunkelgrauen und von Moos bewachsenen Felsen stürzt sich der Fluss Géhard hinab. Im Fall ist sein Wasser weiß schäumend, am ruhigeren Ufer lässt seine Klarheit die bräunlich gefärbten Steine erkennen. Vom Wasserfall folgt man der Straße, bis die Strecke nach links abzweigt und über den Hügel führt. Von hier oben lädt die schöne Aussicht auf **Girmont Val d'Ajol** und das Tal zum Verweilen ein. Über den Weg führt die Strecke wieder hinab ins Dorf.

ABSTECHER:
Musée Charles Friry in Remiremont, 13 km nördlich von Girmont Val d'Ajol, s. S. 161
SCHLECHTWETTER-ALTERNATIVE:
Thermalbadezentrum Balnéo Romain in Plombières-les-Bains, 13 km nordwestlich von Girmont-Val-d'Ajol, s. S. 172

Märchenhaft schöner Waldweg

ℹ️

Hummelgesumm für die Ohren des Kaisers
Ihre Melodiesaiten erinnern an das Summen eines großen Honig suchenden Insektes: Die Épinette des Vosges (wörtlich Spinett der Vogesen) gehört zur Familie der Bordunzithern und ist in Frankreich in der Kommune Val d'Ajol und um die Stadt Gérardmer verbreitet. Im norddeutschen Raum ist ein sehr ähnliches Saiteninstrument als Hummel bekannt. Das Vogesen-Spinett ist rechteckig oder trapezförmig, misst rund 80 Zentimeter und besitzt zwischen zwei und acht Saiten. Die Melodiesaiten werden mit dem linken Zeigefinger gehalten, während die rechte Hand mit einem Blättchen die Melodie- und Bordunsaiten (für den Halteton) streicht. Der Ursprung des Vogesen-Spinetts wird im mittelalterlichen Psalterium vermutet, vielleicht haben auch die Schweden das Instrument während des Dreißigjährigen Krieges in die Vogesen gebracht. Erstmals schriftlich erwähnt wurde es jedenfalls im Jahr 1743. Eine virtuose Spielerin als auch Liedkomponistin auf dem Vogesen-Spinett soll Dorothée Vançon aus Val d'Ajol gewesen sein. Die Tochter eines Tagelöhners und Holzschuhmachers war damals für ihr Spiel sehr bekannt. Ihre Kunst trug sie auch Kaiser Napoléon III und dem Komponisten Hector Berlioz vor. Heute hält der Verein „Épinette des Vosges" die Tradition des Instruments wach (http://epinette.des.vosges.free.fr).

DEM FARBENSPIEL EINER SPINNE AUF DER SPUR

Nomexy – Rathaus – Mühle von Nomexy – Große Eiche – Picknickplatz – Wald Saint des Bois – Wald von Agnonrupt – Frizon – Bach Le Poinçot – Kastanien-Allee – Wald Saint des Bois – Nomexy

Start:
Nomexy
Rathaus, Rue du Vignoble
Länge:
11 km
Dauer:
3,5 Stunden
Parken:
Rue du Vignoble
(Gratisparkplatz)

In den Wäldern und auf den Wiesen zwischen Nomexy und Frizon gibt es vor allem Natur zu erleben: Der Weg führt vorbei an einer großen, über 300 Jahre alten Eiche. In Frizon wandert man durch einem Laubengang aus schattigem Grün direkt am Bach entlang. Und an den Waldrändern lässt sich mit etwas Glück ein kleines Naturschauspiel beobachten. Hier geht die Veränderliche Krabbenspinne auf den Blüten von Wiesenblumen auf die Jagd. Sie hat es auf Honig suchende Insekten abgesehen. Ihr Trick: Sie ändert zur Tarnung einfach ihre Farbe, ein Netz braucht sie nicht für ihre Beutezüge.
Da es in der ländlichen Umgebung unterwegs keine Einkehrmöglichkeit gibt, sollte Wegzehrung eingepackt werden.

Die Wandertour um **Nomexy** startet am **Rathaus** mit dem spitzen Turmdach. Von hier geht es nach rechts auf die Rue du Vignoble. Die Strecke ist mit gelben Pfeilen gut gekennzeichnet. So gelangt man geradewegs zum Bach L'Avière und der **Mühle von Nomexy**. Die Wassermühle, bereits 1263 erwähnt, wurde modernisiert und ist heute noch in Betrieb. Über die kleine Brücke führt die Strecke über den Bach und auf der anderen Uferseite nach links die Straße entlang. Kaum hat man die Wohnhäuser passiert, fällt auf

Die große Eiche nahe der Mühle von Nomexy

Tipp

Restaurant A la Fortune du Pot

Das kleine Restaurant führt Pizzen und Tagesmenüs auf seiner Karte.

5, Rue de Église
88440 Nomexy
Tel. +33 (0)3 29 67 19 21
Öffnungszeiten:
täglich, außer Sa und Mo-Mittag

ABSTECHER

Imagerie von Épinal

(21 km südlich von Nomexy) Die berühmte Druckerei von Épinal existiert seit 1796. Spielkarten, Heiligenbilder und Bilderbögen wurden hier gedruckt. Heute sind es moderne Motive und Reproduktionen der Klassiker. **Tipp für Kinder!**

42 bis, Quai de Dogneville
88000 Épinal
Tel. +33 (0)3 29 34 21 87
www.imagerie-epinal.com
Kommentierte Führung:
Mo 15 h, 16.30 h,
Di – So auch 10.30 h,
Juli – Aug: zusätzlich 14.30 h

der Wiese bereits die **große Eiche** auf. Der Baum hat es in seinen 300 Lebensjahren auf eine bemerkenswerte Höhe von 26 Metern geschafft. Danach verläuft der Weg durch einen Tunnel unter der Autobahn hindurch. Nach rechts geht es dann über die Felder und in Richtung Wald. Auf der anderen Seite des Waldes gehen sanfte Hügel ineinander über, auf den Weiden an den Hängen grast eine Herde Schafe. Zwischen den Parzellen 37 und 28 führt der Weg vorbei am **Picknick-Platz** und durch den **Wald Saint des**

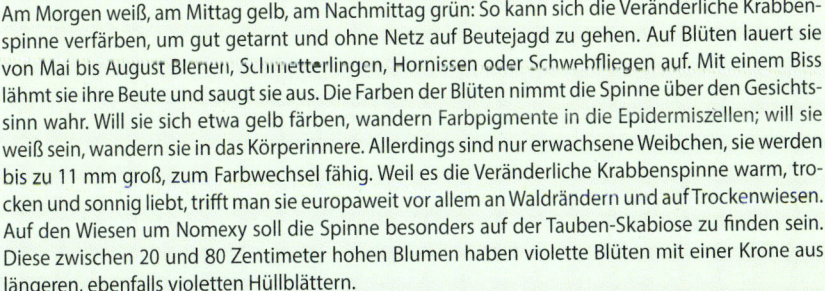

Kleine Spinne treibt auf Blüten ein verblüffendes Farbenspiel

Am Morgen weiß, am Mittag gelb, am Nachmittag grün: So kann sich die Veränderliche Krabbenspinne verfärben, um gut getarnt und ohne Netz auf Beutejagd zu gehen. Auf Blüten lauert sie von Mai bis August Bienen, Schmetterlingen, Hornissen oder Schwebfliegen auf. Mit einem Biss lähmt sie ihre Beute und saugt sie aus. Die Farben der Blüten nimmt die Spinne über den Gesichtssinn wahr. Will sie sich etwa gelb färben, wandern Farbpigmente in die Epidermiszellen; will sie weiß sein, wandern sie in das Körperinnere. Allerdings sind nur erwachsene Weibchen, sie werden bis zu 11 mm groß, zum Farbwechsel fähig. Weil es die Veränderliche Krabbenspinne warm, trocken und sonnig liebt, trifft man sie europaweit vor allem an Waldrändern und auf Trockenwiesen. Auf den Wiesen um Nomexy soll die Spinne besonders auf der Tauben-Skabiose zu finden sein. Diese zwischen 20 und 80 Zentimeter hohen Blumen haben violette Blüten mit einer Krone aus längeren, ebenfalls violetten Hüllblättern.

Ruinen der Burg Forteresse de Châtel-sur-Moselle im Nachbarort Châtel-sur-Moselle Die Burg aus dem 11. Jahrhundert besaß ehemals zwölf Türme. Sehenswert sind die unterirdischen Säle und Galerien, die sich über drei Etagen erstrecken.

6, Rue des Capucins
88330 Châtel-sur-Moselle
http://chatel-medieval.fr
Tel. +33 (0) 3 29 67 14 18
Öffnungszeiten:
Juni – Sept täglich; März, April, Mai, Okt und Nov Sa, So + Fei; Eintritt nur mit Führung um 14.30 und 16 Uhr; im Winter geschlossen

Picknickplatz im Wald Saint des Bois

Bois. An der Kreuzung geht es nach rechts (Schild „Boucle B nach Frizon"). Langsam führt der Weg immer mehr über die offene Landschaft mit Feldern und Wiesen. Schließlich mündet die Strecke auf die Landstraße, von wo sie aber beim Maisfeld, nach ein paar hundert Metern, nach links abzweigt. Dieses Teilstück im **Wald von Agnonrupt** hat man nach rund 500 Metern durchlaufen.

An der Gabelung mit der Landstraße Rue du Poinsot führt die Strecke nach links und direkt in das Dorf Frizon. Nebenher fließt bereits der Bach Le Poinçot – er ist ein Zufluss des Baches L'Avière, der bereits in Nomexy überquert wurde. Am Ortseingang von **Frizon** führt der Weg über einen Wiesenpfad auf der linken Bachseite weiter. Zuerst wandert man ein Stück zwischen Wohnhäusern, dann überquert man auf einem kleinen Steg den **Bach Le Poinçot**. Was danach folgt, ist wohl der romantischste Abschnitt der Strecke: Der schmale Pfad verläuft ganz nah am Bach. Unter dichten Bäumen geht es durch einen langen, stillen und grünen Laubengang.

Dann steigt man auf der linken Seite eine kleine Treppe hinauf und setzt die Wanderung über die Rue Cécile Delus fort. Hier bietet sich die Gelegenheit für einen Blick auf Frizon: Man sieht den Kirchturm von Saint-Martin und die **Kastanien-Allee**, welche auf der anderen Seite von einer langen Mauer gesäumt wird. Die Mauern sind Reste des Jagdlandsitzes, den sich Herzog Stanislas hier hatte bauen lassen. An der nächsten Kreuzung führt die Strecke über die Rue de la Chapelle aus dem Ort. Dort geht es an der Kreuzung geradeaus über die Rue du Rouge Poirier. Bald zweigt die Strecke nach links ab und führt zwischen Feldern entlang wieder zur Kreuzung im **Wald Saint des Bois**. Über den rechten Weg wird nach **Nomexy** zurückgewandert.

Musée Départemental d'Art ancien et contemporain in Epinal, 21 km südlich von Nomexy, s. S. 162

Ein lothringischer Maler im Bann des poetischen Lichtes
Aus der Nähe von Nomexy stammt einer der berühmtesten lothringischen Barockmaler: Claude Gellée, auch Claude Lorrain genannt, wurde 1600 in Charmes (15 km nördlich von Nomexy) geboren. Früh verwaist, lebte er bereits als Jugendlicher in Rom, wo er bei dem Maler Agostini Tassi lernte. In seinen Landschaftsgemälden und biblisch-mythologischen Bildern verband Gellée genaue Naturbeobachtung mit Einfällen seiner Fantasie. Dabei war für ihn das Licht von besonderem Interesse. Das flach einfallende Licht der untergehenden Sonne etwa setzte Gellée in die Fluchtlinie seiner Bilder und schuf so eine romantisch-poetische Atmosphäre. Zu seinen berühmtesten Gemälden zählen „Hafen mit der Einschiffung der Königin von Saba", „Hirtenlandschaft bei untergehender Sonne" oder „Hafen mit der Ankunft der Kleopatra in Tarsus". Der Maler starb 1682 in Rom. Sein Geburtshaus in Charmes gibt einen Einblick in sein Werk und stellt auch Arbeiten zeitgenössischer lothringischer Künstler und Kunsthandwerker aus. **Maison natale de Claude Gellée**, 88130 Chamagne, Tel. +33 (0)3 29 38 86 07, www.culturedesvosges.fr/claudegellee/. Geöffnet April – 30. Okt: Mi, Do, Sa, So 14 – 18 h. Freier Eintritt.

Durch Vogesenwälder zu wilden Wasserfällen und Froschtümpeln

Attigny – Étang de la Blamonne – Hochsitz – Wasserfälle des Wolfsschlund-Baches – Forge Neuve – Abtei von Droiteval – Lehrpfad der vier Tümpel – Attigny

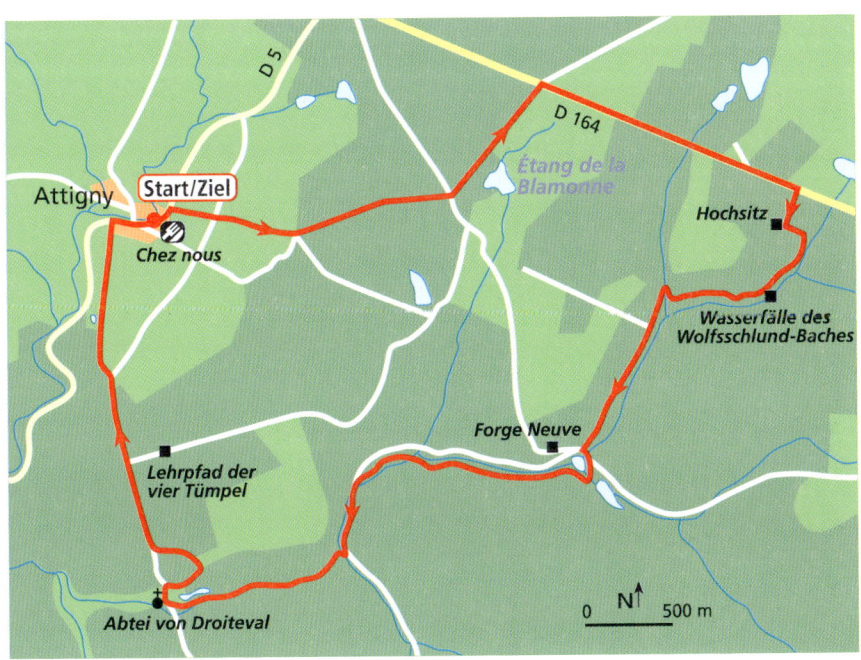

Die Ourche-Landschaft im Südwesten des Vogesen-Departements mutet wie ein Gebirge in Miniatur an. Hier sind die Täler tief eingeschnitten, die Hänge steil und die Wälder einsam und dicht. Die Strecke führt durch den von Eichen und Buchen dominierten Wald von Darney und das enge Tal des Ourche-Flusses. Dort liegen gut versteckt die alte Abtei von Droiteval und das ehemalige Herrenhaus der Schmiedemeister. Unterwegs kommt man an den dunklen Wassern des Wolfsschlund-Baches vorbei, der sich entlang eines naturbelassenen Waldweges in mehreren Wasserfällen ergießt.

Start:
Attigny,
Rue de la Gare
Länge:
13 km
Dauer:
4,5 Stunden
Parken:
Rue de la Gare
ÖPNV:
Livo-Bus 4 Monthureux-sur-Saône (Place de la République) – Attigny (Croisement)

Die Wanderung beginnt in der Rue de la Gare bei der kleinen Saône-Brücke in **Attigny**. Gegenüber dem langen lothringischen Bauernhaus mit dem hellgrünen Putz zweigt eine schmale Straße nach rechts ab. Hier wird den leicht ansteigenden Waldhang hinauf gewandert. Die schmale Route de la Grange aux Bois führt an ruhig gelegenen Steinhäusern vorbei und unter einer Brücke hindurch. Auf dem Hügel geht die Waldstraße in einen Wiesenweg über. Bald wird der Wiesenweg auf seiner rechten Seite vom Rand des Waldes gesäumt. Die Strecke verläuft schließlich durch den Wald und kreuzt eine Straße, die zu einem Dorf namens La Grange au Bois führt. Immer geradeaus geht es weiter und vorbei an dem kleinen Weiher **Étang de la Blamonne**. Schließlich führt die Strecke nach rechts auf die Landstraße D164. Der befahrenen Straße folgt man gut anderthalb Kilometer.

Nachdem der Wald rechter Hand einer größeren Lichtung Platz gemacht hat, geht auf der rechten Seite ein Waldweg ab, er führt zu dem Weiler Forge Neuve. Der geschotterte Weg ist zunächst gesäumt von hohen Laubbäumen. Hier wandert man einige hundert Meter bis zu einem Hochsitz auf der rechten Seite. Beim **Hochsitz** zweigt die Strecke nach links ab, auf den direkt gegenüberliegenden Waldpfad. Der schmale Weg führt nun tiefer in den Wald hinein und langsam hinab in ein schmales und dicht bewaldetes Tal. Nach einer Rechtsbiegung des Pfades hört man bald immer deutlicher das Rauschen von Wasser unterhalb des Weges. Es kommt von den mehrere Meter hohen **Wasserfällen des Wolfsschlund-Baches**, des Ruisseau de la Gorge Le Loup. Auf dem Waldpfad wandert man am Wolfsschlund-Bach entlang: Rechts liegt der Hang mit rotbraunen Felsen, links fließt das Wasser im Bachbett. Buschige Farne, kleine Heidelbeersträucher und von grünem Moos umringte Pilze begleiten die Raine dieses stellenweise wilden Pfades. Die Enge des Tales und die Nähe zum Bach machen den Pfad stellenweise matschig, aber große Trittsteine garantieren, dass man trockenen Fußes vorankommt. Auch so mancher abgebrochene und heruntergefallene Ast sorgt für den ursprünglichen Charakter dieses spannenden Waldpfades. Auf der Talsohle verlaufen Bach und Weg nebeneinander. Die Strecke macht hier bald nach einem großen Felsen am rechten Wegrand eine Biegung nach rechts. An der darauffolgenden Gabelung geht es nach links weiter am Bach entlang (an einem Baum ist ein kleines gelbes Schild mit der Nummer 9 befestigt). Je nachdem, wie viel Wasser der Bach führt, können sich in

i

Ein Tal voller Glas- und Stahlhütten mit des Herzogs Segen

Im 14. Jahrhundert siedelte der lothringische Herzog böhmische Glasmeister im Wald von Darney an. Die vier Handwerker-Familien Hennezel, Thietrich, Thyssac und Biseval erhielten im 15. Jahrhundert gar die Rechte von Rittern. Man nutzte Wasser, Holz und Gestein und im Wald von Darney florierte bald die Glasindustrie: Insgesamt vergaben die Herzöge hier zwischen 1475 und 1731 rund 30 Konzessionen für Glashütten. Doch im 18. Jahrhundert begann hier der Niedergang der Glasherstellung. Heute ist allein die 1475 gegründete Glashütte von Passavant-la-Rochère (15 Kilometer südlich von Attigny) noch in Betrieb. Sie soll die älteste aktive Glashütte in Frankreich sein. Ab dem 18. Jahrhundert nutzte man die Ressourcen des Ourche-Tales für die Schmiedeöfen. So wurde der Weiler La Hutte mit seinen Schmiedeöfen zeitweilig zu einem bedeutenden Ort für die Stahlherstellung. 1749 spezialisierte sich die Fabrik von La Hutte auf Stahlherstellung. Der lothringische Herzog und polnische König Stanislas gewährte ihr den Titel und die Privilegien einer Manufacture Royale d'Acier, einer königlichen Stahlmanufaktur. In den 1940er-Jahren fand die Eisenverarbeitung im Tal der Ourche ihr Ende.

Der Wolfsschlund-Bach bildet Tümpel aus

dem Tal kleinere Lachen und Tümpel bilden.
Der Weg führt direkt durch den Wald zum Weiler Forge Neuve. Nebenher fließt der Bach, der nun La Houdrie heißt und bei Forge Neuve in die Ourche mündet. Etwa nach der Hälfte führt die Strecke an dem Schrein Notre Dame du Doux Nid vorbei. Er stammt aus der Zeit des Zweiten Weltkrieges, man betete hier für das Ende der Auseinandersetzungen. An der Hangseite boten Buntsandsteinfelsen

Abtei von Droiteval – Herberge für Nonnen, Schmiede, Kinder und Künstler
Die Abtei von Droiteval wurde 1128 als Nonnenkloster der Zisterzienser gegründet, aber 1433 in ein Männer-Priorat umgewandelt. Nachdem die Abtei drei Jahrhunderte lang wegen Kriegen mehr oder weniger aufgegeben war, wurde sie im Zuge der Französischen Revolution nationales Gut und schließlich zur Industriestätte der Metallurgie. Das sicherte das Überleben des Komplexes. Die Kirche wurde zur Lagerhalle, die Mühle der Mönche zur Stahlschmiede, das Priorat und seine Räume zur Arbeiterunterkunft. 1905 restaurierte man Priorat und Kirche komplett. Während des Zweiten Weltkriegs diente die Abtei dann als Hospiz. Danach zog ein Internat für Waisen der Resistance ein, später ein Heim für Kinder aus schwierigen Familienverhältnissen. 1987 ging die Abtei Droiteval wieder vollständig in Privatbesitz über. 2004 gab man in den alten Mauern der Kunst und dem Tourismus Raum: Das Atelier l'Oiseau libre bietet Workshops für Malerei, Bildhauerei und Mosaik sowie Gästezimmer für Reisende an (siehe Tipp S. 106).

Pont Tatal

An der D5, zwischen den Weilern La Cabiole und Claudon, steht die Pont Tatal, ein 43 Meter hohes Viadukt. Seit 1886 verbindet die 120 Meter lange Brücke die beiden Talseiten der Ourche. Doch heute fahren hier keine Züge mehr. Stattdessen springen Extremsportler in die Tiefe. Einige tausend Bungeespringer soll das Bauwerk seit 1999 angelockt haben.

Frosch

wegen des hohen Quarzanteils das Rohmaterial für die Glasherstellung.

Der Weg mündet auf die Waldstraße bei **Forge Neuve**, wo zwischen dem 18. und 20. Jahrhundert erst eine Schmiede und dann eine Wollspinnerei betrieben wurde. Hier führt die Strecke nach links über die Straße und zwischen den ehemaligen Häusern der Arbeiter zum Weiher. Am Ende der Wiese geht es über einen kleinen Anstieg zur Brücke zwischen den beiden Weihern. Am anderen Ufer führt die Strecke vom südlichen Teichufer weiter durch den Wald. Schließlich kommt man aus dem Wald heraus und geht an dem kleinen Wohnhaus vorbei auf die Straße nach Droiteval. An dieser Straßen- und Wegkreuzung steht ein Maison forestière, welches als Tagungsstätte genutzt wird. In dem schmalen Tal verläuft die Straße geradewegs auf das frühere Herrenhaus der Schmiede und die ehemalige **Abtei von Droiteval** zu. Der von hohen Nadelbäumen umschlossene Weiler besteht nur aus dem Herrenhaus, der Abtei und einer Handvoll Häuser. Hinter dem imposanten Herrenhaus wird die Ourche aufgestaut und fließt dann in einem kleinen Kanal neben dem Anwesen und dessen großen Garten. Die Ourche wird auf einer Brücke überquert, von der man direkt zur Abtei gelangt. Die nüchtern gehaltene, kleine Abteikirche steht vor einer dichten Wand aus dunkelgrünen Nadelbäumen am Hang. Das Gotteshaus stammt aus dem 12. Jahrhundert, an den Seitentüren befindet sich noch romanisches Dekor, am Kreuzgang des Querschiffes und dem Kreuzrippengewölbe hingegen zeigt sich der gotische Einfluss. In der Abtei selbst befinden sich heute eine Herberge und ein Künstleratelier (s. S. xxx). Neben der Kirche führt die Waldstraße den Hang hinauf.

Über diesen Chemin des Pins geht es zurück nach Attigny. In dem schönen ruhigen Wald kann man auf den **Lehrpfad der vier Tümpel** „Les 4 mares" abzweigen und durch ein kleines Sumpfgebiet wandern. Hier lässt sich der Lebensraum der Gelbbauchunke und des Grasfrosches entdecken. In einem geschützten Gebiet von rund 200 Hektar leben die beiden Amphibienarten in etwa 30 Tümpeln. Von dort geht es nach **Attigny**.

Blick auf Droiteval

UNTERWEGS IM TAL DER GEIGENBAUER

Mirecourt – Rue du Haut de Chaumont – Chapelle de la Oultre – Fluss Le Madon – Stanislas-Brücke – Geigenbaumuseum – Alter Kanal – Poussay – Alter Brunnen – Steg – Panoramablick – Wegekreuz – Mirecourt

Die Stadt Mirecourt ist in Frankreich vor allem für eines bekannt und angesehen: ihre jahrhundertelange Tradition des Geigenbaus. Die Wandertour rund um die charmante Stadt mit historischem Stadtzentrum lässt sich prima mit einem Besuch im Geigenbaumuseum verbinden. Die Landschaft ist geprägt vom Fluss Le Madon. Der wird erst über eine repräsentative Stadtbrücke überquert, dann führt ein Holzsteg nur wenige Zentimeter über seinem Wasser entlang. Unterwegs gibt es eine kleine mittelalterliche Kapelle und einen alten Dorfbrunnen zu entdecken. Über Wiesen und durch Wohnviertel führt die Strecke zu schönen Blicken über das Tal der Geigenbauer.

Start:
Mirecourt
Rue du Haut de Chaumont
Länge:
15 km
Dauer:
4 Stunden
Parken:
Rue du Haut de Chaumont
(Gratisparkplatz)

Mitten in **Mirecourt** startet die Wandertour in der **Rue du Haut de Chaumont**. Von der Stelle, wo sich die Straße zu einem kleinen Platz formt, geht es nach rechts. In ein paar Schritten ist die Kapelle **Chapelle de la Oultre** erreicht. Das Kirchenschiff der kleinen und nüchtern gehaltenen Kapelle stammt aus dem 11. Jahrhundert, Chor und Querschiff wurden im 16. Jahrhundert errichtet. Von hier steigt

ⅇ Tipps

Der Pont Stanislas im Zentrum von Mirecourt

man die Treppe hinab zum **Fluss Le Madon**. Über die erste Brücke, die **Stanislas-Brücke**, wird der Fluss überquert. Nach rechts lässt sich ein Abstecher zum **Geigenbaumuseum** machen. Von der Brücke geht es nach links über die Place Thierry. Die Strecke ist mit einem gelben Balken auf weißem Grund gekennzeichnet. Die Rue du Neuf Moulin führt immer geradeaus. So wandert man langsam aus Mirecourt hinaus.

Die Straße mündet bald auf einen Wiesenweg, der am **Alten Kanal** entlangläuft. Neben dem idyllischen Weg fließt das Wasser des Madon bedächtig, hohe und dichte Laubbäume rahmen Kanal und Weg ein. Dem Wegverlauf folgend, führt die Strecke über Wiesen zur Route Departementale. Dort geht es auf der anderen Seite geradeaus weiter und durch die Unterführung der Eisenbahnbrücke. Dann verläuft die Strecke durch einen Tunnel aus grünem Blätterdach, linker Hand murmelt der Bach Ruisseau de Ravenel. Bald führt der Weg auf die Straße Avenue Louis Buffet, wo es rechts wieder nach Mirecourt hineingeht. Nach rund 350 Metern, beim Haus mit der Nummer 304, verläuft die Strecke hinter der Hecke über einen Weg weiter. Der Beschilderung folgend wandert man durch

ⅈ

Dank zierlicher Saiten zu großem Ansehen: der Geigenbau in Mirecourt

Historiker vermuten, dass der Geigenbau in Lothringen auf die Italienreisen der lothringischen Herzöge während des 16. Jahrhunderts zurückgeht: Die Herzöge brachten nicht nur gute Musiker, sondern auch die Geigenbauer selbst mit. Ab dem 17. Jahrhundert ließen sich die Geigenbauer bevorzugt in Mirecourt nieder, um 1635 zählte man hier 43 dieser Handwerker. Die Nähe zum großen Holzreservoir der Vogesenwälder und später ein herzogliches Schutzdekret gaben dazu einigen Anreiz. 1970 erlebte der Geigenbau in Mirecourt mit der Gründung der École nationale de lutherie einen neuen Aufschwung: Das Ausbildungszentrum für Geigenbauer genießt in Frankreich einen sehr guten Ruf. Instrumente und Bögen aus drei Jahrhunderten lothringischer Produktion zeigt das Museum **Musée de la Lutherie et de l'Archèterie Françaises**. Der Großteil der ausgestellten Zupf- und Streichinstrumente wurde in Mirecourt hergestellt oder von Geigenbauern, die wegen Ausbildung oder Herkunft mit Mirecourt verbunden sind. Atelier und Werkzeuge verdeutlichen den Entstehungsprozess der Instrumente. Cours Stanislas, 88500 Mirecourt, Tel. +33 (0)3 29 37 81 59, www.musee-lutherie-mirecourt.fr (Mai – Sept: Mo – Sa 10 – 12 h, 14 – 18 h, So 14 – 18 h; Okt – April: nur Mi, Sa, So).

das Wohnviertel. In der Rue Ouchard, gegenüber den rot-braunen Plattenbauten, zweigt die Strecke nach links auf einen Wiesenweg ab. Der Weg führt zwischen Weiden und Obstgärten hindurch und passiert die Eisenbahngleise. An der nächsten Straßenkreuzung geht es nach links und zur Route Departementale. Hinter der Eisenbahnbrücke führt die Strecke auf die schmale Straße Chemin Marchand. Zwischen Wiesen und Gärten wandert man durch idylli-sches Grün, rechter Hand fließt der Bach Le Val d'Arol ent-lang. Hinter dem Steg geht die Strecke rechts weiter und verläuft bald auf einer Straße durch ein Wohnviertel von **Poussay**. An der Gabelung geht es nach links und über die Allée des Marroniers am Friedhof entlang. Nach rechts auf die Allée des Dames abgebogen, eröffnet sich ein weiter Blick über Poussay und das Tal. Über die nächste Quer-straße links und dann die nächste rechts gelangt man auf den kleinen Platz Place du Puits, wo sich der große **alte Brunnen** befindet. Der überdachte Brunnen wurde im 13. Jahrhundert ausgehoben und ist 33 Meter tief. An der Pfarrkirche geht es über die Treppen hinab zur Rue Alix le Clerc, wo man nach rechts abbiegt. Hier kommt man an einigen Lothringer Bauernhäusern vorbei, deren markan-te Scheunentore bei der Restaurierung großen Glastüren oder Fenstern gewichen sind. An der Route Departemen-tale verläuft die Strecke einige hundert Meter in Richtung Mirecourt. Dann biegt man nach links auf einen Weg ab, der hinab zur Eisenbahnunterführung führt. Hier führt ein Steg über den **Madon**. Auf der anderen Seite steigt der Weg an, sodass sich bald ein weiter **Panoramablick** zwi-schen stillen Wiesen eröffnet. Auf dem lang gezogenen Hügel herrscht eine wunderbare Stille. Bald tauchen die Dächer des Dorfes Mazirot auf.

Vor dem Ortseingang biegt der Weg nach rechts ab und führt zu einem Pfad, der von einer Reihe Obstbäume ge-säumt wird. Dort, wo er die Landstraße kreuzt, bietet sich ein malerisches Bild: Ein von Wind und Wetter gezeichne-tes, steinernes **Wegkreuz** steht auf der Anhöhe. Mit einer Holzbank an seiner Seite und einer Gruppe von Obstbäu-men hinter sich, erscheint es wie eine kleine grüne Insel und ideal zum Verweilen. Über die schmale Wiesenstraße links, die Haie des Putains, setzt sich die Strecke dann auf der Anhöhe fort. Eine Reihe von Obstbäumen begleitet den Weg, dahinter liegen grüne Weiden und Hänge. Von Zeit zu Zeit hört man das Klappern von Kuhglocken. An der Wegga-belung biegt die Strecke nach rechts ab und führt zur Route Departementale. Hinter der Brücke zweigt rechter Hand ein Wiesenweg ab. Parallel zur Landstraße gelangt man so auf die Rue de Mazirot, wo die Strecke zunächst einige hundert Meter nach links verläuft. Dann geht es nach rechts auf ei-nen Wiesenweg. Auf der Rue du Breuil angekommen, läuft man geradewegs ins Zentrum von **Mirecourt**. Entlang des Madon geht es zurück zur Stanislas-Brücke.

ABSTECHER
Freilichtmuseum Village 1900 in Xaronval, 12 km nordöstlich von Mirecourt

Zwischen Juli und Septem-ber hauchen Ehrenamtliche in Xaronval dem Dorfleben von 1900 Leben ein. Jeden Sommersonntag ab 11 Uhr stellt der Verein Association des Amis du Valamont mit Kostüm und Aktion einen anderen Aspekt von damals vor: Leben auf dem Bauern-hof, Hochzeit, Schule, Spiele, Markttreiben, große Wäsche oder Vergnügung mit Kaba-rett. Das Handwerk alter Be-rufe wie Kesselflicker oder Schuhmacher wird eben-falls vorgeführt.
Tipp für Kinder!

Association des Amis du Valamont à Xaronval
88130 Xaronval
Tel. +33 (0)3 29 38 06 27
Village1900@wanadoo.fr

Steg über den Madon

Wegkreuz

Am Ruisseau de Ravenel

Hausfassade in Mirecourt

SCHLECHTWETTER-ALTERNATIVE:
Thermalzentrum in Vittel, 25 km südwestlich
von Mirecourt, s. S. 172

i

Vieh, Ernte, Bauersleut: Alles unter einem Dach im Lothringer Bauernhaus

Das Lothringer Bauernhaus fällt als prägendes Merkmal der ländlichen Architektur an den Straßen vieler lothringischer Dörfer auf. Dieser Bauernhaustyp war nach den für die Region verheerenden Folgen des Dreißigjährigen Krieges Teil des planmäßigen Wiederaufbaus in Lothringen. Die meist zweigeschossigen Häuser wurden mit direktem Anschluss an das Nachbarhaus in einer Häuserzeile angelegt. In dem quer geteilten Einhaus sind Stall, Scheune und Wohnung voneinander abgetrennt, aber unter demselben Dach untergebracht. Der Dachfirst ist dabei durchlaufend und zeigt parallel zur Straße. Durch das große Tor an der Straßenseite konnten Wagen durch die Scheune direkt zum Vieh- und Pferdestall am Garten fahren. In der Wohnung bildete die meist fensterlose Küche die Mitte, damit Vorder- und Hinterräume an der Straßen- und Gartenseite ausreichend beheizt waren. Allein die Flamande, ein zum Dach geöffneter Schacht, sorgte für natürliches Licht in der Küche. Ab dem 18. Jahrhundert zog man Halbgeschosse unter dem Dach ein, um weiteren Lagerraum für Getreide und Früchte zu schaffen.

VON DEN GLADIATOREN ZUR JUNGFRAU VON ORLÉANS

Amphitheater von Grand – Chermisey – Basilika Bois Chenu – Domrémy-la-Pucelle – Geburtshaus Jeanne d'Arc – Kirche Saint-Rémy – Coussey – Midrevaux – Grand

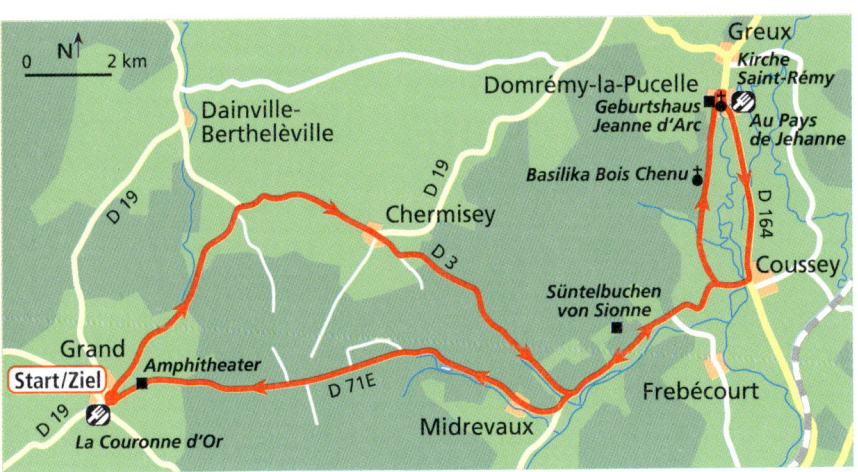

Eine Zeitreise in die Antike und die Zeit des Hundertjährigen Krieges ermöglicht die Radtour von Grand nach Domrémy-la-Pucelle. In Grand befinden sich eines der größten Amphitheater des Römischen Reiches und ein eindrucksvolles Mosaik. Über die Landstraßen führt die Strecke an Feldern und Wäldern entlang in den Heimatort von Jeanne d'Arc. Das Geburtshaus der berühmten französischen Nationalheldin gibt einen Einblick in das Leben im 15. Jahrhundert. Entlang der Meusewiesen geht es durch grüne Täler und Wälder zurück nach Grand.

Start:
Grand,
Rue de l'Amphithéâtre
Länge:
43 km
Dauer:
4,5 Stunden
Parken:
Gratisparkplatz am Amphitheater
ÖPNV:
Bus 133 Neufchâteau (Gare) – Grand (Les Halles)

Das große **Amphitheater von Grand** ist der Startpunkt der Tour. Von hier radelt man über die Landstraße in das Dorf Avranville. Erst führt die Strecke zwischen Feldern hindurch, dann durch kleine Waldstreifen. An der Kirche und dem Monument der Gefallenen zweigt die Strecke nach rechts ab in Richtung Chermisey. An der Hauptstraße liegen typische Lothringer Bauernhäuser. Die Strecke verläuft durch eine Ebene mit tiefgrünen Wiesen und kleinen Wäldchen. Bauerngehöfte links und rechts markieren den Ortseingang von **Chermisey**. In dem ländlichen Ort führt die Strecke an der Kirche Saint-Barthélemy von 1861 vorbei (D3, Richtung Sionne). Am linken Straßenrand stehen alte Steinhäuser mit niedrigen Anbauten. Weiter geht es wieder zwischen Feldern und Wiesen hindurch und durch einen Wald. An der Gabelung biegt man links nach Domrémy-la-Pucelle ab. Die Strecke führt schließlich zu einem Wäldchen aus in Reih und Glied gepflanzten Bäumen. Von hier radelt man langsam zur **Basilika Bois Chenu** hinauf. Das imposante Gotteshaus ist auf der Anhöhe bereits von

🍴 Tipp

Au Pays De Jehanne
Lothringische Küche mit Ofenkartoffeln und Munster-käse, Lammkotelett, Rinder-filet und Topinamburpuree. Mirabellenstrudel oder Pets de Nonnes (Nonnenfürz-chen).

6 Rue Principale
88630 Domrémy-la-Pucelle
Tel. +33 (0) 3 29 94 19 34
www.restaurant-domremy-la-pucelle.fr
Öffnungszeiten:
täglich, So- und Di-Abend sowie Mi geschlossen

Tipp

Geburtshaus von Jeanne d'Arc und „Centre Visages de Jehanne"
Das Haus, in dem Jeanne d'Arc um 1412 geboren wurde, kann besichtigt wer-den. Eine Dauerausstellung zeigt das politische und re-ligiöse Umfeld, kostümier-te Puppen verkörpern die wichtigsten Personen des Hundertjährigen Krieges, ein Video erzählt Jeannes Leben nach.

2, Rue de la Basilique
88630 Domrémy-la-Pucelle
Tel. +33 (0)3 29 06 95 86
Öffnungszeiten:
April – Sept täglich 10 – 18 h
Okt – März täglich 10 – 12 h, 14 – 17 h, außer Di

Die Basilika de Bois Chenu ist Jeanne d'Arc gewidmet

Weitem zu sehen. Vor der Kirche stellen Statuen Jeanne d'Arc, ihre Eltern und die Heiligen aus den Visionen dar. In der Basilika sind das Holzgewölbe und die Glasfenster sehenswert. Letztere stammen aus den berühmten Ate-liers von Chartres. Das Gebäude zeichnet die Geschichte von Jeanne vielfältig nach: Acht großformatige Gemälde, bunt-goldene Mosaike und mehrere Skulpturen stellen Episoden aus dem kurzen Leben der französischen Nati-onalheldin dar.
Auf der Abfahrt ins Tal kann man sich erholen, rechts tau-chen bereits die Meuse und **Domrémy-la-Pucelle** auf. Die zweite Straße rechts, die Rue des Roises, führt zum Cen-tre „Visages de Jehanne" und dahinter zum restaurierten

Hier wurde die berühmte Heilige 1412 geboren

Geburtshaus von Jeanne d'Arc. Die Fassade des Hauses trägt ein kleines Giebelfeld aus dem 15. Jahrhundert und eine Statue der knienden Jeanne in Ritterrüstung. Direkt an den Garten, in dem Jeanne laut Überlieferung erstmals die Stimme Gottes vernommen haben soll, grenzt die kleine **Kirche Saint-Rémy**. Das Gotteshaus, Eingang und Chor wurden 1824 getauscht, hat im Laufe der Zeit viele Veränderungen erfahren. Einige Teile aus der Zeit Jeanne d'Arcs sind aber erhalten geblieben: Neben dem Turm und dem ehemaligen Chor stammen auch der Taufstein im linken Querschiff und eine Statue der Heiligen Marguerite am Eingang aus dem 15. Jahrhundert. Im Taufbecken wurde Jeanne der Überlieferung nach getauft, vor der Statue soll sie später gebetet haben. Das Fresko des Heiligen Sebastian an einem rechten Pfeiler des Kirchenschiffs allerdings stammt von 1586. Zu sehen sind auf Grabsteinen in der Kapelle auch Bildnisse der Familie d'Arc aus dem 15. und 16. Jahrhundert. Die Glasfenster von Pierre Gaudin aus den 50er Jahren zeigen die entscheidenden Stationen in Jeannes Leben.

An der Kirche führt die Strecke über die D164 aus dem Ort heraus, links steht eine große Marmorskulptur von 1902. Sie zeigt Jeanne noch als Bauernmädchen, das „Schwert des besiegten Frankreichs" aufhebend. Man fährt über eine Brücke und durch eine herrlich lange Allee stattlicher Bäume. In **Coussey** kommt man direkt am Waschhaus (rechts) mit gelben Glasfenstern vorbei, Lothringer Bauernhäuser säumen die Straße. An der Gabelung der Hauptstraße geht es nach rechts und über die Meusebrücken wieder zu dem in Reih und Glied aufgeforsteten

ABSTECHER

Die **Süntel-Buchen**, hêtres tortillards, nahe Sionne

Wie Korkenzieher oder Schlangen aus Holz: Die Süntelbuchen im Wald von Sionne haben einen verdrehten Stamm, die Äste sind kurz und im Zickzack miteinander verwachsen. Ihr Wuchs befeuerte früher Feengeschichten und Teufelsangst. Von Sionne der Markierung (rotes Dreieck) folgen.

Eine der Süntel-Buchen
von Sionne

Frankreichs Nationalheldin

Wäldchen. Auf dem bewaldeten Hügel links kann man das rund 400 Meter hoch gelegene Château de Bourlémont entdecken. Mit den weithin sichtbaren Türmen und den glänzenden Spitzdächern verströmt es den Charme eines Märchenschlosses. Der heutige Bau stammt wahrscheinlich aus dem 13. Jahrhundert, er wurde aber im 19. Jahrhundert maßgeblich umgebaut. Heute befindet sich das Schloss in Privatbesitz der Familie de Rohan-Cabot. Am Schloss und an Sionne vorbei, führt die Tour in das Straßendorf **Midrevaux**.

Nach der kleinen Bäumchenallee am Ortseingang fällt rechts ein liebevoll gepflegtes Bauernhäuschen auf: Tor und Fensterläden sind in strahlendem Himmelblau gestrichen, die Rahmen in leuchtendem Weiß, der kleine Hof ist mit bunten Blumen bepflanzt. Die Straße führt direkt an den Steinhäusern des kleinen Dorfes und der Kirche Saint-Rémy aus dem 18. Jahrhundert entlang. Über die Landstraße geht es durch eine malerische Kulisse weiter: Auf den Hängen zur Rechten grasen Schafe. Zur Linken fließt der Bach Ruisseau du Vau, Bäume und Sträucher säumen sein Ufer, dahinter erhebt sich ein in sattem Dunkelgrün bewaldeter Hügel. Drei hohe Pappeln auf der linken Seite kündigen bald den Weiher von Midrevaux an. Schließlich geht es von dem kleinen Tal in einen schattigen Laubwald. Wenn die Strecke wieder von Wiesen und Feldern gesäumt wird, erblickt man das Amphitheater von **Grand**.

ABSTECHER:
Archäologisches Museum in Liffol-le-Grand, 13 km südöstlich von Grand, s. S. 162

SCHLECHTWETTER-ALTERNATIVE:
Festung der Rätsel in Mont-lès-Neufchâteau, 18 km südöstlich von Grand, s. S. 172f

Eine Bauerntochter im Kampf gegen englische Besatzer
Jeanne d'Arc, im deutschsprachigen Raum auch Johanna oder Jungfrau von Orléans genannt, wurde 1412 in Domrémy-la-Pucelle in eine wohlhabende Bauernfamilie geboren. Frankreich kämpfte damals im Hundertjährigen Krieg (1337–1453) gegen die Engländer, die Anspruch auf den französischen Thron erhoben. Mit 13 Jahren soll Jeanne erste Visionen gehabt und später die Stimmen der Heiligen Katharina, des Erzengels Michael und der Heiligen Margareta vernommen haben. Sie war überzeugt, den Befehl erhalten zu haben, Frankreich zu befreien und den Dauphin zum Thron zu führen. Mit 16 verließ Jeanne ihr Elternhaus. Es gelang ihr, beim Dauphin vorzusprechen, ihn zu überzeugen und mit einer kleinen militärischen Einheit einen Auftrag in Orléans zu erfüllen. Die dort stationierten Truppen wagten mit ihr einen Angriff und mit dem Sieg konnte man die Engländer aus den südlichen Loire-Burgen vertreiben. Im selben Jahr, 1429, wurde der Dauphin als Karl VII gekrönt. Als die von Jeanne geplante Befreiung der Stadt Paris scheiterte, wandte er sich jedoch von ihr ab. Bei Compiègne wurde sie festgenommen und 1431 wegen Ketzerei in Rouen verbrannt. Die Rehabilitierung erfolgte 1456. 1881 begann an der Stelle, wo Jeanne die Stimmen vernommen haben soll, der Bau der ihr gewidmeten Basilika Bois Chenu. 1920 wurde Jeanne d'Arc heiliggesprochen.

Das Amphitheater von Grand bot 17.000 Zuschauern Platz

i

Gladiatoren- und Tierkämpfe für den Heilgott

Das Amphitheater von Grand stammt aus dem 1. Jahrhundert und gehörte zu einem gallo-römischen Heiligtum, dass man für den Heilgott Apollon-Grannus errichtet hatte. Das halbovale Bauwerk bot Platz für 17.000 Zuschauer, die hier Gladiatoren- und Tierkämpfen beiwohnten. Mit seiner Achse von 148 Metern zählte das Amphitheater zu den zehn größten des Römischen Reiches. Erhalten sind einige Arkaden und Teile der Mantelmauern. Das um 362 aufgegebene Bauwerk wurde jüngst restauriert, wobei Zuschauerbänke für eine Nutzung als Freilichttribüne angebracht wurden. Zu besichtigen ist hier auch ein römisches Mosaik, das vermutlich aus dem 3. Jahrhundert stammt und 232 Quadratmeter misst. Es soll sich um das größte, je in Frankreich freigelegte römische Mosaik handeln. In den Darstellungen werden Pilger und Priester des Heiligtums sowie Tiger, Wildschwein, Hund und Bär vermutet. Rue de l'Amphithéâtre, 88350 Grand; geöffnet April – Sept: 10 – 12.30 h, 13.30 – 18.30 h; Okt – 15. Nov und März: 14 – 17 h, Di geschlossen außer Juli – Aug, Tel. +33 (0)3 29 06 77 37.

AN DEN UFERN DES RHEIN-MARNE-KANALS

Naix-aux-Forges – Kirche Saint-Martin – Rhein-Marne-Kanal – Tréveray – Picknickplatz – Denkmal Peter von Luxemburg – Rhein-Marne-Kanal – Saint-Amand-sur-Ornain – Nasium – Naix-aux-Forges

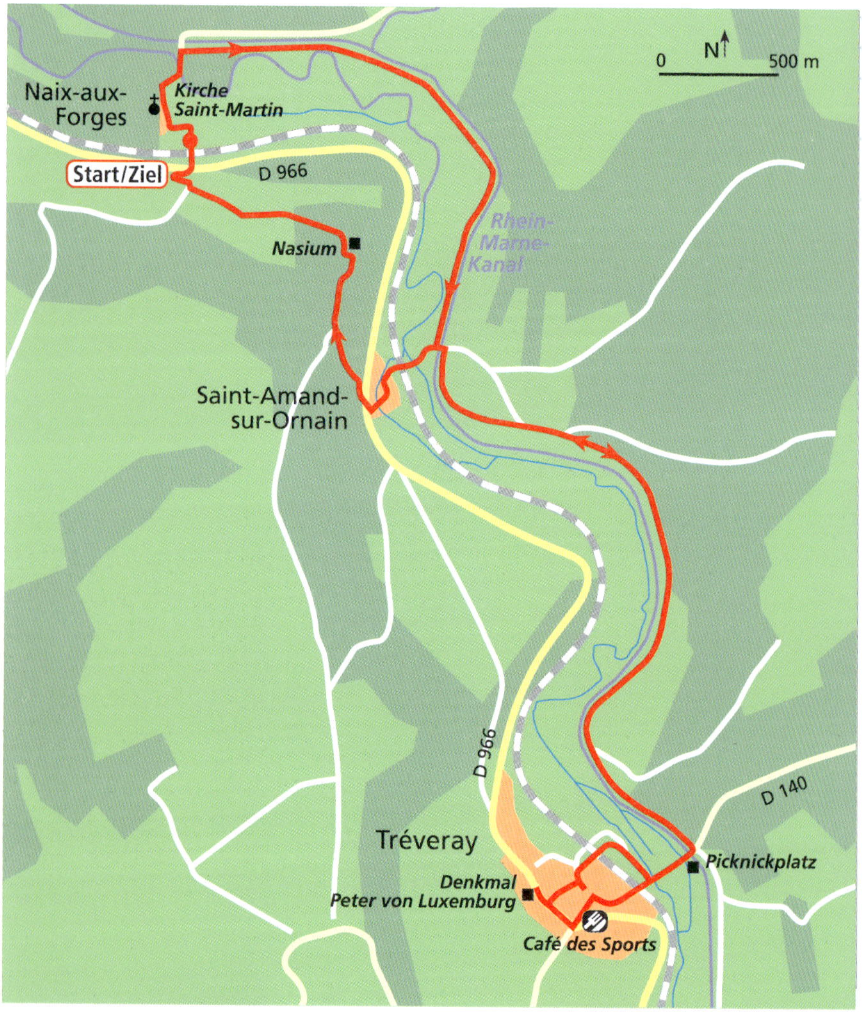

Ruhig und idyllisch sind die Pfade entlang des Rhein-Marne-Kanals zwischen den kleinen Dörfern Naix-aux-Forges und Tréveray. Im blaugrünen Wasser spiegelt sich das dichte Blattwerk der Baumallee, auf dem Grund schwimmen Fische zwischen den Wasser-pflanzen. Der schmale Kanal lässt sich auf Schleusen und Brücken überqueren, um einen Blick in die typisch lothringischen Dörfer zu werfen. Auf dem Rückweg gibt es noch die Reste einer gallo-römischen Siedlung zu entdecken.

Der Weg zu den Ruinen von Nasium führt über Felder

Start:
Naix-aux-Forges,
Rue du Canal
Länge:
12,5 km
Dauer:
4 Stunden
Parken:
Rue du Canal
ÖPNV:
Keolis-Bus LR18 Bar-le-Duc-
Gondrecourt-le-Château
(Naix-aux-Forges)

Die Wandertour entlang des Rhein-Marne-Kanals beginnt an der Dorfkirche von **Naix-aux-Forges**. Die **Kirche Saint-Martin** besitzt an der Südseite ein Portal aus dem 15. Jahrhundert und Glasfenster im gotischen Stil. Auf dem Kirchturm sind als Symbole der Passion Christi überkreuzt eine Leiter und eine Lanze angebracht. Von der Kirche geht es auf der Rue du Canal durch den gemütlichen Ort, in dem gut 200 Menschen leben. Beim Wegkreuz führt eine kleine Brücke über den Fluss Ornain.

Der Einstieg auf den zunächst asphaltierten Weg entlang des **Rhein-Marne-Kanals** befindet sich rechts, gegenüber der Schleuse mit dem hellen Haus (Radwegschild folgen). Auf dem Weg wandert man dicht am Ufer des Kanals entlang und kann in seinem stillen und klaren Wasser an manchen Stellen Wasserpflanzen entdecken. Der Weg führt zunächst rechts des Kanals entlang und vorbei an einer Schleuse mit weißem Häuschen. Gesäumt wird die Wasserstraße von einer Reihe hoch gewachsener Bäume, die Schatten spenden. Die leichte Kühle des Wassers erfrischt die Luft auch bei Sommerhitze angenehm. Wenn die Baumreihe ein Stück unterbrochen wird, fällt das Sonnenlicht auf das Wasser und taucht es in ein sattes Blaugrün. Neben dem Weg schlängelt sich der Fluss Ornain in Mäandern entlang. Nach einer Rechtskurve des Kanals macht der Wald auf der linken Seite Feldern und Wiesen Platz. Bald führt der Weg aus Kieseln und Schotter an eine schmale Brücke, über die auf die andere Seite des Kanals

Kirche Saint-Martin

Rhein-Marne-Kanal

Der Rhein-Marne-Kanal bei Tréveray

Eine der vielen Schleusen

Reste von Nasium

gewechselt wird. Auf dem idyllischen Weg folgt man noch einigen leichten Biegungen der Wasserstraße und kommt an weiteren automatischen Schleusen vorbei. Die schattigen Stellen nahe den Dörfern sind besonders bei Anglern beliebt.

Auf der linken Seite des Kanals geht es schließlich in das Dorf **Tréveray**, von dem man als erstes natürlich die Schleuse sieht. Am Kanalufer lädt hinter der Schleuse ein **Picknickplatz** zur Rast ein, mit etwas Glück lässt sich ein Boot beim Schleusen beobachten. Ansonsten genießt man an dem lauschigen Flecken den Blick auf die Felder und den Kanal. Über die Hauptstraße geht es zum Monument für die Gefallenen und zum **Denkmal für Peter von Luxemburg**. In einfacher Tracht und mit Hut steht seine Figur in der Nische einer imposanten Mauer aus weißem Stein. Der 1369 im nahe gelegenen Ligny-en-Barrois Geborene wurde mit 14 Jahren zum Bischof von Metz ernannt. Peter von Luxemburg soll auch als Kardinal noch sehr asketisch gelebt haben und wurde später selig gesprochen.

Vom Denkmal führt die Strecke auf der Hauptstraße zurück bis zur Rue de l'Église auf der linken Straßenseite. Gegenüber der Straßenmündung steht ein Jugendstilhaus: Stilisierte Disteln zieren als schmales Band aus bunten Kacheln die Fassade am oberen Stockwerk. Fenster und Fenstergitter sind kunstvoll geschwungen. In der Rue de l'Église geht es nach der Kirche erst rechts, dann gleich links in die Rue de la Fontaine, wo man am Waschhaus vorbei kommt. Wieder an der Schleuse führt die Strecke am **Rhein-Marne-Kanal** zurück bis nach **Saint-Amand-sur-Ornain**. An der Kanalbrücke geht man links ins Dorf hinein. Die Straße überquert den Ornain, der in seinem Bett zwischen zwei Häusern ruhig entlangfließt. In seinem flachen Wasser schweben lange hellgrüne Gräser gemächlich in der schwachen Strömung. Die Hauptstraße wird von Lothringer Bauernhäusern (siehe Infokasten S. 110) gesäumt. Das Haus am Zebrastreifen ist mit einem Baum, der ganz nah an der Hauswand hoch gewachsen ist, besonders malerisch. Gegenüber steht die kleine Dorfkirche. Die Strecke führt ein Stück auf der Hauptstraße in Richtung Naix-auf-Forges weiter. Bei der weißen (antik anmutenden) Säule zweigt links eine schmale Straße ab, die Rue de la Chalaide, und führt den Hang hinauf. In der Kurve geht es auf dem Feldweg geradeaus weiter. Dabei orientiert man sich am rechten Waldrand und läuft auf den einzeln stehenden Baum zu. Dort befinden sich die Tempelruinen des kultischen Viertels der gallo-römischen Siedlung **Nasium**. Der antike Tempelkomplex soll aus rund 20 Gebäuden bestanden haben. Von den Ruinen geht es auf Feldwegen zurück nach **Naix-aux-Forges**, indem man auf den hellen Kirchturm zu steuert.

ABSTECHER:

Keramik- und Elfenbeinmuseum in Commercy, 25 km nordöstlich von Naix-aux-Forges, s. S. 162f
Jehanne d'Arc Museum in Vaucouleurs, 28 km östlich von Naix-aux-Forges, s. S. 163

Tipp

Café des Sports
Die rustikale Brasserie bietet Tagesmenüs aus der lothringischen Küche mit Vorspeise und Hauptgang, dazu Desserts.

Rue Général de Gaulle
55130 Tréveray
Tel +33 (0) 3 29 70 91 33
Öffnungszeiten:
Mo – Sa zur Mittagszeit

Picknick mit Kanalblick

Per Boot von der Marne zum Rhein

Der Rhein-Marne-Kanal durchquert nicht nur Lothringen, sondern auch die Champagne-Ardenne und das Elsass. Der Canal de la Marne au Rhin verläuft von Vitry-le-François bis Straßburg und verfügt über einen befahrbaren Teil von 293 Kilometern Länge. Der Kanal verbindet den Marne-Seitenkanal und den Marne-Saône-Kanal mit der Mosel bei Nancy und dem Rhein bei Straßburg. Gebaut wurde die Wasserstraße zwischen 1838 und 1853. Das Stück bei Naix-aux-Forges gehört zum Westabschnitt mit 97 Schleusen auf 131 Kilometern. Wegen der kurzen Abstände zwischen den vielen Schleusen spielt der Kanal für den Gütertransport keine Rolle mehr.

Nasium: Von der verflossenen Größe antiker Zeiten

Das heutige Naix-aux-Forges befindet sich auf einem Teil des ehemaligen Gebiets der antiken Siedlung Nasium. Jedoch ist das heutige Dorf nicht so groß und so bedeutend wie sein antiker Vorfahr. Das gallo-römische Nasium entstand ab dem 1. Jahrhundert vor Christus unterhalb der bereits existierenden gallischen Siedlung Bovoilles, als Gallien noch unabhängig war. Im Zenit seiner Ausdehnung maß das Stadtgebiet von Nasium 120 Hektar und war damit neben Metz die bedeutendste Stadt des antiken Lothringens. Bevölkert wurde Nasium von den ostkeltischen Leukern, die damals im Süden des heutigen Lothringens lebten. Archäologische Ausgrabungen fanden in Nasium ab 1604 statt, die Funde wie Amphoren, Münzen und militärische Ausrüstungsgegenstände zeigt das Musée Barrois in Bar-le-Duc (siehe Tour 25 in Bar-le-Duc S. 122ff).

Bar-le-Duc und die Schönheit der Renaissance

Behonne – Voie Sacrée – Bar-le-Duc – Notre-Dame-Brücke – Rue du Bourg – Schloss
der Herzöge von Bar – Rue des Ducs de Bar – Kirche Saint-Étienne – Café des Oiseaux
– Château de Marbeaumont – Behonne

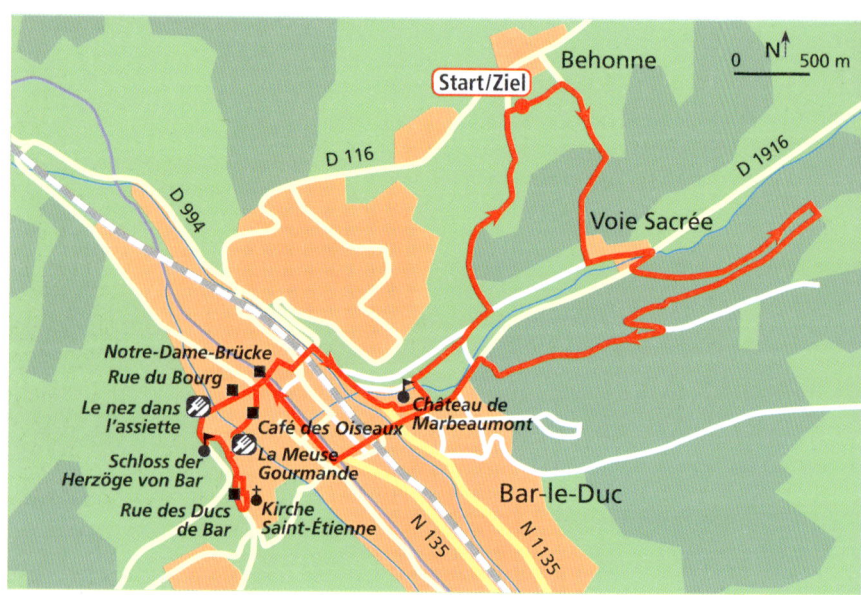

Start:
Behonne,
Voie de Marbot
Länge:
14,5 km
Dauer:
4,5 Stunden
Parken:
Behonne, Voie de Marbot

So wie Paris nach Hemingway ein Fest fürs Leben ist
und Nancy quasi ein lothringisches Denkmal für den
Jugendstil, so feiert Bar-le-Duc tagtäglich die Schönheit der Renaissance. Und zwar einer frisch gebliebe-
nen Schönheit. Denn in dem ehemaligen Herzogssitz
restaurierte man jüngst zahlreiche Stadthäuser reicher
Bürger aus dem 16. und 17. Jahrhundert. Die Strecke
führt durch Unter- und Oberstadt, wo liebliche Frauenbüsten von den Fassaden lächeln und groteske Masken
auf die Straße grinsen. In der Kirche Saint-Étienne wartet eine ergreifende Begegnung mit einem ungewöhnlichen Kunstschatz: Eine Grabplastik stellt den Verstorbenen als verwesendes, aber sehr lebendiges Skelett
dar. Die Figur entstammt ebenfalls der Renaissance.
Die Wanderung führt in die Wälder von Bar-le-Duc sowie auf die Spur einer Straße, welche durch ihren Einfluss auf die Schlacht von Verdun berühmt wurde.

Aus dem Dorf **Behonne** geht man auf dem Chemin de
Derrière l'Église und dann auf einem Weg zwischen Wiesen und Feldern. Im Wald zweigt ein Pfad nach rechts ab
und führt langsam ins Tal. Zwischen Wiesen mit Obstbäu-
men gelangt man in ein Wohnviertel. Auf der Straße im
Tal angekommen, öffnet sich ein schöner Blick auf den
gegenüberliegenden Wald. Dorthin geht es nach links auf

Blick vom Garten des Herzogsschlosses auf die Unterstadt

dem Chemin de Curmont, der bald auf die historisch bedeutende Straße **Voie Sacrée** (s. S. 126) mündet. (Abkürzung: Auf dem Chemin de Curmont nach rechts und am
kantigen Strommast nach links direkt auf die Voie Sacrée
und nach Bar-le-Duc hinab.) Nach einigen Metern führt auf
der anderen Seite ein Wiesenweg in den Hangwald hinauf
(direkt bei der großen Tafel Voie Sacrée). Der Weg führt zunächst ein Stück parallel zur Voie Sacrée durch einen schönen Laubwald. An den Baumstämmen wächst Efeu empor,
die Sonne wirft zwischen den Blättern fransige Lichtkegel
auf den Weg. Bald zweigt nach rechts ein Pfad ab, der den
Hang hinaufführt (Metallpfosten mit orange-grüner Markierung). An der sich gleich anschließenden Gabelung
geht es rechts weiter. Man folgt dem Verlauf des Waldwegs
bis zu einer Lichtung nahe der Stadt. Dort steht links vom
Weg ein großer Strommast, nach rechts geht es auf der
Schneise querfeldein, direkt unter der Stromleitung hinab
ins Tal. Ein schmaler Pfad führt zwischen zwei Gärten wieder auf die Voie Sacrée. Kurz vor dem Ortseingangsschild
von **Bar-le-Duc** steht auf der rechten Straßenseite einer
der ungewöhnlichen Kilometersteine.

Auf dem Quai Victor Hugo

Am Kreisel führt die Strecke über den Rhein-Marne-Kanal
und bald nach rechts auf den Quai Victor Hugo. Hier geht
es am klaren Fluss Ornain entlang, in dem man allerlei
Fische beobachten kann. Der Quai mit den hübschen
Baumalleen sowie den Häuserreihen und den bunt gestrichenen Fensterläden bildet eine malerische Kulisse. Die

Kilometerstein der Voie Sacrée

Waldweg nahe der Voie Sacrée

Der Ruisseau d'Etue in Bar-le-Duc

Strecke führt zur **Notre-Dame-Brücke** mit ihren fünf Bögen. Auffällig ist der Turm auf der Brücke, in dem sich eine kleine Kapelle befindet. An der Ecke, hier wurde seinerzeit eine inzwischen verblasste Reklame großflächig auf die Hauswand gemalt, geht es nach links zum Denkmal der Brüder Michaux. Ein nackter Jüngling steht auf einem hohen Sockel, umgeben von den wohlgeformten Säulen einer weißen Steinfassade. Die Figur lehnt beinahe lässig an einem Hochrad mit Pedalen, dem Veloziped. Das hatten Pierre und Ernest Michaux erfunden, die beide Bürger von Bar-le-Duc waren. 1894 errichtete ihnen die Stadt das eindrucksvolle Monument. Von hier führt die schmalere Rue du Bourg geradeaus zur Oberstadt.

Die **Rue du Bourg** existiert seit dem 5. Jahrhundert und ist eine der ältesten Straßen der Stadt. Hier finden sich auch viele eindrucksvolle Renaissance-Bauten, die das überaus elegante Bild der Straße prägen. Frauenbüsten und Sirenen schmücken die Fassade des Maison des Deux-Barbeaux (Nummer 26). Das Haus mit den hellblauen Fensterrahmen stammt aus dem Jahr 1618. Das Eingangstor scheint im Verhältnis zu den großen Fenstern klein, wird aber von zwei Säulen und einem mehrteiligen Türgiebel verziert. Die Nummer 49 mit dem roten Eingangstor wurde zwischen 1620 und 1630 erbaut. Vom Dachgeschoss schauen Wasserspeier mit Menschengesichtern hinab. Die Fenstergiebel der zweiten Etage von Nummer 51 sind mit erhaben dreinblickenden Büsten verziert, die Fassadengestaltung ist sehr geometrisch gehalten. Gegenüber befindet sich das imposante Gebäude der Präfektur aus dem 18. und 19. Jahrhundert. Herrliche Masken mit grotesken Grimassen zeigt die Nummer 42 in ihren Frontgiebeln. Die detailreichen Masken erinnern stark an die italienische Volkskomödie Commedia dell'arte. Der Jugendstilerker der Nummer 60 besitzt schöne, von farbigen Blumengirlanden verzierte Fenster. An der Ecke gegenüber fällt der Bau des ehemaligen Departement-Archives mit der Eingangsrotunde aus dem Jahr 1913 auf. Der Archivar hatte sein Büro im ersten Stock des kleinen Turmes, 1969 zog man in einen größeren Neubau um. Über den schmalen Ruisseau d'Etue kommt man auf die Place de la Couronne. Das imposante Tor steht für den Zugang zum ältesten Teil der Stadt, es wurde im Laufe der Zeit mehrfach umgebaut. Über die steile Rue Gilles de Trèves – vorbei am Collège Gilles-de-Trèves, einem weiteren schönen Reniassancebau – steigt man in die Oberstadt hinauf.

Die „Ville Haute" entstand ab dem 13. Jahrhundert um eine ältere, auf dem Felsmassiv gelegene Festung herum. An der Gabelung geht es links zum hinteren Durchgang der Festungsmauer und in den Garten vom **Schloss der Herzöge von Bar**. Der kantige und wehrhafte Bau stammt aus dem 16. Jahrhundert und beherbergt heute das Musée Barrois, das Museum von Bar. Von den Festungsanlagen

Restaurierte Renaissance-Häuser in der Rue des Ducs de Bar

Café/Restaurant Le nez dans l'assiette

Tagesmenüs aus der internationalen Küche wie Gazpacho, Tomatensuppe, Ratatouille, Fischfilet, Schweineragout, Kuchen und Frucht-Clafoutis.

1, Place de la Couronne
55000 Bar-le-Duc
Tel +33 (0)3 29 75 26 47
www.lenezdanslassiette.fr
Öffnungszeiten:
Mo – Fr 10 – 15 h
Fr und Sa 19 – 23 h

La Meuse Gourmande

Traditionelle Küche trifft exotische Einflüsse aus aller Welt: Gänsebrust mit karamelisierter Melone, Jakobsmuscheln nach Tandoori-Art, Foie Gras mit Kardamom-Aprikosen-Konfitüre, Mirabellen-Zabaione und Blinis mit Johannisbeer-Konfit. Im ehemaligen Domherren-Haus (18. Jahrhundert), Panoramablick auf die Stadt.

1, Rue François de Guise
55000 Bar-le-Duc
Tel +33 (0)3 29 79 28 40
www.meusegourmande.fr
Öffnungszeiten:
Täglich, Di- und So-Abend und Mi geschlossen

sollte man den herrlichen Panoramablick auf die unterhalb gelegene Stadt nicht versäumen. Vom Schloss führt die Tour dann hinauf in die **Rue des Ducs de Bar**, eine der schönsten Straßen der Stadt, wo ehemals Stiftsherren, Patrizierfamilien und die höchsten Beamten des Herzogs in prächtigen Bauten wohnten. In der Straße bieten die schönen, jüngst renovierten Renaissancehäuser mit ihren bunt gestrichenen Fensterläden ein Fest der Farben. Bei einigen Bauten lohnt sich das nähere Hinsehen besonders: Nummer 41 (rotes Tor) besitzt eine mit Säulen und vielen Friesen reich verzierte Fassade, das Obergeschoss weist quadratische Doppelfenster auf. An der Nummer 47 (rechts) blieben die Wasserspeier erhalten, die Tür von Nummer 53 (rechts) wird von einer Arkade mit reichem Dekor verziert. Nach dem Genuss der Architektur sollte man sich die in der Tat paradiesische Passage zwischen den Häusern gönnen und über die Rue du Paradis zum Place Saint-Pierre gehen.

Der Platz wirkt wegen der überwiegend zwei- und dreistöckigen Gebäude sehr harmonisch. Dazu trägt der helle Stein, der „Pierre de Savonnières", der Häuser bei. Die Einheitlichkeit der Renaissancehäuser wird nur unterbrochen von einem mittelalterlichen Haus mit Erker und gelb-brauner Fachwerkfassade gegenüber der **Kirche Saint-Étienne**. Der spätgotische Kirchenbau besitzt Verzierungen aus der Renaissancezeit. Im Inneren der Kirche sollte man sich einen wichtigen Kunstschatz der lothringischen Renaissance anschauen: die Grabplastik des René de Chalon (siehe Infobox Seite 127). Von Saint-Étienne geht es in den Innenhof der Markthalle. Zwar verlor das Ensemble im 19. Jahrhundert seine Arkaden bei einem Brand, doch seitdem hat sich die Markthalle kaum verändert. Von hier führt die Strecke wieder auf die Rue des Ducs de Bar und nach rechts zum Uhrenturm. 1381 wurde der Turm auf Resten der alten Festungsanlage errichtet, um die Bürger auf

Die Place Saint-Pierre in der Oberstadt

Die Strecke führt auch ein Stück durch Wald

Feuer, Angriff, die Sperrstunde oder den Beginn des Marktes hinzuweisen. Die Treppe führt in die Unterstadt und hält weitere schöne Blicke auf die Dächer der Stadt bereit. An der Place Reggio sieht man nun die Präfektur auch von ihrer Vorderfront. Sie zeigt eine imposante klassizistische Fassade mit zahlreichen Fenstern, Balkonen und Giebeln. In der Rue Jean-Jacques Rousseau fällt das **Café des Oiseaux** wegen seiner reich geschmückten Fassade und den ionischen und korinthischen Säulen auf. Das Gebäude war seinerzeit ein kurios-beliebtes Kaffeehaus. Wieder auf der Rue du Bourg geht es über die Notre-Dame-Brücke direkt auf die Rue Bar la ville. Die Straße, gesäumt von niedrigen Häusern aus hellem Stein, ist vor allem im Sommer ein weiteres Fest der Farben: Die Fensterläden sind in sattem Grün, Blau und Rot oder zartem Mintgrün gestrichen, große bunte Pflanzkübel schmücken den Fußweg. Von hier sieht man bereits die Notre-Dame-Kirche. Der Glockenturm wurde im 18. Jahrhundert erneuert, aber der Bau selbst stammt aus dem 11. Jahrhundert. Hinter der Kirche verläuft die Tour über die Brücke des Rhein-Marne-Kanals auf die belebte Avenue Robert Schuman. Von der Avenue geht es bald nach links in den Park des **Château de Marbeaumont**. Den englischen Landschaftsgarten dominiert der überladene, 1905 für einen hiesigen Bankier vollendete Bau. In ihrem eklezistischen Stil, der Renaissance und klassizistischen Barock verbindet, soll die Fassade an das Château von Blois und die Schlösser von Louis XIII erinnern. Vom Park führt die Strecke auf der Rue du Stade und

i Rot, süß und kernlos – was sich Hitchcock auf's Brot strich

Der Schriftsteller Victor Hugo, der Regisseur Alfred Hitchcock und der Präsident Raymond Poincaré teilten die Vorliebe für eine besondere Konfitüre aus Bar-le-Duc, die als „Caviar de Bar" berühmt wurde. Gemacht ist sie aus roten Johannisbeeren, allerdings werden die Kerne jeder einzelnen Beere von Hand entfernt – und zwar mit einer Gänsefeder. Bei dem Geduldsspiel bleibt das Fruchtfleisch intakt und der Saft geht nicht verloren. Bar-le-Duc soll seit 1344 der einzige Ort auf der Welt sein, wo diese luxuriöse Konfitüre auf derartige Weise hergestellt wird. Erzeugt wird sie von dem in der Stadt ansässigen Familienbetrieb Confitures À la Lorraine (35, Rue Etoile, 55000 Bar-le-Duc, Tel +33 (0)3 29 79 06 81, www.groseille.com).

Voie Sacrée: Im 14-Sekunden-Takt zur Schlacht von Verdun

Im Sommer 1916 kam der Straße zwischen Bar-le-Duc und Verdun, bis zum Ersten Weltkrieg ein unbedeutender Verkehrsweg, eine entscheidende Rolle zu. Da die anderen Routen umkämpft oder besetzt waren und die Versorgung der Soldaten in Verdun gefährdet war, brachte man Munition und Soldaten über diese Straße an die Front. Die rund 9000 Fahrzeuge waren in ständigem Betrieb, die Lastwagen sollen im 14-Sekunden-Takt, an manchen Tagen alle 5 Sekunden, gefahren sein. Pro Woche haben die Konvois rund 90.000 Soldaten und 50.000 Tonnen Munition transportiert. Eine Besonderheit der „Voie Sacrée" sind die weiß-roten Kilometersteine am Straßenrand, welche den bekränzten Adrianhelm der französischen Soldaten tragen. 1922 weihte Präsident Raymond Poincaré den ersten von 56 Kilometersteinen ein. Seit 2006 ist die Straße zur Erinnerung an ihre Geschichte als D1916 gekennzeichnet. Ihren Namen erhalten hat die Voie Sacrée von dem lothringischen Schriftsteller und Politiker Maurice Barrès in Anlehnung an die römische Via Sacra zwischen Kapitol und Kolosseum.

Zwischen Weiden wandert man nach Behonne zurück

der Rue des Polkas stadtauswärts wieder zu der großen Talwiese. Nach links geht es auf dem Chemin de Morsolle den Hang hinauf und vorbei an Vorgärten mit Obstbäumen, Koniferen, Blumen oder Bananenstauden. In einigen hinteren Gärten blöken Ziegen und Schafe. Weiter oben führt der Weg aus dem Hangwald heraus und zwischen Weiden wieder nach **Behonne**.

Der Schloss der Herzöge von Bar

ABSTECHER:
Musee barrois in Bar-le-Duc, s. S. 163
Parc de la Varenne, 16 km südwestlich von Behonne, s. S. 166
Kanuverleih in Ancerville, 22 km südwestlich von Bar-le-Duc, s. S. 169

i

Das Skelett des René de Chalon: Ein Kunstschatz der lothringischen Renaissance
Die Kirche Saint-Étienne in der Oberstadt von Bar-le-Duc beherbergt zwei Kunstwerke des lothringischen Bildhauers Ligier Richier (siehe Tour 26 S. 133): Christus und die beiden Schächer am Kreuz sowie eine Transi genannte Kalksteinfigur. Die 1,74 Meter hohe Figur zählt zu Richiers berühmtesten Werken und ist in ihrem Realismus ergreifend: Ein verwestes Skelett hält sein Herz mit ausgestrecktem Arm in die Höhe und blickt es stolz an. Die anatomische Exaktheit der Darstellung verblüfft bis heute, entstand die Figur doch Mitte des 16. Jahrhunderts. Es handelt sich um die Grabplastik von René de Chalon, dem Schwiegersohn des lothringischen Herzogs und erstem Fürsten von Oranien aus dem Haus Nassau. Er starb 1544 bei der Belagerung von Saint-Dizier. Die Grabplastik gab seine Witwe, Anna von Lothringen, wohl drei Jahre nach seinem Tod in Auftrag.

Auf ein Käffchen zwischen toten Vögeln
In der Rue Jean-Jacques Rousseau befand sich früher ein bescheidenes Theater-Café. Doch ab 1836 wurde es als Café des Oiseaux wegen seiner Verrücktheit zum beliebten Treffpunkt: Der Besitzer Louis Poirson, Präparator mit einer riesigen naturalistischen Sammlung, richtete sein Café mit ausgestopften Vögeln, Muscheln, präparierten Schmetterlingen und anderen Insekten ein. Die Vitrinen reichten bis an die Decke. Schildkrötenpanzer sollen als Schirme und Tabaksbehälter gedient haben. Die Fassade gab Poirson 1852 in Auftrag. Nach seinem Tod wurde die Sammlung verkauft, der Brunnen des Cafésaales steht heute beim Herzogsschloss.

VON DEN ERHABENEN SCHÄTZEN DER RENAISSANCE ZU DEN SCHÜTZENGRÄBEN

Saint-Mihiel – Abteikirche Saint-Michel – Benediktinerabtei – Place Ligier Richier – Kirche Saint-Étienne – Herberge von Marsoupe – Blockhaus Ella – Tranchée de la Soif – Monument du 8ème Corps – Saint-Mihiel – Hôtel de Faillonnet – Hôtel Bousmard

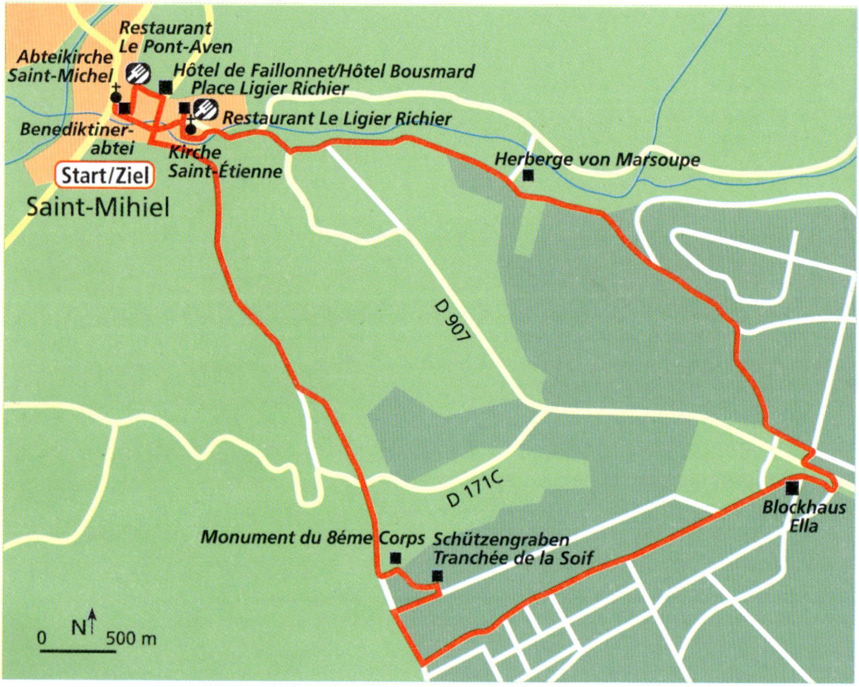

Die Kleinstadt Saint-Mihiel an der Meuse erlebte durch die Gründung der Benediktinerabtei im frühen Mittelalter einen Aufschwung. Im 16. Jahrhundert prägte die Renaissance die Stadt, was sich heute an vielen edlen Stadthäusern zeigt. Beeindruckende Meisterwerke hinterließ der Bildhauer Ligier Richier in den Kirchen. Der Künstler wird wegen der Ausdrucksstärke seiner Figuren mit Michelangelo verglichen. Der Wanderweg führt aber auch in die umliegenden Wälder, wo im Ersten Weltkrieg die Frontlinie verlief. Ein enges Netz aus deutschen und französischen Schützengräben sowie einsame Denkmäler blieben als stille Zeugen zurück.

Die Tour beginnt in **Saint-Mihiel** auf der Place Jean Bérain an der **Abteikirche Saint-Michel**, welche zur angrenzenden Benediktinerabtei aus der Karolingerzeit gehört. Die Kirche wurde im 18. Jahrhundert umgebaut: Sehenswert sind der romanische Portalvorbau und der Chor mit 80 Chorstühlen aus dem 18. Jahrhundert. Besonderer Höhepunkt ist die Skulptur der Ohnmacht der Muttergottes von

Benediktinerabtei und Abteikirche Saint-Michel

Ligier Richier nahe dem Eingang. Das Gesicht der Maria ist
von Kummer und Erschöpfung gezeichnet, der Faltenwurf
und das Haar des Apostel Johannes, welcher Maria stützt,
sind von besonderer Feinheit. Die beiden Figuren wurden
um 1531 aus Nussbaumholz geschnitzt. Von der Kirche
geht es nach links zur **Benediktinerabtei**, welche im 17.
und 18. Jahrhundert ihre heutige Gestaltung bekam und
Teil eines großen Gebäudekomplexes ist. In dem Komplex befinden sich das Rathaus, das Gericht, das Musée
Départementale d'Art Sacré, die Touristinformation und
die Benediktinerbibliothek von 1775. Der imposante und
einheitlich gestaltete Gebäudezug besticht durch die vielen großen Fenster und sein nüchternes Dekor. Das Durch-
gangsportal der Abtei führt auf die Place du Sahara, wo
sich die elegante und rund 200 Meter lange Ostfassade der
Abtei sowie der Chor der Abteikirche bewundern lassen.
Von der Benediktinerabtei verläuft die Strecke ein Stück
auf der Rue du Docteur Albert Thiéry vom Zentrum
weg. Beim Friseur mit der schwarzen Kachel-Fassade
sollte man nach links gehen und einen Blick auf die kleine **Place Ligier Richier** werfen. Der gemütliche Platz
wird von alten Steinhäusern mit farbigen Fensterläden
gesäumt. In der Mitte des Platzes steht, umgeben von
bunten Blumen, ein Denkmal, das dem Bildhauer gewidmet ist. Zurück beim Friseur geht es in die gegenüberliegende Seitenstraße zur **Kirche Saint-Étienne**.
Rechts kommt man am Hôtel de Rouÿen vorbei, einem
Wohnhaus aus dem 16. und 18. Jahrhundert. Der Hof ist

Denkmal für Ligier Richier

Die Grablegung Christi

Die Ohnmacht der Madonna

ABSTECHER

Koeur-la-Petite, 7 km süd-westlich von Saint-Mihiel

Sehenswert in dem kleinen Dorf ist das „gayoir": In dem großen Wasserbecken wur-den früher die Tiere auf dem Rückweg vom Feld getränkt und gereinigt.

in seltener Weise mit Flusskieseln gepflastert, das Portal wird von einer Jakobsmuschel verziert. Der malerische Vorplatz von Saint-Étienne wird von den im Halbkreis an-geordneten Wohnhäusern im Renaissance-Stil geprägt. Die maßgeblichen Teile des Gotteshauses wurden im 11., 16. und 19. Jahrhundert erbaut. Im Inneren befindet sich einer der bedeutendsten Kunstschätze der Stadt: die Grablegung Christi von Ligier Richier. Die sehr dyna-mische Gruppenszene besteht aus 13 überlebensgroß-en Kalkstein-Figuren, die alle in einer ausdrucksstarken Position festgehalten sind. Der Faltenwurf der Gewän-der ist ebenso detailreich gestaltet wie die Darstellung der Körper: Knöpfe ziehen so realistisch Falten um das Knopfloch wie Sehnen an angespannten Armen deutlich hervortreten. Interessant sind auch die Blickbeziehun-gen innerhalb der Figurengruppe, die zwischen 1554 und 1564 entstand.

Von der Kirche führt die Strecke weiter stadtauswärts, am Ende der Rue Porte à Nancy befinden sich an einer Kreu-zung zwei weitere architektonisch interessante Gebäu-de. Das erstmalig 1477 erwähnte Café des Arcades wur-de im 16. Jahrhundert wieder aufgebaut. Das Gebäude mit den drei Arkaden beherbergte früher Reisende, die nach Schließung der Stadttore eintrafen. Die verwitter-te Schrift lässt sich noch an der Fassade entziffern. Ge-genüber stehen Überreste des Klosters, der romanischen Kirche und des Waschhauses des Paulanerordens. An der nächsten Kreuzung am Ortsausgang geht es über den Weg unterhalb der Rue de Sénarmont zu den Wäldern von Gobessart, Apremont und Ailly. Der Wanderweg führt am Waldrand entlang und an Feldern und Wiesen vorbei. Linker Hand passiert man erst ein Herrenhaus und schließlich auf einer Lichtung die **Herberge von Marsoupe**. An der Herberge vorbei verläuft die Strecke immer geradeaus wieder in den Wald hinein. Der Pfad steigt hier ein wenig an. Nach einigen hundert Metern öffnet sich links der Wald und gibt den Blick frei auf die saftig grünen Wiesen am Ufer des Flüsschens Marsoupe. Der Weg führt schließlich im Wald von Gobessart auf ei-nen Schotterweg. An der folgenden Gabelung geht es nach rechts in einer langen Kurve langsam den Hügel hinauf. An der Kreuzung mit der Hütte wandert man ge-radeaus. Hinter den Bäumen rauscht auf der parallel ver-laufenden Landstraße ab und an ein Auto vorbei. An der nächsten Kreuzung mit dem Wegweiser zum Deutschen Soldatenfriedhof geht es nach rechts zur Landstraße, der man rund 200 Metern nach links folgt. Dort zweigt auf der anderen Straßenseite ein Weg in den Wald zu den Schützengräben ab.

Gleich zu Beginn des Weges geht es nach rechts ab (Baum mit Schild schwarze Kreuze auf rotgelben Strei-fen) bis zur nächsten Gabelung. Nach links führt dort ein Pfad durch den Forêt d'Apremont. Immer geradeaus geht es vorbei an den Schützengräben der deutschen Soldaten und linker Hand dem betonierten Schutzstand, dem **Blockhaus Ella**. Es ist ratsam, die eingerichteten Wege nicht zu verlassen. Zwar ist der Waldboden von Efeu begrünt und die von Geschossen aufgetürmten Erdhügel von Bäumen bewachsen. Doch die sichtbaren Granattrichter erinnern daran, dass man sich auf einem ehemaligen Schlachtfeld befindet.

Der Weg verläuft weiter geradeaus und bildet einen Laubengang. Er mündet schließlich auf einen Schotterweg. Dort geht es rechts hinauf und wieder nach rechts zum **Tranchée de la Soif**, dem Graben des Durstes, und dem Monument für das 8. Korps im Wald von Ailly. Am Wegesrand markiert ein Denkmal den Schützengraben, in dem die französischen Soldaten an drei Maitagen des Jahres 1915 ohne Wasser Widerstand leisteten. Sie waren bis zum fünften deutschen Graben vorgestoßen, aber dann von ihren Truppen abgeschnitten. Am Ende mussten sich die 63 Überlebenden ergeben. Vom Denkmal führt nach links ein mit Holzgeländern befestigter Pfad an den

Die Schützengräben im Wald von Ailly

Schützengräben entlang durch den Wald. Hier kämpften deutsche und französische Soldaten gegeneinander, nur wenige Meter voneinander entfernt. Am Ende des Pfades steht auf einer kleinen Lichtung das **Monument du 8ème Corps**. Das Elitekorps hatte 24 Monate lang in den Wäldern von Ailly und Apremont um Saint-Mihiel gekämpft.

Aus dem Wald herauskommend, folgt man der Straße in Richtung Tal. Hier bietet sich, nach längerer Zeit im Wald, ein herrlich weiter Blick über das Plateau und die sanft abfallenden Hänge, die von kleinen Waldstücken und vereinzelten Baumgruppen durchzogen sind. Linker Hand im Tal liegt das Dorf Ailly-sur-Meuse. An der Straßengabelung

Tipp

Musée Départemental d'Art Sacré

Das Museum zeigt sakrale Kunst wie Priestergewänder, Goldschmuck und Statuen aus den Kirchen des Departements. Die Exponate stammen aus dem 12. bis 19. Jahrhundert. Die Besichtigung der Benediktinerbibliothek organisiert das Tourismusbüro im Erdgeschoss. Sehenswert ist die Bibliothek, weil sie über einen schön ausgestalteten großen Saal verfügt und über 9000 Bücher beherbergt. Der Saal, 50 Meter lang, wird durch 17 Fenster erhellt. Den kleinen Saal schmückt eine reich verzierte Stuckdecke.

1, Rue du Palais de Justice
55300 Saint-Mihiel
Tel. +33 (0) 3 29 89 06 47
Öffnungszeiten:
April – Okt: Sa, So und Fei
14 – 18 h
Juli – Aug: täglich außer Di
14 – 18 h

geht es geradeaus auf einem Feldweg und weiter über das Plateau. Schließlich wandert man zwischen leicht hügeligen Feldern und hohen Bäumen, bis der Weg abfällt und wieder nach **Saint-Mihiel** führt. Im Ort angekommen, folgt man der Rue des Abasseaux stadteinwärts.

Über die Rue de la Tête d'Or verläuft die Strecke schließlich nach links in die Rue Raymond Poincaré. An der Nummer 3 steht ein weiteres Stadthaus aus der Renaissance, das **Hôtel de Faillonnet**, auch „Haus der Wasserspeier" genannt. Gleich fünf dieser Gargouilles zieren das Gesims des 1554 erbauten Gebäudes (von links): Ochse, Widder, Löwe, Hund und Pferd. Gleich gegenüber, an der Gabelung zur Rue Carnot steht das **Hôtel Bousmard**, das 1520 ebenfalls im Renaissance-Stil errichtet wurde. Auffällig sind die grünen Tore des langen Gebäudes aus hellem Stein und die auf die Fassade gesetzten Säulen. Weiter geradeaus gelangt man an der Nummer 25 zu einem stattlichen Jugendstil-Gebäude. Die Ausführung der Fenster, Simse und Schmiedearbeiten bildet ein harmonisches Ensemble geschwungener Linien. Von dem Eckhaus geht es zurück zur Benediktinerabtei.

ABSTECHER:
Musée Raymond Poincaré in Sampigny, 9 km südlich von Saint-Mihiel, s. S. 163
Haus der Trüffel in Boncourt-sur-Meuse, 16 km südlich von Saint-Mihiel, s. S. 163f
Forellen-Angeln in Cousances-aux-Bois, 19 km südwestlich von Saint-Mihiel, s. S. 169

SCHLECHTWETTER-ALTERNATIVE:
Schloss des Stanislas in Commercy, 19 km südlich von Saint-Mihiel, s. S. 173

Zwischen den Wiesen und Baumgruppen fließt das Flüsschen Marsoupe

Abendstimmung auf dem Weg zurück nach Saint-Mihiel

Ligier Richier, der „Michelangelo Lothringens"

Der Renaissancebildhauer Ligier Richier wurde um 1500 in Saint-Mihiel in eine Künstlerfamilie hinein geboren. Seine Figuren aus Kalkstein, Holz oder Terracotta sind durch große Ausdruckskraft und genaue Anatomie gekennzeichnet. Zu seinen berühmtesten Werken zählen die Grablegung Christi (Le sépulcre) in Saint-Mihiel, die Grabplastik der Philippa von Geldern in Nancy und der Transi (Grabplastik des René de Chalon in Form eines Skeletts) in Bar-le-Duc. Der Realismus seiner Figuren – in deren Gesichtern sich Schmerz, Alter und Leid spiegeln – ist ein klarer Bruch zur mittelalterlichen Bildhauerei. Daher wird Richier oft mit dem italienischen Künstler Michelangelo verglichen, der aber auch noch Maler, Architekt und Dichter war. Richier stieg zum Bildhauer des lothringischen Hofes auf, verließ das katholische Herzogtum aber 1563 wegen seiner Bekehrung zum reformatorischen Calvinismus. Richier emigrierte nach Genf, wo er vier Jahre später starb.

Vier Jahre für die Rückeroberung – die Schlacht von Saint-Mihiel

Während des Ersten Weltkriegs wurde Saint-Mihiel, das damals rund 2700 Einwohner zählte, vier Jahre lang umkämpft. Erst mithilfe der Amerikaner gelang es den französischen Soldaten im September 1918, die deutsch besetzte Stadt zurückzuerobern. Im September 1914 hatte der Vorstoß der deutschen Armee dazu geführt, dass sich in der Frontlinie ein Vorsprung bildete (Saint-Mihiel-Bogen oder le Saillant de Saint-Mihiel). Die kleine Stadt fand sich direkt auf dieser gekrümmten Front wieder. Die Besetzung von Saint-Mihiel, an der Bahnstrecke zwischen Verdun und Nancy gelegen, war von strategischer Bedeutung: Während der Schlacht von Verdun konnte über diese Zugstrecke keine Versorgung der französischen Truppen erfolgen. Doch Frankreich wich schließlich auf eine Landstraße bei Bar-le-Duc aus, rund 30 Kilometer südwestlich gelegen. Jene zuvor unbedeutende Straße bekam den Beinamen „Voie Sacrée" (siehe Infobox Tour S. 126).

Deuxnouds-aux-Bois – Bois de la Côté Roquant – Abtei Abbaye de l'Étanche – Creuë – Kirche Saint Pierre und Saint Paul – Bois de l'Étanche – Deuxnouds-aux-Bois

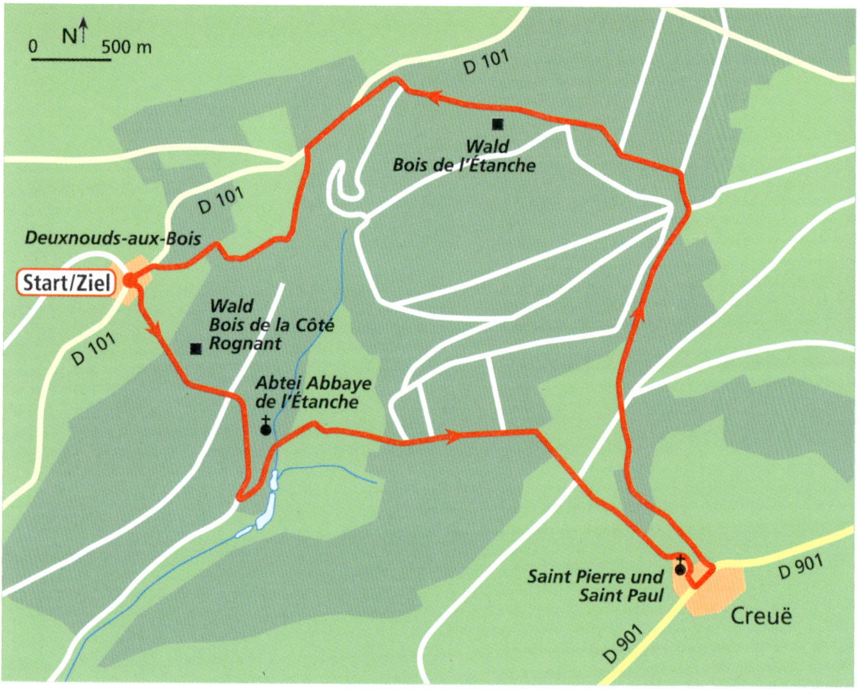

Start:
Deuxnouds-aux-Bois,
Rue Côte des Prés à Deux-
nouds
Länge:
13 km
Dauer:
4 Stunden
Parken:
Deuxnouds-aux-Bois
ÖPNV:
RITM-Bus 7 Vigneulles/
Saint-Mihiel (Creuë), Rufbus
(TAD)

**Das idyllische Dörfchen Deuxnouds-aux-Bois liegt ein-
sam mitten in Lothringen. In der Nähe versteckt sich ein
kleiner, vergessener Schatz: Die Ruine der Abtei Abbaye
de l'Étanche ruht verträumt an einem Weiher. Über einen bewaldeten Hügel wandert man zur Ruine ins Tal
hinab. Von der Abtei führt die Strecke auf ein Wiesen-
plateau, von dem sich ein weiter Blick auf die Täler und
Felder öffnet. Nach dem Dorf Creuë geht es durch stille
Wälder zurück.
Für die Tour durch die einsame Gegend sollte Wegzehrung nicht vergessen werden, unterwegs gibt es keine
Einkehrmöglichkeit.**

Die Tour beginnt in dem lieblichen Dörfchen **Deuxnouds-
aux-Bois**. Das Dorf besteht nur aus einem Dutzend hübscher Steinhäuser, die an der ruhigen Straßenkreuzung liegen. Vor der Kirche fließt ein schmales Bächlein, über das
eine kleine Brücke mit bunt bepflanzten Blumenkästen
am Geländer führt. Gegenüber befindet sich das Waschhaus. Der Einstieg zur Wanderstrecke erfolgt über die
schmale Straße neben dem Haus mit den blauen Fensterläden. Die Waldstraße führt über die Felder am Hang

Der Vegetation überlassen: die Ruine der Abtei Abbaye de l'Étanche

des Hügels in den **Bois de la Côté Roquant** hinauf. In dem friedlichen Wald blühen am Wegesrand Disteln und wilder Oregano, an warmen Tagen sind an den Waldsäumen verschiedene Schmetterlinge unterwegs. In ein paar Kurven windet sich die Waldstraße den Hang hinab ins Tal. Das Murmeln und Plätschern kommt von dem Flüsschen Ruisseau des Aviaux, das im Tal am Weg vorbeifließt und Weiher bildet. Zwischen den Sträuchern tauchen die weißen Mauern der **Abtei Abbaye de l'Étanche** auf, das hohe Steinkreuz der Klosterruine ragt über die Bäume hinaus. Aus den Mauerritzen sprießen grüne Moosbüschel und Gräser. Von der Straße aus betrachtet, steht die Abteiruine still am Waldesrand, allseits von üppiger Vegetation umschlossen. Erst aus der Nähe sieht man, dass direkt an das Gotteshaus ein alter Bauernhof angebaut ist. Längst verlassen, bröckelt das einsturzgefährdete Gehöft vor sich hin und spiegelt sich mit der Abtei im glatten Weiher. Links und rechts bewachsen Efeu und Sträucher die Ruinen.

Brunnen in Creuë

Auf der Feldstraße wandert man den Hang hinauf und sieht die beiden Ruinen noch einmal von oben in dem kleinen Tal liegen. Weiter oben spendet der Hangwald ein wenig Schatten, bis der Weg schließlich auf das weite Plateau des Hügels führt. Am Wegweiser kann man ringsum weit über die Täler und Hügel schauen. Die dunkelgrünen Wälder und die ockerfarbenen Felder scheinen sich wie kleine, lang gezogene Wellenberge noch über den Hori-

Ein Ort zum Träumen

Abteiruine in Saint-Benoît-en-Woëvre, 15 km östlich von Deuxnouds-aux-Bois
Die Zisterzienser-Abtei in Saint-Benoît-en-Woëvre (am Kreisel Richtung Verdun, dann erste Straße rechts) wurde 1132 gegründet. Erhalten blieb nur die imposante Fassade.

Lac de Madine, 18 km südöstlich von Deuxnouds-aux-Bois
Der künstliche Stausee Lac de Madine bietet Wassersport und Naherholung. Möglich sind Baden, Angeln, Minigolf, Reiten, Tretbootfahren, Radfahren und Spaziergänge am Ufer.
www.lacmadine.com

zont hinaus zu erstrecken. Der Weg geradeaus führt hinab ins nächste Tal. Zuerst in den Hangwald und schließlich steiler bergab bis in das kleine Straßendorf **Creuë**. Am Dorfrand liegen der Friedhof und die **Kirche Saint Pierre und Saint Paul**. Auf dem Friedhof finden sich noch viele alte Gräber aus dem 18. und 19. Jahrhundert. In der Kirche, sie stammt maßgeblich aus dem 12., 16. und 19. Jahrhundert, versteckt sich unter den Statuen auch eine Abbildung der Jeanne d'Arc. Das Grab am Kircheneingang wird dem Ritter Regnier von Creuë zugeschrieben. Er hat die Dorfbewohner um 1487 von der Knechtschaft der Toten Hand befreit – die Regelung des Lehnsrechtes bedeutete für Besitzer, dass sie über ihre Güter nicht verfügen und sie nicht vererben konnten.

Von der Kirche aus steigt man auf der Straße weiter ins Dorf hinab, die Hauptstraße führt linker Hand zu einem kleinen Platz mit einem Waschhaus. Dort geht es links die Rue Tourin dite du Moulin Haut hinauf. Der Weg verläuft hier steil bergan. Bei den letzten Häusern am Dorfrand steht ein schöner Brunnen, der vom Ende des 19. Jahrhunderts datiert. Aus dem Maul eines Löwenkopfes plätschert klares Wasser in ein großes Becken (kein Trinkwasser). Weiter unten am Hang liegen Gärten, in denen im Sommer bunte Blumen leuchten. Dazwischen fließt das Flüsschen Creuë. An der folgenden Gabelung hält man sich links. Der Weg führt bergauf durch den sehr dichten Laubwald **Bois de l'Étanche.** Viele der Tannen am Wegesrand sind mit Efeu und Wald-Geißblatt bewachsen, Ranken und Luftwurzeln hängen von den Bäumen herab. Schließlich führt die Strecke wieder auf das Plateau, geradeaus geht es in den Wald hinein. An den folgenden drei

Klein, lieblich und gepflegt: das Dörfchen Deuxnouds-aux-Bois

Hügel, Felder und Wälder so weit das Auge reicht

Gabelungen hält man sich stets links und folgt dem Weg in seinem geraden Verlauf. Auch hier oben lassen sich wieder viele Wiesenblumen und farbenfrohe Falter bestaunen. Immer geradeaus kommt man auf die Landstraße D101, der man ein Stück in Richtung Deuxnouds-aux-Bois folgt. Wenn sich der Wald auf die Felder öffnet, geht es links am Waldrand entlang zurück. In **Deuxnouds-aux-Bois** wartet das klare und kalte Bachwasser zur – zumindest äußerlichen – Erfrischung.

Unterwegs zum Hügelplateau

ABSTECHER:

Park des Château de Thillombois, 18 km westlich von Deuxnouds-aux-Bois, s. S. 166f

SCHLECHTWETTER-ALTERNATIVE:

Observatorium in Vigneulles-lès-Hattonchatel, 13 km nordöstlich von Deuxnouds-aux-Bois, s. S. 173

Gibt es eine Zukunft für die Abtei Abbaye de l'Étanche?

Mönche des Prämonstratenser-Ordens gründeten die Abtei Abbaye de l'Étanche um 1144. Im Dreißigjährigen Krieg wurde die Abtei 1632 von den Schweden zerstört, aber 1743 wieder aufgebaut. Ihr letzter Abt wurde 1790 im Zuge der Französischen Revolution verjagt. Im 19. Jahrhundert wandelte man die Abtei in einen Bauernhof um, entsprechende Gebäude wurden angebaut. 1914 brannte das Gotteshaus in den Wirren des Ersten Weltkriegs. Heute ist die Abtei zwar ein eingetragenes Denkmal, verfällt aber seit den 80er Jahren – wie es heißt, wegen Besitzstreitigkeiten. Um die Abtei zu erhalten, haben Privatleute im Mai 2013 eine Online-Petition im Kampagnen-Netzwerk Avaaz zur Klassifizierung als „monument historique" gestartet. Ziel ist es, die vollständige Aufnahme in den Denkmalschutz zu erreichen.

Im Schatten ehemaliger Klosterblüte

Beaulieu-en-Argonne – Alte Kelter – Kreuzung der drei Kiefern – Weiße Felsen – Étangs des Deux Busines – Ermitage Saint-Rouin – Étang du Haut – Beaulieu-en-Argonne

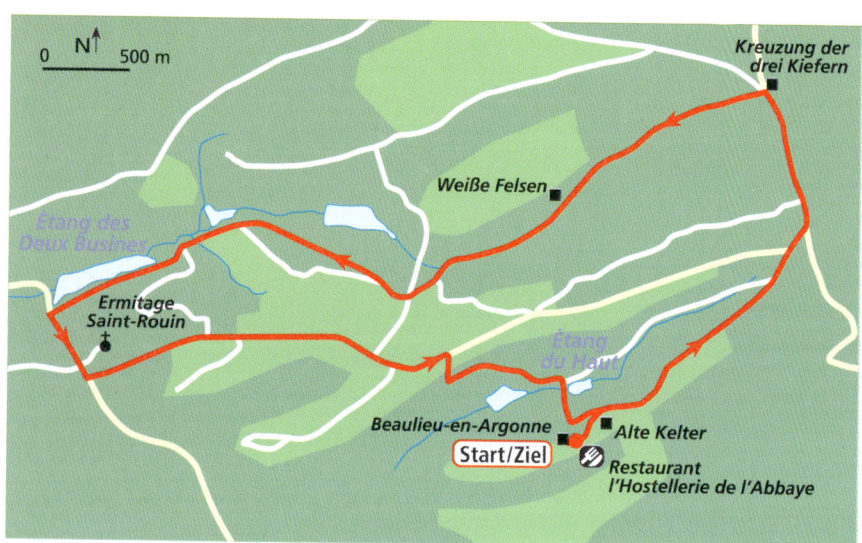

Start:
Beaulieu-en-Argonne, Grande Rue
Länge:
12 km
Dauer:
4 Stunden
Parken:
Gratisparkplatz schräg gegenüber der Mairie

Auf einem vorgelagerten Berg der südlichen Argonnen macht das Dorf Beaulieu-en-Argonne seinem Namen alle Ehre: Mit seinen Fachwerk- und Bauernhäusern aus dem 19. Jahrhundert zählt es zu den schönsten Dörfern Lothringens. Das typisch lothringische Straßendorf wird von 14.000 Pflanzen geschmückt, die im Sommer eine wahre Pracht fürs Auge sind. Vom Dorf geht es über den Höhenweg durch einen dichten Laubwald vorbei an stillen Weihern, einer modernen Kapelle und einer einsamen Altarruine. Auf der landschaftlich vielseitigen Tour nahe der Westgrenze Lothringens zum Marne-Departement wird auch eine kleine Schlucht durchwandert.

Die Tour startet in der Grande Rue, der Hauptstraße des malerischen Dorfes **Beaulieu-en-Argonne**, das mit seinen knapp 40 Einwohnern auf dem fast 300 Meter hohen Hügel thront. Die Straße ist von Wohnhäusern und Bauernhäusern aus dem 19. Jahrhundert gesäumt, gut erhaltenes Fachwerk ziert einige Fassaden. Dem Nationalrat grüner Städte und Dörfer (Conseil national des villes et villages fleuris) waren Begrünung, Sauberkeit und die Betonung der Sehenswürdigkeiten die höchste Auszeichnung mit vier Blumen und dem Grand Prix wert. Dafür wirbt die Tafel am Ortseingang. An der Place Centrale kann man in dem langen Steinhaus mit dem roten Tor die **alte Kelter** (s. S. 140) besichtigen.

Die alte Kelter

Blick in die moderne Kapelle der Einsiedelei Saint-Rouin

Die große Traubenpresse füllt die ganze Halle aus. Von der alten Kelter geht es auf die Waldstraße hinab, an deren Beginn mehrere Wanderschilder stehen. Von der Waldstraße, die bald in einen Waldweg übergeht, eröffnet sich der Blick auf das schmale, schluchtähnliche Tal, die Gorge du Basilicum, und den Hang auf der anderen Seite. Man folgt dem Weg geradeaus (Schilder „Futeau vallée de la Biesme") und gelangt zur Carrefour des trois Pins, der **Kreuzung der drei Kiefern**. An dieser kleinen Lichtung führt die Strecke über den Schotterweg links tiefer in den Argonner Wald (Schild „Route Forestière des Étangs").

An der Kreuzung der drei Kiefern

Zwischen Heidekraut und buschigen Farnen stehen nach Regenfällen kleine Wasserlachen; im Sommer sieht man hier Libellen den Weg kreuzen. Bald führt die Strecke an einer Felswand aus hellem Gestein vorbei: An den **weißen Felsen** wachsen wilder Thymian und Oregano, auf der Wiese voller Wildblumen springen unzählige Grashüpfer. Von den Felsen führt der Weg gemächlich den Hügel hinab. Schließlich geben die Bäume links einen Blick auf die dicht bewaldete Basilikumschlucht und den gegenüberliegenden Hügelzug frei, hinter dessen dichten Bäumen sich Beaulieu-en-Argonne versteckt. Nachdem der Weg einen kleinen Tümpel und ein Bächlein passiert hat, tauchen rechts die zwei großen Weiher der **Étangs des Deux Busines** auf. Der Wald ist an den Ufern wild und ursprünglich,

Vorbei an den weißen Felsen

Der Altaraufsatz ist der einzige
Überrest der Marien-Abtei

unzählige herabgefallene Äste und Zweige säumen vor allem das Ostufer. Hier ist ein Baum schräg ins Wasser gefallen und gibt mit seinen kahlen, halb im Weiher versunkenen Ästen ein verwunschenes Bild ab. Weiter geht es an den Weihern entlang bis zu einer Waldstraße. Dieser folgt man ein kurzes Stück, hinter der Kurve liegt bereits die **Einsiedelei Ermitage Saint-Rouin**. Die Wege führen an der Ermitage vorbei zur modernen Kapelle und dem Altaraufsatz der Marien-Abtei. Die Kapelle, ein kleines kubisches Gebäude, steht auf Pfeilern an den Hang gebaut. Innen tauchen die modernen Fenster aus bunten Glasstücken den besinnlichen Ort in ein magisches Licht. Weiter oben am Hang blitzt der helle Stein des Altaraufsatzes in der Sonne. Besonders die Gesichter der Engel scheinen dabei äußerst lebendig. Umgeben von Nadel- und Laubbäumen, hohes Gras und Heidekraut zu ihren Füßen, überragt die Ruine das kleine Tal.

Wieder zurück an der Straße, zweigt links nach wenigen Metern die Waldstraße nach Beaulieu-en-Argonne ab (Schild „Sites Touristiques de Beaulieu-en-Argonne"). Auf dem Schotterweg wandert man das Plateau Saint-Rouin hinauf. Schließlich taucht rechts ein kleiner Rasenplatz mit einem Picknicktisch und zwei Bänken auf. Die grüne Banderole am Feuerverbotsschild kennzeichnet von nun an die Strecke. Hinter dem Picknicktisch führt ein schmaler Pfad in den Wald oberhalb der Schlucht. Diesem folgt man nach links. Der Weg verläuft direkt am Abhang in Richtung der Bäcker-Sprung-Schlucht. Hier erhascht man Blicke in das mehrere hundert Meter tief gelegene Tal. Bei den zahlreichen knorrigen Baumwurzeln ist auf dem schmalen Waldpfad Vorsicht geboten. Zwischen den Bäumen geht es hinab in das dicht bewaldete und sehr schattige Tal, in dem es nach

Tipp

Die alte Kelter, eine der größten Europas

Im Dorfzentrum, gegenüber dem Denkmal für die Gefallenen, befindet sich die alte Kelter (le pressoir) der Abtei. Die Traubenpresse stammt aus dem 13. Jahrhundert und wurde noch lange zur Weinherstellung betrieben. Als eines der wenigen Güter der Abtei, die als Eigentum der Kirche im Zuge der Französischen Revolution nationalisiert wurde, war die Kelter erhalten geblieben. Die Dorfbewohner, die die Presse neben den Mönchen nutzten, traten für den Erhalt ein. Erst die Reblaus setzte der Weinproduktion im 19. Jahrhundert ein Ende. Mit dem langen Kelterbaum und dem fast 30 Tonnen schweren Gegengewicht konnten 3000 Kilogramm Trauben verarbeitet werden. Die gut erhaltene Kelter gilt als eine der größten in Europa.

Die Ufer der Étangs des Deux Busines sind naturbelassen

Die schmucke Grande Rue macht Lust aufs Dorfleben

Regen schon ein bisschen matschig sein kann. Der grünen Markierung an den Bäumen folgend, kommt man zu dem kleinen stillen Weiher **Étang du Haut**. Im spiegelglatten Wasser schimmert das dunkelgrüne Laub der den Weiher umsäumenden Bäume. Ab und an taucht an der Oberfläche ein Fisch auf, der glucksend nach Insekten schnappt. Die Tour endet mit einem steilen Schlussanstieg hinauf nach **Beaulieu-en-Argonne**.

SCHLECHTWETTER-ALTERNATIVE:
Drageefabrik Braquier in Verdun, 38 km nordöstlich von Beaulieu-en-Argonne, s. S. 173

🍴Tipp

Hotel-Restaurant
l'Hostellerie de l'Abbaye
Lothringische Küche mit Lachs in Löwenzahnsoße, Schnitzel, Entrecôte, Foie gras, Salat, Schnecken oder Omelette. Terrasse mit herrlichem Panoramablick.

7, Grande Rue
55250 Beaulieu-en-Argonne
Tel. +33 (0) 3 29 70 38 69
www.hotel-beaulieu-en-argonne.com

Die Einsiedelei Saint-Rouin und ihre über 1000 Jahre jüngere Kapelle

Im 7. Jahrhundert kam der Benediktinermönch Rodingus, Saint Rouin, in den Argonner Wald und gründete eine Abtei. Einige Jahre vor seinem Tod zog er sich aus Beaulieu-en-Argonne zurück und lebte in einer Einsiedelei, der Ermitage Saint-Rouin. Die immer wieder aufgebaute Abtei wurde nach elf Jahrhunderten im Zuge der Französischen Revolution komplett zerstört. Von der Abteikirche blieb allein der Altaraufsatz aus dem 18. Jahrhundert erhalten, der Maria Himmelfahrt darstellt. Die alte Kapelle der Einsiedelei wurde ab 1949 neu errichtet, wobei man sich von den modernen Entwürfen des Architekten Le Corbusier inspirieren ließ. Die strenge Einfachheit der Kapelle aus Betonschalung wird von der Arbeit einer jungen japanischen Künstlerin abgefedert. Sie hat die Entwürfe für die bunten Glasfenster, den kleinen Glockenturm und die zierlichen Arabesken als Achtjährige gezeichnet.

Auf den Spuren des Malers Jules Bastien-Lepage

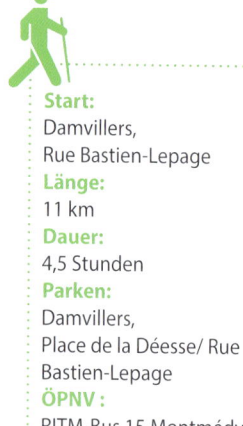

Damvillers – Hundertjährige Eiche – Mureau – Damvillers – Rundgang Jules Bastien-Lepage

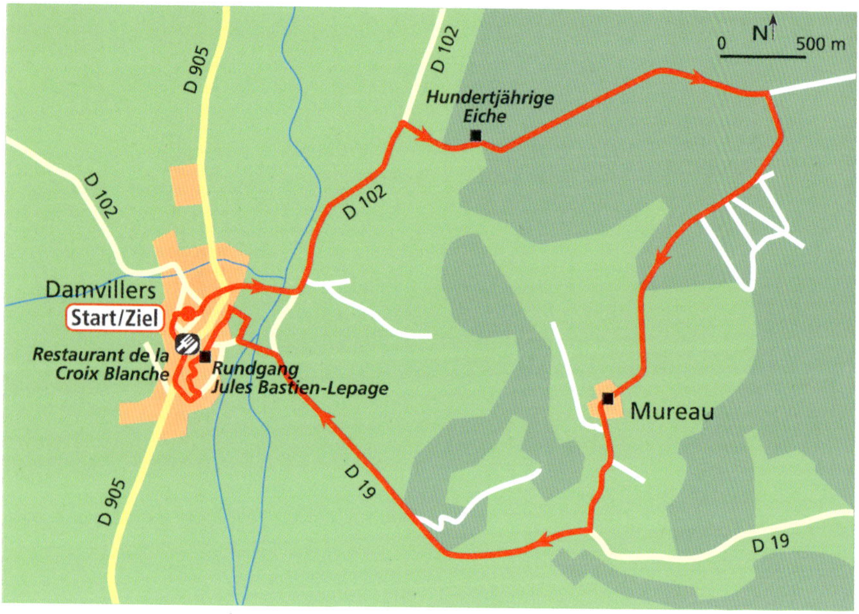

Start:
Damvillers,
Rue Bastien-Lepage
Länge:
11 km
Dauer:
4,5 Stunden
Parken:
Damvillers,
Place de la Déesse/ Rue Bastien-Lepage
ÖPNV :
RITM-Bus 15 Montmédy/ Damvillers (Damvillers), Rufbus (TAD)

Damvillers ist ein kleines ländliches Dorf im Norden des Departements Meuse. 1848 wurde hier der Maler Jules Bastien-Lepage geboren. Er wurde zu Lebzeiten für seine fotografischen Landschaftsszenen nahe am flämischen Realismus und fern von banaler Rührseligkeit gefeiert. Die Wanderung führt an einer hundertjährigen Eiche vorbei durch Wälder und Weiden der lieblichen Landschaft. Am Ende lassen sich in Damvillers auf einem Rundgang Reproduktionen von Bastien-Lepages Gemälden sowie die abgebildeten Orte und Personen entdecken.

Die Tour beginnt im Dorf **Damvillers**, über die Rue Bastien-Lepage führt die Strecke in Richtung Dombras aus dem Dorf heraus. Auf der Landstraße D19/D102 wandert man an einem deutschen Soldatenfriedhof aus dem Ersten Weltkrieg vorbei. Hinter einer Kurve wird die Landstraße schließlich rechter Hand verlassen: Am Schild für einen Picknickplatz (300 Meter) führt die Strecke nach rechts auf eine schmale, von Bäumen und Sträuchern gesäumte Waldstraße. Zwischen der dichten Vegetation blitzen ab und an Wiesen und Weiden auf. Die Strecke führt geradewegs in den Wald, wo der Picknickplatz zur Rast einlädt. Den kühlen Schatten dazu spendet eine **hundertjährige Eiche**.

Blick auf die Weiden von Mureau

Von der hundertjährigen Eiche führt die Straße immer geradeaus durch den Laubwald. Schließlich zweigt auf der rechten Seite ein Weg in den Wald ab, an dem zwei große Steine liegen und wo sich eine Fahrzeugschranke befindet. Von hier wird geradewegs durch den Wald zum Dörfchen **Mureau** gewandert. Der Weg führt aus dem Wald heraus und vorbei an den Feldern des von Landwirtschaft geprägten Dorfes. An den Kuhweiden vorbei, läuft man die ansteigende Straße durch das kleine Dorf hinauf. Die Bewohner des linken Bauernhauses mit den Fensterumrandungen aus rot-weißen und gelben Steinen haben den ländlichen Stil bis ins Detail verfolgt: Ihr Briefkasten ist an ein großes Wagenrad montiert. Die Straße führt unter einer Baumallee aus dem Dorf heraus zur Kreuzung. Dort eröffnet sich ein Panoramablick über die sanften, von Feldern überzogenen Hügel und das kleine Mureau, das zwischen Waldrand und grünen Wiesen fast verschwindet. An der Kreuzung geht es rechts direkt nach Damvillers zurück. Die Landstraße führt um einen Hügel herum, wo sich noch ein weiteres schönes Panorama eröffnet: Von der Straße blickt man auf die entfernten Häuserdächer und Kirchturmspitzen der umliegenden Dörfer und schließlich auf **Damvillers** selbst. In der Ebene vor dem Ortseingang angekommen, führt linker Hand (gelbes Schild „Chemin du Pont au court") ein gemütlicher Wiesenweg in den Ort. Der von Gras so dicht bewachsene Weg sieht wie ein grüner Teppich aus.

ABSTECHER
Musée Jules Bastien-Lepage in der Citadelle von Montmédy, 22 km nördlich von Damvillers

Das Museum zeigt nicht nur Gemälde, Aquarelle und Zeichnungen von Jules Bastien-Lepage, sondern stellt auch Fotos, Briefe und persönliche Gegenstände des Künstlers aus.
Öffnungszeiten:
Feb – Nov: 10.30 – 13 h, 13.30 – 17 h
April – Sept: bis 18 h

Info zum Gemälde „Das Heu"

Info zu Bastien-Lepages Gemälde
„Die Kartoffelernte"

Der Weg führt unter den Bäumen zu zwei kleinen Brücken über den Bach La Thinte. Schließlich gelangt man zu einer Wiese, an der bereits ein Schild für den **Rundgang Jules Bastien-Lepage** steht. Auf Schautafeln finden sich Abbildungen der Gemälde des Malers. Kurze Texte informieren über Entstehung oder Rezeption der Werke sowie über die Porträtierten. An dieser Wiese hat sich Bastien-Lepage 1879 zu seinem Gemälde über die Kartoffelernte inspirieren lassen. In Anlehnung an das Werk seines berühmtesten Sohnes hat Damvillers daneben eine moderne Skulpturengruppe aufgestellt. Von der Infotafel über das Kartoffelernte-Gemälde geht es rechts den Schildern des Rundwegs nach. So kommt man noch zu den Stellen, wo Bastien-Lepage sich zu seinen Gemälden über die große Weinlese und die Liebe im Dorf inspiriert sah, oder wo er Porträts seines Vaters und eines kleinen Landstreichers malte. An der Schautafel zum Werk „Das Heu" ("Les Foins"), Rue des Remparts, geht es über einen Weg weiter den Rundgang entlang. Linker Hand kann man auf dem Dorffriedhof das Grab der Marie-Adélaïde Robert besuchen. Sie war eine Cousine Bastien-Lepages, die er wiederholt porträtierte, so etwa als 17-Jährige in seinem Gemälde „Das Heu". Nach dem Friedhof schließt sich der dem Maler gewidmete Platz Square Jules Bastien-Lepage an. Eine Skulptur von Auguste Rodin erinnert hier an den bereits mit 36 Jahren an Krebs verstorbenen Künstler.

Vom Platz läuft man die gegenüberliegende Rue de Ligny hinauf und biegt auf die Avenue de Verdun. Die Kirche Saint-Maurice hat ihren romanischen Kirchturm und die romanischen Seitenschiffe aus dem elften Jahrhundert behalten. Die gotische Stilgebung erfolgte im 15. und 16. Jahrhundert. Eine Besonderheit ist das kleine Tor, welches vor der Kirche steht – es stammt von dem Friedhof, der die Kirche bis 1848 umgab. An der Kirche biegt man nach links hinauf zum Parc des Rainettes, wo Bastien-Lepage früher unter freiem Himmel malte. Dort befindet sich auch die Schautafel zu dem Porträt, das der Naturalist von seinem Großvater anfertigte. Von hier führt der Weg zum Ziel der Tour, dem Geburtshaus des Malers am Place Maréchal Gérard.

Der romanische Kirchturm von Saint-Maurice blieb erhalten

Ruhm zu Lebzeiten: Der Maler Jules Bastien-Lepage

Der Maler Jules Bastien-Lepage (1848 – 1884) verband in seinen Werken Porträt, Landschaftsmalerei und szenische Alltagssituation. In Paris besuchte er Kurse an der Schule der Schönen Künste und lernte bei dem bekannten Historienmaler Alexandre Cabanel. Zu Lebzeiten bereits geschätzt, porträtierte Bastien-Lepage den Prinzen von Wales und die Theaterschauspielerin Sarah Bernhardt. Dennoch ließ sich der Sohn aus einer Bauernfamilie meist vom Landleben in der Meuse inspirieren, welches er immer wieder festhielt. Das Porträt, das Bastien-Lepage 1874 – drei Jahre nach der Annexion Elsass-Lothringens durch das Deutsche Kaiserreich – von seinem Großvater anfertigte, nahm die Kritik euphorisch auf: In dem alten, selbstbewusst blickenden lothringischen Mann, umgeben vom Grün seines Dorfes, sah man eine subtile politische Positionierung gegen die Besetzer. Mit einer von Auguste Rodin gefertigten Statue erinnert Damvillers seit 1889 an den berühmten Sohn.

Beaumont-en-Verdunois, ein Kriegs-Mahnmal in der roten Zone

Die „zone rouge" bezeichnet in Frankreich jene Gebiete, in denen sich im Ersten Weltkrieg die Hauptkampfzonen mit den großen Materialschlachten befanden. Das völlig zerstörte Beaumont-en-Verdunois und fünf weitere Dörfer in der Umgebung wurden aufgrund der chemisch verseuchten und mit Munition übersäten Böden zum „village mort pour la France" erklärt: Diese Dörfer der zone rouge sollten nicht wieder aufgebaut werden. Fährt man von Verdun nach Damvillers, kommt man auf der D905 direkt an Beaumont-en-Verdunois vorbei (15 km nördlich von Verdun rechts beim Schild einbiegen und den Waldweg hangaufwärts nehmen). Das Dorf mit rund 185 Einwohnern wurde 1916 nach der Schlacht von Verdun komplett zerstört – nur einige Gräber auf dem Dorffriedhof sollen in dem stark umkämpften Gebiet unversehrt geblieben sein. Heute ist das Dorf eine Gedenkstätte mit Kapelle. Die zerstörten Häuser wurden jeweils mit Gedenksteinen gekennzeichnet, die Trichter der Geschosse sind deutlich zu erkennen. Dennoch hat das gespensterhafte Dorf einen Bürgermeister: Pierre Libert, dessen Mutter 1913 das letzte im Dorf geborene Kind war. Seit 1925 kommen die Bürgermeister aus dieser Familie. Das Dorf nicht betreten während der Jagdzeiten: 1.11. – 14.12, 1. – 31.1. (je vom 1. – 7. des Monats: Mo – Fr, je vom 8. – 21. des Monats: Mo – Mi) und 1.2. – 13.7., 16.8. – 31.10. (je vom 1. – 15. des Monats: Mo – Fr, je vom 16. – 21. des Monats: Mo - Di).

Von Stenay über die Maaswiesen nach Wiseppe

Stenay – Kolonnaden – Alte Patisserie Vax – Biermuseum – Parc de la Forge – Canal de l'Est – Jachthafen – Wiesen der Maas – Kirche von Wiseppe – Stenay

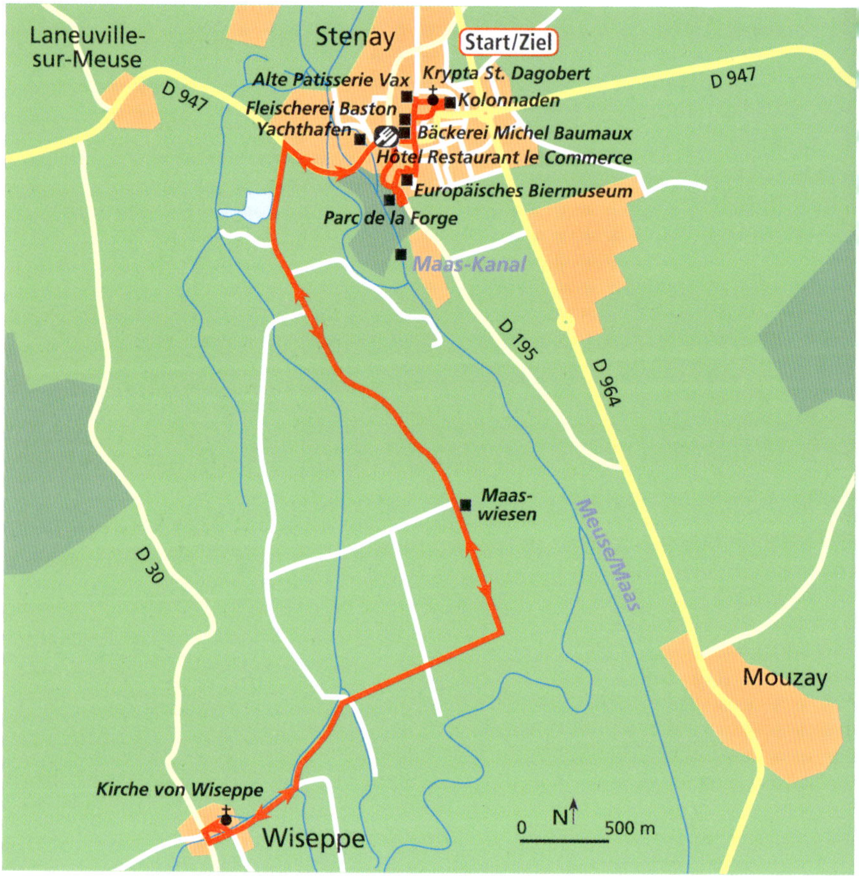

Start:
Stenay,
Place de la République
Länge: 14 km
Dauer: 3,5 Stunden
Parken:
Place de la République
(Gratisparkplatz)
ÖPNV:
RITM-Bus 37 Montmédy/
Verdun (Stenay Centre)

Ganz im Nordwesten von Lothringen, nahe den Ardennen, bietet das Städtchen Stenay im Maasland kleine Kostbarkeiten. Besucher können im Europäischen Biermuseum ihre Gerstensaftkenntnisse erweitern und verschiedene Sorten probieren. Im gemütlichen Dorf Wiseppe mit seinen Bauernhäusern schmiegt sich eine Kirche verträumt an ein Bachufer. Der Weg dorthin führt durch die friedlichen Wiesen der Maas und gibt den Blick auf die Boote am Canal de l'Est frei. Mit der Region sind viele Legenden verbunden, zumal der letzte Merowingerkönig, der Heilige Dagobert II, im Jahr 679 in der Nähe ermordet wurde.

Die Tour beginnt auf der Place de la République in **Stenay**. Hier kann man die **Kolonnaden** aus dem 16. Jahrhundert und das gelb-rot geziegelte Rathaus von 1927 in Augen-

Die Ladenkolonnaden von Stenay gab es schon im 16. Jahrhundert

schein nehmen. Vor dem Rathaus steht ein kleiner, runder, elegant verzierter Pavillon, den die Stadt Ende des 19. Jahrhunderts gebaut hat. Zivil- und Militärkapellen gaben hier Konzerte. Man folgt der Straße über die Querstraßen bis an die der Kirche St. Grégoire an der Place Eugène Martinot. Die heutige Kirche wurde 1833 gebaut, nachdem die ursprüngliche Kathedrale 1829 zerstört worden war.

Im Kircheninneren befinden sich allerdings noch die restaurierte Originalorgel, die Kanzel und der Marmoraltar aus dem 18. Jahrhundert. Im Zentrum von Stenay stehen viele Stadtpaläste aus dem 17. und 18. Jahrhundert. Auch die Hausnummer 9, gegenüber der nördlichen Kirchenseite, gehört zu einem alten Stadtpalast, der vom früheren Reichtum zeugt: Das Gebäude hat drei Kellerebenen. Von der Place Eugène Martinot sollte man einen Blick nach rechts in die Rue Pasteur werfen. Dort steht mit der Nummer 7 neben den zwei Häusern mit den blauen Fensterläden die **alte Patisserie Vax**. Das schmale Gebäude hebt sich vom restlichen Baustil im Zentrum ab, hat es doch die am reichsten verzierte Fassade der kleinen Stadt. Der Name der ehemaligen Besitzer befindet sich über dem Eingangsportal, die Stein-Porträts der Bäcker sind über den Fenstern der ersten Etage zwischen Blumengirlanden eingebracht. Die Balkone sind mit Gittern aus fein gearbeitetem Schmiedeeisen dekoriert, das Dachfenster auf dem Mansardendach hat dieselbe Verzierung wie die Fassade.

Von der ehemaligen Patisserie Vax geht es an der Kirche St. Grégoire vorbei die Rue Chanzy hinab. Schmucke Wohn-

Tipp

Boulangerie/Patisserie Michel Baumaux
Lothringer Spezialitäten wie süße Madeleines, Crottes de Satan, Baisers de Dagobert oder Pavé stenaisien, aber auch herzhafte Quiches lorraines.

4, Rue de l'Hopital
55700 Stenay
Tel. +33 (0)3 29 80 33 34
boulangerie-baumaux.fr
Öffnungszeiten:
6.30 – 12.30 h, 14 – 19 h
So 7 – 12.30 h
Mi geschlossen

Im Hof des Europäischen Biermuseums

Im Garten des Europäischen Biermuseums wächst auch Hopfen

🍴 Tipp

Hôtel Restaurant
Le Commerce
Fisch- und Fleischgerichte
mit Bier zubereitet.

16, Rue Aristide Briand
55700 Stenay
Tel +33 (0) 3 29 80 30 62
www.lecommerce-traiteur.com
Öffnungszeiten:
Täglich 12 – 14 h, 19 – 21 h
Montagmittag geschlossen

häuser mit bunten Fensterläden und gelb und grün gestrichenen Fassaden säumen den Weg. Man kreuzt die Rue
Aristide Briand und geht geradeaus weiter in die Rue de
la Citadelle. Der Eingang zum **Europäischen Biermuseum** (s. S. 164) liegt rechter Hand in einer Seitenstraße. Im
Hof steht ein alter Eisenbahnwaggon mit dem Motiv der
elsässischen Marke Kronenbourg. Läuft man rechts um
das Museum herum, kommt man zum sehr gepflegten
Museumsgarten mit Kräutern und natürlich rankenden
Hopfenpflanzen. Kurz vorm Ausgang auf den Parkplatz
nimmt man links den Pfad zwischen den Mauern entlang.
So geht es direkt zum umzäunten **Parc de la Forge** an der
Rue Moulin. Der öffentliche Stadtpark im englischen Stil
mit Teich, Orangerie und Spielplatz grenzt an einen seich-
ten Seitenarm des **Canal de l'Est**. Der Garten gehörte bis

Durch den Parc de la Forge fließt
ein Seitenarm des Maas-Kanals

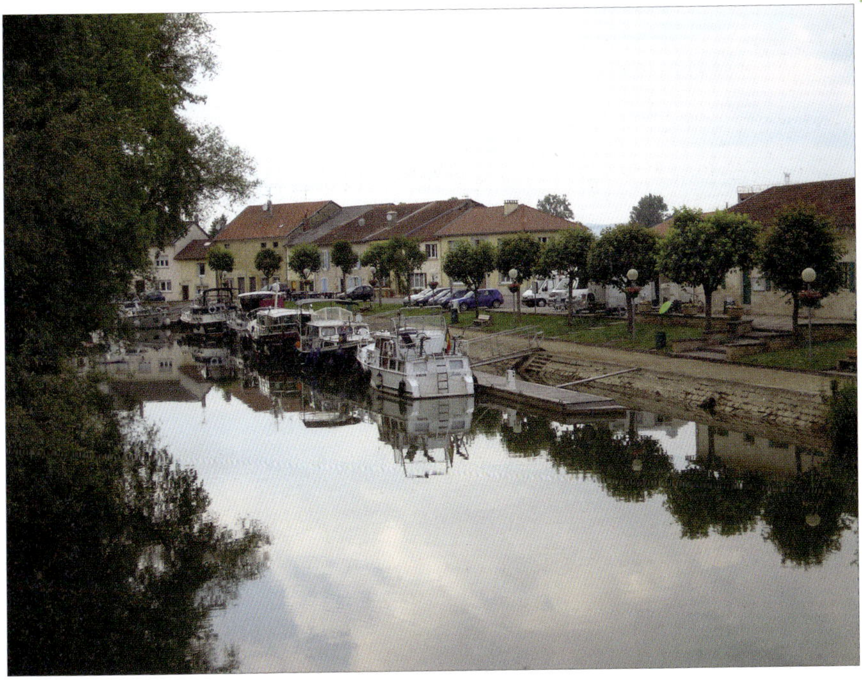

Der Canal de l'Est wird heute im nördlichen Abschnitt auch Maas-Kanal genannt

1830 zum Residenzsitz des Direktors einer Stenayer Gießerei. Die Figur im Teich, ein Kind mit einem Schwan, wurde ebenso in der Gießerei gegossen wie die Metallkonstruktion der Orangerie. Zu den botanischen Besonderheiten des Parks zählen ein Ginkgo Biloba und drei Tulpenbäume. Vom Park aus führt die Strecke die Rue Moulin hinauf, an der Kreuzung geht es nach links auf die Rue Aristide Briand in Richtung Jachthafen. Auf der Brücke über den Canal sieht man rechts den kleinen **Jachthafen** mit Booten, die hier auf ihrer Fahrt zwischen den Regionen Champagne-Ardenne und Franche-Comté auf dem Canal de l`Est Station machen. Links steht eine alte Mühle. Geradeaus passiert man auf Brücken weitere Flussarme der Maas (französisch: la Meuse). Nach rund 200 Metern geht es nach links auf einen Feldweg. Immer geradeaus führt der Weg durch die weiten **Wiesen der Maas**. In den Feuchtwiesen tauchen im hüfthohen Gras die gelben Blüten der Sumpfdotterlilie auf. Vorbei geht es an Feldern, zu denen verwilderte Wege oder frische Traktorspuren führen. Nach etwa vier Kilometern knickt der Feldweg nach rechts ab.
Nach weiteren zwei Kilometern tauchen kurz nach der Bahnüberquerung die Häuser des kleinen Örtchens Wiseppe auf. Hinter den Bäumen auf der rechten Seite fließt die Wiseppe, nach der das Dorf benannt ist. Zu Beginn des 20. Jahrhunderts war Wiseppe in der Region bekannt für seinen Sauermilch-Kochkäse, den concoillotte. Damals witzelte man, dass Reisende das Dorf mit besonders

Tipp

Fleischerei Boucherie et Charcuterie Baston
Fleischpasten mit Charmoy-Bier und Crameillotte, einer Löwenzahn-Konfitüre, sowie Kaninchenpasteten mit Mirabellenschnaps.

Place Jean Ancel
55700 Stenay
Tel. +33 (0) 3 29 80 30 05
Öffnungszeiten:
Mo – Fr 8.30 – 12.15 h,
15 – 19 h, Sa bis 18 h

Idyllische Maaswiesen

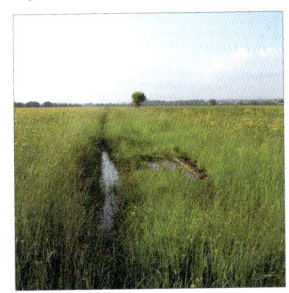

Die Kirche von Wiseppe befindet sich nicht im Ortskern, sondern direkt am Fluss

Das Rathaus von Stenay

schnellem Schritt durchlaufen haben – eben wegen des starken Geruchs nach fermentiertem Käse. Heute allerdings verzeichnet das knapp 120-Seelen-Dorf mit zuziehenden jungen Paaren wieder dauerhaft steigende Einwohnerzahlen. Nach den ersten Häusern biegt man rechts auf die kleine Brücke, die zur Kirche führt. Die **Kirche von Wiseppe** steht etwas abseits vom Zentrum. An dem Gotteshaus baute man über zwei Jahrhunderte. Der Chor war 1634 fertig, das Kirchenschiff von 1729 wurde 1866 verlängert. Die kleine Dorfkirche, direkt an dem ruhigen Fluss und seinen grünen Wiesen, dahinter kleine Bauernhäuser aus Naturstein und mit einigen Bänken davor – das hat etwas Verschlafenheit in sich, aber auch etwas Magisches. Über die Brücke mit dem roten Geländer geht es über die Wiseppe, gleich links kann man bei Bänken und Tischen ein Picknick direkt am Ufer machen. Von dort geht es nach links wieder auf den Weg über die Bahngleise und durch die Wiesen wieder zurück nach **Stenay**.

ABSTECHER:

Europäisches Biermuseum in Stenay, Tipp, s. S. 164
Musée Jules Bastien-Lepage/Musée de la Fortification in Montmédy, 16 km östlich von Stenay, s. S. 164

SCHLECHTWETTER-ALTERNATIVE:

Unterirdische Zitadelle von Verdun, 26 km südlich von Damvillers, s. S. 174

Blumen am Wegesrand

I. Kalender – Feste, Feiertage und besondere Veranstaltungen

Januar

Festival international du film fantastique in Gérardmer (Vosges) – Internationales Festival des Fantastischen Films

Das mehrtägige Festival widmet sich von Ende Januar bis Anfang Februar dem Horrorfilm- und dem Science-Fiction-Genre. Die Filme werden in der Originalversion mit französischen Untertiteln gezeigt. In der Jury saßen schon Filmgrößen wie John Carpenter, Michael York und Dario Argento. www.festival-gerardmer.com

Februar

Foire aux Andouilles in Val d'Ajol (Vosges) – Andouille-Fest

Die Zunft der Andouille-Fleischer feiert die Andouille ab dem dritten Montag im Februar mit einem großen Fest. Die Andouille ist eine lokale Wurstspezialität aus Innereien von Schwein und Kalb. Drei Tage laden Gourmet-Markt, Verkostungen, Flohmarkt, Umzug, Oldtimer-Schau und Musik zur Geselligkeit ein. www.valdajol.fr

Karneval von Sarreguemines (Moselle)

Der größte Karneval Lothringens wird mehrere Wochen von Mitte Februar bis Anfang März gefeiert. Zum Programm gehören Kappensitzung, Sketche, Tänze, Umzüge, Fanfaren und „ballas ballas" – die beliebten Maskenbälle.
www.carnavaldesarreguemines.com

März

Le Vent des Forêts bei Commercy (Meuse) – Kunstfestival

Sechs Dörfer im 5000 Hektar großen Waldgebiet nahe Commercy laden internationale Künstler ein: Sie sollen mit ihren Plastiken und Installationen zu einem anderen Blick auf die Natur anregen. Von März bis September kann man die Kunstwerke auf Wanderwegen entdecken. Im Jahr 2013 wurden auf insgesamt 45 Kilometern Wegstrecke über 90 Werke gezeigt.
http://leventdesforets.org

April

Fête des Jonquilles in Gérardmer (Vosges) – Fest der Narzissen

An einem Tag Mitte April erfüllt ein langer, duftender gelber Blumenkorso die Straßen von Gérardmer. Rund sechs Millionen Narzissen verteilen sich auf 20 bis 30 Wagen. Seit 1931 feiern die Menschen hier alle zwei Jahre die gelbe Frühlingsblume mit Umzügen, Musik und großen Gesteckfiguren. 2013 sahen 40.000 Besucher zu.
www.societe-des-fetes-gerardmer.org

Journées des métiers d'art en France – Tage der Handwerksberufe

An einem verlängerten Wochenende Anfang April stellen französische Handwerker ihren Beruf vor. Ausgewählte Schmuck-, Möbel- und Kleiderdesigner öffnen in ganz Lothringen ihre Ateliers. Auf einer Messe in der Metzer Innenstadt führen Glasmacher, Restaurateure, Mosaikleger und Tischler ihr Handwerk an Ständen vor.
www.journeesdesmetiersdart.com/evenements/region/lorraine

Longovénitien in Longwy (Meurthe-et-Moselle) – Venezianischer Karneval

An einem Wochenende im März oder April feiert Longwy seinen Karneval als wäre es jenes berühmte Maskenfest von Venedig: Es gibt Konzerte mit Barockmusik, Ausstellungen, Straßenkunst, einen italienischen Markt, Umzüge und Feuerwerk. Karnevalsanhänger aus Frankreich, Belgien und Deutschland bereichern das Fest mit 200 außergewöhnlichen Kostümen im Stil des 17. Jahrhunderts. Besucher können Kostüme ausleihen. http://carnaval-venitien-longwy.blogspot.fr

Venezianischer Karneval in Remiremont (Vosges)

An den Kostüm-Umzügen in Remiremont wirken über 350 Teilnehmer mit. Organisiert werden alljährlich ein großes Konzert, ein venezianischer Markt und Tanzveranstaltungen für die Kostümierten. Die Teilnahme an dem mehrtägigen Fest Mitte April ist kostenfrei. www.ot-remiremont.fr/

Mai

8. Mai – Victoire 1945, Feiertag in Frankreich

Journée de la Moselle

An Christi Himmelfahrt bietet das Mosel-Departement freien Eintritt in mindestens sieben Schlössern, Gärten, Museen und Parks an. An der Aktion beteiligen sich unter anderen das Robert-Schuman-Haus in Szy-Chazelles, die Jardins Fruitiers in Laquenexy und das Schloss Malbrouck in Manderen. www.mosellepassion.fr

Dimanches en Meuse in Azannes (Meuse) – Mai-Sonntage

An mehreren Sonntagen im Mai lassen Freiwillige rund 80 traditionelle oder in Vergessenheit geratene Handwerksberufe wieder aufleben. 20 Kilometer nördlich von Verdun zeigen die Kostümierten, wie das Tagewerk von Schmieden, Spitzenklöpplerinnen und Fellverkäufern anno dazumal aussah. Von 10 bis 18 h bietet die Familienveranstaltung durchgehend Programm. Kinder unter 16 Jahren haben freien Eintritt. www.vieuxmetiers.com

Lange Nacht der Museen

Am dritten Samstagabend im Mai öffnen viele Museen kostenlos ihre Türen. Auch in Lothringen beteiligen sich viele Museen und bieten besondere Veranstaltungen an. www.nuitdesmusees.culture.fr

Festival International de Sculpture Camille-Claudel in La Bresse (Vosges) – Festival der Holz- und Steinbildhauerei

Von Anfang bis Mitte Mai schaffen mehrere Bildhauer im Zentrum von La Bresse ein großes gemeinsames Kunstwerk. Die Besucher können den Künstlern bei der Arbeit über die Schulter schauen. Zum Programm des Festivals gehören auch Ateliers, Ausstellungen, Theaterstücke und Kinoaufführungen. www.festival-sculpture-la-bresse.fr

Juni

Festival Arts et Renaissance in Marville (Meuse) – Festival der Straßenkunst und der Renaissance

Am ersten Juniwochenende feiert die kleine Stadt Marville in ihrem gut erhaltenen Renaissance-Zentrum ein Fest im Stil jener Zeit: Es gibt Konzerte, kommentierte Wanderungen, Umzüge, Ausstellungen, Straßenkunst und Feuerwerk. www.festival-marville.fr

Festival Rues et Cies in Épinal (Vosges) – Festival der Straßenkunst

Épinal wird Mitte Juni an vielen Stellen zu einem großen Freiluft-Theater. Zirkusakrobaten, Clowns, Pantomimen, Dompteure, Schauspieler und Jongleure geben während des dreitägigen Festivals allerhand Kostproben ihres Könnens. www.epinal.fr

Mosel-Wanderfestival in Saint-Quirin (Moselle)

Das Mosel-Wanderfest findet immer am Pfingstsonntag statt. In den Wäldern rund um die Stadt Saint-Quirin werden zahlreiche thematische Wanderrouten angeboten. Sei es zu Fuß, auf dem Fahrrad oder auf dem Pferd. www.randomoselle.com

Fête de la Musique

Seit 1982 ist die Sommersonnenwende am 21. Juni der internationale Tag der selbst gemachten Musik. Straßen und Plätze werden auch in Lothringen für einen Tag zum Konzertsaal. http://fetedelamusique.culture.fr

Course de lévriers in Gerbéviller (Meurthe-et-Moselle) – Windhundrennen

Afghanen, Barsois und Whippets lassen sich Mitte Juni im Schlossgarten des Château de Gerbéviller den Wind um die Hundeohren wehen. Bei dem Rennen starten etwa 200 Tiere der verschiedenen Rassen im Lauf um den „falschen Hasen". www.chateau-gerbeviller.com/evenements

Mittelalterfest auf dem Château de Rodemack (Meurthe-et-Moselle)

Mit Ball, Feuershow und Schaustellern feiert man auf der mittelalterlichen Burgruine Rodemack Ende Juni ein großes Fest. Beim Kostümumzug sind 500 historische Roben zu bewundern. Gaukler, Feuerspucker, Stelzenläufer, Bogenschützen, Falkner, Troubadoure und Ménestrel-Spielleute unterhalten das Publikum. Auf dem Mittelaltermarkt mit rund 80 Ausstellern gibt es auch Speis und Trank im Stil jener Zeit zu probieren. www.avp-rodemack.fr

Rendez-vous Place Stanislas in Nancy (Meurthe-et-Moselle) – Klang- und Lichtinstallationen

Von Mitte Juni bis Mitte September werden mit Einbruch der Nacht farbige Lichtprojektion auf die fünf Fassaden der historischen Gebäude an der Place Stanislas geworfen. Die Musik dazu kommt von so unterschiedlichen Künstlern wie Maria Callas, Massive Attack oder Johann Sebastian Bach. www.nancy-tourisme.fr

Mittelalterfest von Briey (Meurthe-et-Moselle)

Am dritten Juniwochenende feiert die Stadt Briey ihr mittelalterliches Erbe. Das Publikum wird mit Schaukämpfen, Marionettenspiel, Theaterstücken und von Feuerschluckern belustigt. Zum Programm gehören auch Kinderschatzsuche, Flohmarkt, Konzerte und Handwerkermarkt. www.brieymedieval.fr

Freilichtaufführung „Des flammes … à la lumière" in Verdun (Meuse) – „Von Flammen zum Licht"

Im Rahmen des jährlichen Gedenkens an den Ersten Weltkrieg findet bei Verdun jährlich an den letzten beiden Wochenenden im Juni und den Juli-Wochenenden freitags und samstags die Freilichtaufführung „Des flammes…à la lumière" statt. Die abendliche Aufführung wird von Spezialeffekten begleitet und lässt den Ersten Weltkrieg Revue passieren. 300 deutsche und französische Schauspieler sind dabei in Aktion. www.spectacle-verdun.com

Juli

Nancyphonies in Nancy (Meurthe-et-Moselle) – Konzertfestival

Von Anfang Juli bis Ende August geben französische, aber auch deutsche Pianisten, Kammerorchester, Musiker und Sänger Konzerte zumeist klassischer Musik. Unter den Veranstaltungen findet sich stets auch eine Reihe von kostenlosen Angeboten. www.nancyphonies.net

Longwy la Nuit (Meurthe-et-Moselle) – Longwy bei Nacht

Anfang bis Mitte Juli gibt es an den Sommerabenden in Longwy kostenlose Konzerte. Ein Großes Feuerwerk schließt die Veranstaltung.
https://fr-fr.facebook.com/longwylanuit

Renaissance-Festival in Bar-le-Duc (Meuse)

Straßenkünstler, Troubadoure und Zirkusartisten bevölkern am ersten Wochenende

im Juli vor allem die Straßen und Plätze in der Oberstadt von Bar-le-Duc. Das Festival ist der Kunst und der Kultur der Renaissance gewidmet. Rund 40 Künstlergruppen machen das Festival mit etwa 200 Vorstellungen zum größten dieser Art in Ostfrankreich. www.festivalrenaissances.com

Festival Poupées d'Or du Folklore in Étain (Meuse) – Folklorefestival

In Étain werden seit 1860 die Petitcolin Puppen hergestellt. Noch heute sind die Puppen zu 100 Prozent „Made in France" und damit in Frankreich einmalig. Um dieses Handwerk aufzuwerten, organisiert der Étainer Verein „Poupées d'Or" am ersten Juli-Wochenende Folkloreveranstaltungen aus aller Welt. Internationale Musikergruppen begleiten das Fest, zu dem Folkloretänze und Lichtshows aufgeführt werden. www.lespoupeesdor.fr

Lorraine Mondial Air Ballons in Chambley (Meurthe-et-Moselle) – Treffen der Ballonfahrer

Alle zwei Jahre findet von Ende Juli bis Anfang August das große internationale Treffen der Ballonfahrer auf dem Flugstützpunkt Chambley Planet Air nahe Metz statt. Rund 1200 Ballonfahrer aus über 40 Ländern nehmen im Durchschnitt an dem beliebten Treffen teil. Im Jahr 2013 schaffte man mit 408 Ballonen in einer Kolonne einen neuen Rekord. Meist fliegen die Ballone zwei Flüge pro Tag: einen am frühen Morgen und einen am Abend. Das Festival erinnert an den Metzer Pionier Pilâtre de Rozier, der 1783 mit dem Marquis d'Arlandes als erster mit einem Heißluftballon der Brüder Montgolfier aufstieg. www.pilatre-de-rozier.com

August

Fête de la Mirabelle in Metz (Moselle) – Mirabellenfest

Am 15. August feiert Lothringen die kleine, gelbe Zwetschgenart mit Umzügen, Konzerten und der Wahl der Mirabellenkönigin. Zwischen 8000 und 14000 Tonnen ernten die lothringischen Bauern im Herbst. Damit sollen bis zu 70 bis 80 Prozent der weltweit angebauten Mirabellen aus Lothringen stammen.

„Gueules Noires – Le Peuple Fier" in Petite-Rosselle (Moselle) – Freilichtaufführung „Bergmänner – die stolzen Leute"

Seit 2005 erzählen die Freilichtaufführungen vom Leben der Bergmänner aus den Kohleminen des Carreau Wendel. Gespielt wird an mehreren Abenden Mitte August. Die Kulisse bildet eine ehemalige Kohlenmine mit ihren erhaltenen Fördertürmen und Verwaltungsgebäuden. Zahlreiche Spezialeffekte begleiten die Vorführung. www.lesenfantsducharbon.com

Opéra en plein air in Haroué (Meurthe-et-Moselle) – Freilichtoper

An zwei Sommerabenden Ende August oder Anfang September wird im Garten des Schlosses von Haroué eine berühmte Oper unter freiem Himmel aufgeführt. Die Veranstaltung, die an sieben Orten in Frankreich stattfindet, macht seit dem Jahr 2000 auch in dem lothringischen Schlossgarten Station. Aida, die Zauberflöte und Madame Butterfly waren die Erfolge der vergangenen Jahre. www.chateaudeharoue.fr

September

Festival International de l'Image in Épinal (Vosges) – Diaporamafestival

Mitte September zeigen Diaporama-Autoren drei Tage lang ihre Tonbildschauen. Vertonte Dias und Fotos fristen sonst neben dem Medium Film ein Schattendasein – in Épinal aber werden sie seit 1960 aufgeführt und von einer Jury bewertet. http://.diapimages.free.fr

Journée du patrimoine – Tag des offenen Denkmals

Am dritten Sonntag im September werden historische Stätten, die sonst nicht zugänglich sind, dem Publikum kostenlos geöffnet. Meistens gibt es eine sachkundige Führung durch die historischen Bauten. Auch Schlösser, Museen, Herrenhäuser oder Kirchen in Lothringen beteiligen sich. www.journeesdupatrimoine.culture.fr

Moselle Open in Metz (Moselle) – ATP World Tour Tennistour

Seit 2003 trägt die Spielervereinigung ATP

in Metz Herrentennis-Turniere aus. Mit Marseille, Montpellier und Nizza ist das Metzer Turnier eines von vier französischen auf der ATP World Tour 250. www.moselle-open.com

Salon des Antiquaires in Bar-le-Duc (Meuse) – Messe der Antiquitätenhändler
Am vierten Septemberwochenende treffen sich in Bar-le-Duc die Antiquitätenhändler. An die 50 Händler zeigen Jugendstilmöbel der École de Nancy, Bücher, Silberschmuck, Fayencen, Gemälde, Uhren und Teppiche. Zu sehen sind auch Objekte zeitgenössischer Künstler. www.salons-antiquaires.com

Oktober
Nuit Blanche in Metz (Moselle) – Lange Nacht der Gegenwartskunst
Anfang Oktober zeigen zeitgenössische Künstler in Metz zwei Tage lang ihre Installationen und Performances. Zu sehen ist die Kunst auf Fassaden öffentlicher Gebäude, in Schulen oder im ehemaligen Busdepot der Stadt. Ehrenamtliche Kunstinteressierte, „ninjas" genannt, informieren die Besucher über die Werke. www.nuit-blanchemetz.com

Nancy Jazz Pulsations in Nancy (Meurthe-et-Moselle) – Jazzfestival
1973 wurde das Jazzfestival von Nancy unter der Schirmherrschaft von Musiklegende Ray Charles ins Leben gerufen. Jährlich treten von Anfang bis Mitte Oktober rund 100 Musikbands nicht nur des Jazz, sondern auch des Soul, Blues oder des Funk auf. Ein besonderes Aushängeschild sind die Auftritte von Künstlern aus New Orleans. www.nancyjazzpulsations.com

Cinémarabe in Fameck (Moselle) – Festival des arabischen Films
Jedes Jahr steht Mitte Oktober ein arabisches Land mit seiner Kinokultur im Mittelpunkt des arabischen Filmfestivals in Fameck. Die Filme werden in Originalversion mit französischen Untertiteln gezeigt. www.cinemarabe.org

Festival de la Rommelbootzen in Saint Sixte (Moselle) – Festival der Rübengesichter
Ende Oktober wird auf dem Schloss Saint Sixte bei Freistroff das Rommelbootzen-Fest gefeiert. Kinder schnitzen Gesichter oder Fratzen in Rüben und stellen eine Kerze hinein. Der auf keltische Zeiten zurückgehende Brauch soll böse Geister vertreiben und wird auch im benachbarten Saarland begangen. Auf dem Schloss bieten die Veranstalter neben dem Laternenschnitzen auch Geschichtenerzählen, Verpflegung und Schatzjagd an. www.chateau-freistroff.com

November
11. November – Waffenstillstand 1918, Feiertag in Frankreich

Festival du film italien in Villerupt (Meurthe-et-Moselle) – Festival des italienischen Films
Ende Oktober bis Mitte November laufen in dem nordlothringischen Ort Villerupt und seinen Nachbarstädten zahlreiche italienische Spiel- und Dokumentarfilme. Eine Hommagereihe erinnert während des beliebten Festivals an bekannte Regisseure des italienischen Kinos. Die Filme werden in italienischer Originalversion mit französischen Untertiteln gezeigt. www.festival-villerupt.com

Dezember
Marché de Noël – Weihnachtsmärkte und Nikolausfest
Vom 23. November bis zum 24. Dezember finden in den lothringischen Städten viele Weihnachtsmärkte statt. Sehenswerte Veranstaltungen sind vor allem die Nikolausfeste in Épinal und in Nancy jeweils am Samstag oder Sonntag nach dem Nikolaustag. Die weihnachtlichen Feste warten auf mit Umzügen, Straßenmusik, Feuerwerk und dem Heiligen Nikolaus, der Süßes an Kinder verteilt. www.tourisme-epinal.com, www.saint-nicolas.nancy.fr

Fête régionale du foie gras in Phalsbourg (Moselle) – Fest der Gänsestopfleber
Im großen Festzelt auf der Place d'Armes in Phalsbourg wird an den letzten beiden Wochenenden vor Weihnachten die foie gras gefeiert. Aber lothringische und el-

sässische Händler haben auch Weihnachtsbraten, Schnecken, Trüffel und Honig im Angebot oder zur Verkostung bereit. Einige lassen sich bei der Zubereitung der regionalen Produkte über die Schulter schauen. www.phalsbourg.fr

II. Museen
Moselle
Kristallmuseum in Meisenthal
Abstecher zur Wanderung 01 um Waldeck, 18 km südöstlich von Waldeck

Das Kristallmuseum zeigt die Entwicklung dieses Kunsthandwerkes in der ehemaligen Glasbläserei, wo einst Jugendstilkünstler Emile Gallé die Glasherstellung lernte. Später förderte Gallé mit der Gründung der École de Nancy den Zusammenschluss der wichtigsten Jugendstilkünstler in Nancy. In der Folge wurde Meisenthal zur Wiege der ostfranzösischen Jugendstilglaskunst. Ein Film und geführte Touren veranschaulichen die Herstellungstechniken. In der Sammlung werden besondere Jugendstil-Stücke gezeigt: Sie stammen von Meistern wie Emile Gallé, Désiré Christian und Eugène Kremer.
La Maison du Verre et du Cristal
Place Robert Schuman
57960 Meisenthal
Tel. +33 (0) 3 87 96 91 51
www.site-verrier-meisenthal.fr
Öffnungszeiten: Ostern – 31. Okt: täglich 14 – 18 h; 12. Nov – 29. Dez: täglich 14 – 17 h, Di geschlossen

Kristallmuseum in Saint-Louis-lès-Bitche
Abstecher zur Wanderung 01 um Waldeck, 21 km westlich von Waldeck

In Saint-Louis befand sich einst die königliche Manufaktur der Kristallherstellung. In der großen Produktionshalle sind die Reste des ehemaligen Ofens und gut 2000 historische Exponate zu sehen. Der Besucher kann den Produktionsbereich von hohen Stegen aus überschauen.
La Grande Place Saint-Louis
Rue Coëtlosquet
57620 Saint-Louis-lès-Bitche
Tel. +33 (0) 3 87 06 40 04
www.saint-louis.com
Öffnungszeiten: täglich 10 – 18 h, Di geschlossen; Werkstatt auf Anmeldung Mo – Fr 9.30 – 11 h geöffnet

Salzmuseum in Marsal
Abstecher zur Wanderung 03 von Dieuze zum Lac de Lindre, 10 km westlich von Dieuze Tipp für Kinder

Das Salzmuseum bei Marsal, untergebracht in einem Festungsportal aus dem 17. Jahrhundert, zeigt die Salzgewinnung in der Region von der Frühgeschichte bis zur Neuzeit. Kunstvoll gestaltete Salzfässer, Werkzeuge der Salzgewinnung und die Salze selbst sind ausgestellt. Das Museum veranschaulicht nicht nur den Prozess der Salzgewinnung, sondern thematisiert auch die Geschichte von Marsal und dem Saulnois-Salzland. Zu sehen sind außerdem eine Sammlung Reliquien aus dem 14. Jahrhundert und archäologische Fundstücke.
Le Musée Départemental du Sel
Porte de France
57630 Marsal
Tel. +33 (0) 3 87 35 01 50
www.cg57.fr oder www.salines.com
Öffnungszeiten: Di – So 9.30 – 12 h, 13.30 – 18 h; Mo und 23.12. – 7.1. geschlossen

Museum Georges de La Tour in Vic-sur-Seille
Abstecher zur Wanderung 03 von Dieuze zum Lac de Lindre, 16 km westlich von Dieuze

Der lothringische Barockmaler Georges de la Tour wurde 1593 in Vic-sur-Seille geboren und war offizieller Maler von Ludwig XIII. De la Tour wird zu den „Caravaggisten" gezählt, da seine Malerei von Hell-Dunkel-Kontrasten geprägt ist. Das Museum zeigt auch sein Gemälde „Johannes der Täufer in der Wüste", welches erst 1993 entdeckt wurde. Darüber hinaus sind zahlreiche Werke französischer Maler vom 17. bis zum 20. Jahrhundert ausgestellt.
Musée départemental Georges de La Tour
Place Jeanne d'Arc
57630 Vic-sur-Seille
Tel. +33 (0) 3 87 78 05 30
www.cg57.fr
Öffnungszeiten: Di – So 9.30   12 h, 13.30 – 18 h; Mo und vom 23. Dezember bis 7. Januar geschlossen

Musée Les Mineurs Wendel in Petite-Rosselle

Abstecher zur Radtour 04 durch den Warndt, Tipp für Kinder

In Erinnerung an die „Gueules noires", die nach ihren schwarzen Gesichtern so benannten Steinkohle-Bergmänner, eröffnete 2006 um die ehemaligen Gruben Wendel und Vuillemin das Minenmuseum „Les Mineurs Wendel". Es soll sich um das größte Schaubergwerk in Frankreich handeln. Das Museum zeigt 160 Objekte: Fotos und Filme skizzieren den Alltag der Bergmänner, die damalige Sozialpolitik und die Kohlegeschichte in Lothringen. In die Förderstollen der ehemaligen Mine kann man mit einem Zug einfahren und sich anhand der Originalmaschinen über verschiedene Fördertechniken informieren. Einige Abbaustellen haben eine Neigung von bis zu 45 Grad. Die Grube Carreau Wendel ist das einzige französische Gelände, auf dem die Techniken der Kohleförderung vorgestellt werden, wie sie noch bis 2004 in der letzten französischen Mine La Houve angewandt wurden.

Musée Les Mineurs Wendel
57540 Petite-Rosselle
Tel. +33 (0) 3 87 87 08 54
www.musee-les-mineurs.fr
Öffnungszeiten: täglich 9 – 18 h, Mo geschlossen; letzter Einlass in die Mine 16 h, letzter Einlass ins Museum 17 h

Museum für Fayence-Technik in Sarreguemines

Abstecher zur Radtour 04 durch den Warndt, 26 km südöstlich von Petite-Rosselle

Das Museum stellt die Fayence-Keramiken aus Sarreguemines vor. Eine Sammlung von Maschinen und Werkzeugen veranschaulicht den gesamten Herstellungsprozess in den Fabrikhallen – sei es Terra cotta, Fayence, Steingut oder Porzellan. Glanzstück des Museums ist ein Wintergarten, der komplett mit Keramik verziert ist. Das Museum wird vom „Garten der Fayencen" des grenzüberschreitenden Projektes „Gärten ohne Grenzen" umgeben.

Musée de la Faïence
15-17, Rue Poincaré
57200 Sarreguemines
Tel. +33 (0) 3 87 98 93 50
www.sarreguemines-museum.com
Öffnungszeiten: täglich, Mo geschlossen;
April – Okt: 10 – 12 h, 14 – 18 h; Nov – März: 10 – 18 h

Centre Pompidou-Metz

Stadtrundgang 06 durch Metz

Im Frühsommer 2010 wurde in Metz die erste Dependance des Pariser Kunstmuseums Centre Pompidou eröffnet. Seitdem ist das Centre Pompidou-Metz jedes Jahr das meistbesuchte Museum außerhalb von Paris, am zweiten Weihnachtsfeiertag 2013 begrüßte man den 2. Millionsten Besucher. Das Museum widmet sich schwerpunktmäßig allen Formen der zeitgenössischen Kunst. Der Bau ist durch seine geschwungene Holzkonstruktion mit dem weißen Dach aus Teflon- und Glasfaser auch eine Sehenswürdigkeit für Liebhaber moderner Architektur.

Centre Pompidou-Metz
1, Parvis des Droits de l'Homme
57020 Metz
Tel. +33 (0) 3 87 15 39 39
www.centrepompidou-metz.fr
Öffnungszeiten: Mo, Mi, Do + Fr 11 – 18 h; Sa 10 – 20 h, So 10 – 18 h; Di geschlossen

Musée de la Cour d'Or in Metz

Stadtrundgang 06 durch Metz, s. S. 38

Robert-Schuman-Haus in Scy-Chazelles

Abstecher zum Stadtrundgang 06 durch Metz, 8 km westlich von Metz

Beim interaktiven Museumsbesuch im Robert-Schuman-Haus wird die Entstehung der EU veranschaulicht. Denn der französische Außenminister gilt gemeinsam mit dem französischen Unternehmer Jean Monnet als Gründervater der EU. Am 9. Mai 1950 veröffentlichte Schumann den nach ihm benannten Plan, auf den die Europäische Gemeinschaft für Kohle und Stahl (EGKS/ Montanunion) zurückgeht. Teil des Anwesens ist der Garten der heimischen Pflanzen, le Jardin des plantes de chez nous, welcher zum Netzwerk Gärten ohne Grenzen gehört. Der Garten beherbergt fast vergessene Pflanzen lothringischer Züchter.

Maison de Robert Schuman
8 – 12, Rue Robert Schuman
57160 Scy-Chazelles
Tel. +33 (0) 3 87 35 01 40
Öffnungszeiten Museum und Garten:
April – Okt: täglich 10 – 18 h, Di geschlossen; Nov – März: täglich 10 – 17 h, Di geschlossen; 15. Dez – 15. Januar geschlossen

Museum des Deutsch-Französischen Krieges und der Annexion in Gravelotte

Abstecher zum Stadtrundgang 06 durch Metz, 17 km westlich von Metz

Das Museum eröffnete im April 2014 und zeigt 6000 Exponate (Uniformen, Fotos, Kunstwerke und Dokumente). Ein Besuch lohnt sich, denn das Museum zeichnet nicht nur chronologisch den Verlauf des Krieges von 1870/71 nach, sondern erklärt auch seine Ursachen im europäischen Kontext des 19. Jahrhunderts. Ein weiterer Schwerpunkt liegt auf der Geschichte von Moselle und Elsass: Sie waren zwischen 1871 und 1918 vom Deutschen Kaiserreich als „Reichsland Elsass-Lothringen" annektiert und sollten „germanisiert" werden.
Musée de la Guerre de 1870 et de l'Annexion
11, Rue de Metz
57130 Gravelotte
Tel. + 33 (0) 3 87 33 69 40
www.cg57.fr/vivrelamoselle/Pages/default.aspx (Tourisme/museesdepartementaux wählen)
Öffnungszeiten: 16. Jan – 31. März, 16. Nov – 14. Dez: Di – So: 14 – 18 h; 1. April – 15. Nov: Di – So 14 – 18 h (10 – 12 h für Gruppen auf Anfrage)

Parc du Haut-Fourneau U4 in Uckange

Abstecher zur Wanderung 08 zum Kalkwiesenplateau in Nilvange, 19 km südöstlich von Nilvange

Der Hochofen U4 ist der letzte erhaltene von ehemals sechs Hochöfen in Uckange. Nach einem Jahrhundert wurde er 1991 stillgelegt. Seit 2007 können sich Besucher im Hochofen und in einer Dauerausstellung über die Gusseisen-Produktion informieren. Zudem werden Werke des zeitgenössischen französischen Plastikers Claude Lévêque ausgestellt. Das Hüttenwerk und sein 82 Meter hoher Schornstein stehen unter Denkmalschutz. Der angrenzende Park Jardin des Traces mit Wasserspielen und zeitgenössischen Skulpturen ist auf einer ehemaligen Industriebrache entstanden und gehört zum grenzübergreifenden Projekt Gärten ohne Grenzen.
Parc du Haut-Fourneau U4
1, Rue du Jardin des Traces
57270 Uckange
Tel. +33 (0) 3 82 57 37 37
www.haut-fourneau-u4.fr
Öffnungszeiten Hüttenwerk: Di bis So 14 – 18.30 h; Fr, Sa auch 20.30 – 24 h; Sa, So und Feiertage geführte Touren um 14.15 und 16.30 h, Mo geschlossen

Musée de Gorze in Gorze

Wanderung 09 rund um Gorze, s. S. 52

Meurthe-et-Moselle

Papierkunst-Museum in Pont-à-Mousson

Abstecher zur Wanderung 09 in Gorze, 22 km südlich von Gorze, Tipp für Kinder

In einem Renaissance-Stadthaus wird eine in Frankreich einzigartige Sammlung gezeigt. Die Gegenstände, aufwendig im chinesischen Stil oder im Stil von Napoléon III dekoriert, sind täuschend echt. Die Puderdose ebenso wie das Dreier-Kanapee. Die Pappmascheeherstellung spielte in Pont-à-Mousson im 19. Jahrhundert eine derart große Rolle, dass die Stadt in Konkurrenz mit der berühmten Imagerie von Épinal stand.
Musée Au fil du Papier
Hôtel de la Monnaie
547000 Pont-à-Mousson
Tel. +33 (0) 3 83 87 80 14
ville-pont-a-mousson.fr
Öffnungszeiten: 2. Mai – 30. Sept: täglich 14 – 18 h, So außerdem 10 – 12 h; 1. Okt – 30. April: täglich 14 – 17 h; Di ganzjährig geschlossen

Emaille- und Fayence-Museum in Longwy

Wanderung 10 in Longwy

Die Emaille-Manufaktur von Longwy wurde 1798 gegründet, zu den ersten Kunden gehörte Kaiser Napoléon. Internationale Künstler haben in der Vergangenheit zahlreiche Motive für das Luxusgut entworfen, das in Longwy bis heute in fünf Manufakturen hergestellt wird. Das Museum lässt 200 Jahre Emaillegeschichte Revue passieren.

Musée Municipal des Emaux et Faïences
Porte de France
Rue de la Manutention
54400 Longwy
Tel. +33 (0) 3 82 23 85 19
museedesemaux.wordpress.com
Öffnungszeiten: Mai – Okt: täglich 10 – 12 h, 14 – 18 h; Nov – April: 14 – 18 h, Sa und So auch 10 – 12 h; Mo geschlossen

Museum der Hüttenindustrie in Longwy
Wanderung 10 in Longwy

Das Museum zeigt in einem alten Bauernhof Utensilien aus der Zeit der Eisen- und Stahlindustrie und zeichnet so die wirtschaftliche und soziale Geschichte von Longwy nach.

Le Musée Sidérurgie, Art, Histoire, Terroir
12, Rue de Tivoli
54400 Longwy
Tel. +33 (0) 3 82 25 51 19
Öffnungszeiten: Juli – Sept: täglich 10 – 12 h, 14 – 19 h; Okt – Nov: Sa, So 10 – 12 h, 14 – 19 h

Jahrmarktsmuseum in Conflans-en-Jarnisy
Abstecher zur Wanderung 11 um Briey, 14 km südwestlich von Briey

Das Museum südöstlich von Briey lässt den Jahrmarkt von Anno dazumal wieder aufleben: Rund 300 Objekte wie Automaten, mechanische Pianos, Drehorgeln, Salonorgeln aus Mirecourt, Phonographen und Puppen erinnern an die Jahrmärkte um 1900.

Musée d'Arts Forains
6, Place Aristide Briand
54800 Conflans-en-Jarnisy
Tel. +33 (0) 3 82 33 06 46
Öffnungszeiten: Mitte Mai – Mitte Okt: So und Feiertage

Puppenfabrik Petitcollin in Étain
Abstecher zur Wanderung 11 um Briey, 27 km westlich von Briey

Die Werkstatt wurde 1860 eröffnet und stellt als letzte ihrer Art in Frankreich noch heute Puppen und Babypuppen her. Beim Besuch sieht man, wie Stoff, Baumwolle, Lack und Farbe Schritt für Schritt die Gestalt unterschiedlicher Spielgefährten für Kinder annehmen. Die Fabrikführungen finden in Deutsch, Französisch oder Englisch statt.

Jouets Petitcolin
Rue des Casernes
55400 Étain
Tel. +33 (0) 3 29 87 20 80
www.petitcollin.com
Öffnungszeiten:
Jan – März: Minimuseum geöffnet Di – Sa 14 – 17 h; Fabrikführung Mi 14.30 h
April, Mai, Sept: Minimuseum geöffnet Di – Fr 14 – 17.30 h, Sa bis 17 h; Fr 10 – 12 h, 14 – 17.30 h; Fabrikführung Di, Mi, Fr 14.30 h
Juni – Aug: Minimuseum geöffnet Mi – Sa 10 – 12 h, 14 – 18 h, Di bis 17.30 h; So 14 – 17 h; Fabrikführung Di, Mi, Do 14.30 h, Fr 10.30 h, 14.30 h
Okt – Dez: Minimuseum geöffnet Di – Do 14 – 17 h; Fr 10 – 12 h, 14 – 17 h; Sa 14 – 17 h; Fabrikführung Mi, Fr 14.30 h

Museum-Aquarium in Nancy
Stadtrundgang 12 in Nancy, Tipp für Kinder

Im Erdgeschoss sind einheimische und exotische Unterwasserbewohner zu bewundern. Im Obergeschoß werden die Sammlungen des Naturkundebereichs ausgestellt. Wechselausstellungen werden ebenfalls gezeigt.

Muséum-Aquarium
34, Rue Sainte-Catherine
54000 Nancy
Tel. +33 (0) 3 83 32 99 97
www.museumaquariumdenancy.eu
Öffnungszeiten: täglich 10 – 12 h, 14 – 18 h

Musée des Beaux Arts in Nancy
Stadtrundgang 12 in Nancy

Das Kunstmuseum liegt genau an der Place Stanislas. Die Sammlungen enthalten einige Meisterwerke wie Gemälde von Picasso, Skulpturen von Rodin und Lipchitz sowie Grafiken von Callot und Grandville. Auch einige Jugendstil-Glasobjekte der Gebrüder Daum aus Nancy werden gezeigt.

Musée des Beaux Arts
3, Place Stanislas
54000 Nancy
Tel. +33 (0) 3 83 85 30 72

www.mban.nancy.fr
Öffnungszeiten: täglich 10 – 18 h; Di geschlossen

Museum der Eisengeschichte in Jarville-la-Malgrange

Abstecher zu den Stadtrundgängen 12 und 13 in Nancy, 3 km südlich von Nancy

Das Museum lässt Nutzung und Verarbeitung von Stahl und Eisen in der Region vom 14. bis zum 20. Jahrhundert Revue passieren. Ausgestellt sind neben Modellen und Schriftstücken auch Schwerter der Merowingerkönige, ein Metallgewand eines zeitgenössischen Künstlers und ein Stück der Originaltreppe des Eiffelturmes.
Musée de l'Histoire du fer
Avenue du Général de Gaulle
54140 Jarville-la-Malgrange
Tel. +33 (0) 3 83 15 27 70
www.nancy-tourisme.fr/decouvrir/musees/musee-de-l-histoire-du-fer/
Öffnungszeiten: Mo – Fr 14 – 18 h; Wochenende und Feiertage 10 – 12 h, 14 – 18 h; Di geschlossen

Musée Lorrain in Nancy

Stadtrundgang 12 in Nancy

Das Museum stellt die Geschichte Lothringens vor. Es zeigt Alltagsdinge, Schmuck und Waffen der Vorgeschichte, der gallo-römischen und merowingischen Zeit sowie aus dem Mittelalter. Ausgestellt sind zudem regionale Fayencen aus dem 18. und 19. Jahrhundert sowie jüdische Kultgegenstände.
Musée Lorrain
64, Grande Rue
54000 Nancy
Tel. +33 (0) 3 83 32 18 74
Öffnungszeiten: täglich 10 – 12.30 h, 14 – 18 h; Mo geschlossen

Musée d'Art et d'Histoire in Toul

Abstecher zu den Stadtrundgängen 12 und 13 in Nancy, 24 km westlich von Nancy

Das Kunst- und Geschichtsmuseum der Stadt Toul stellt die Stadtgeschichte von der Vorgeschichte bis heute vor. Zu sehen sind in 28 Sälen Bronzefiguren, Fayencen, Wandteppiche und Gemälde – darunter ein Werk von François Boucher. Eintritt frei, außer während Sonderausstellungen.

Musée d'Art et d'Histoire
25, Rue Gouvion Saint-Cyr
54200 Toul
Tel. +33 (0) 3 83 64 13 38, www.toul.fr
Öffnungszeiten: tägl. außer Mo 10 – 18 h

Jugendstilmuseum Musée de l'École de Nancy in Nancy

Teil des Stadtrundganges 13 in Nancy

Das Museum ist reich bestückt mit Arbeiten der renommiertesten Nancyer Jugend-

stil-Künstler. Zu sehen sind nicht nur Möbel aus der Tischlerei von Majorelle, sondern auch Gemälde des Malers Victor Prouvé oder Glas- und Keramikgegenstände des Glasmeisters Emile Gallé. Besonders sehenswert sind das Bett der Morgen- und der Abenddämmerung mit entsprechend gestaltetem Kopf- und Fußteil, die Schlafzimmereinrichtung aus der Villa Majorelle und das Tauben- und Pfauenfenster des Glasmalers Jacques Gruber. Im Garten kann man das Aquarium von Lucien Weissenburger und eine kleine Grabstätte besichtigen.
Musée de l'École de Nancy
36 – 38, Rue Sergent Blandan
54000 Nancy
Tel. +33 (0) 3 83 40 14 86
www.ecole-de-nancy.com
Öffnungszeiten: Mi – So 10 – 18 h

Stickereikonservatorium François-Rémy in Lunéville

Radtour 15 um Lunéville

Das Stickereikonservatorium ist im Schloss von Lunéville untergebracht. Dauer- und Sonderausstellungen zeigen nicht nur Zirkus- oder Theaterkostüme, sondern auch Stücke von bekannten französischen Designern oder Kreationen der Konservatoriumsschüler. Die Perlen- und Paillettenstickerei hat seit dem 19. Jahrhundert viel zur Bekanntheit der Stadt beigetragen. Der Eintritt ins Museum ist frei. Das Konservatorium bietet Workshops zum Erlernen der verschiedenen Techniken an.
Conservatoire des broderies François-Rémy
Château de Lunéville
54304 Lunéville
Tel. +33 (0) 3 83 74 48 13
www.broderie-luneville.com/index2.html
Öffnungszeiten: täglich 14 – 18 h, im Winter bis 17 h; Di geschlossen

Maison de la Mirabelle in Rozelieures

Abstecher zur Radtour 15 um Lunéville, 23 km südlich von Lunéville, s. S. 85

Kristallmuseum in Baccarat

Abstecher zur Wanderung 16 um den Lac de Pierre-Percée, 22 km westlich von Pierre-Percée

Das Museum in der ehemaligen Direktorenvilla des renommierten französischen Kristallunternehmens Baccarat gibt Einblick in die Kristall- und Glasbläserkunst. Zu den Glanzstücken der Sammlung mit rund 500 Exponaten gehört das königliche Tafelkristall.
Musée du Cristal
20, Rue des Cristalleries
54120 Baccarat
Tel. +33 (0) 3 83 76 61 37
Öffnungszeiten: Museum wird nach Renovierung voraussichtlich im Mai 2015 wiedereröffnet, Kontakt über Tourismusbüro Baccarat, Tel. +33 (0) 3 83 75 13 37

Pôle Bijou in Baccarat,

Abstecher zur Wanderung 16 um den Lac de Pierre-Percée, 22 km westlich von Pierre-Percée, s. S. 89

Vosges

Musée Pierre-Noël in Saint-Dié-des-Vosges

Abstecher zur Wanderung 17 in Bruyères, 25 km nordöstlich von Bruyères

Das Museum widmet sich in neun Dauerausstellungen der römisch-keltischen Zeit, dem Art déco und der Bildenden Kunst (Werke von Marc Chagall, Henry Moore, Le Corbusier oder Joan Miró). Auch gezeigt werden Sammlungen der Ornithologie, der regionalen Militärgeschichte und zum Leben in den Vogesen vor 1945.
Musée Pierre-Noël
11, Rue Saint-Charles
88100 Saint-Dié-des-Vosges
Tel. +33 (0) 3 29 51 60 35
www.saint-die.eu/culture/musee-pierre-noel
Öffnungszeiten: Winter: Di – So 14 – 18 h, Mi zusätzlich 10 – 12 h; Sommer: Di – Sa 10 – 12 h, 14 – 18 h, So 14 – 18 h, Mo immer geschlossen

Musée Henri Mathieu

Wanderung 17 in Bruyères, s. S. 91

Gesteinsmuseum in Xonrupt-Longémer

Abstecher zur Wanderung 18 in Gérardmer, 4 km nordöstlich von Gérardmer

Das Museum zeigt Gesteine, Edelsteine und Mineralien aus der ganzen Welt.
Pierres du Monde
316, Route de Colmar
88400 Xonrupt-Longémer
Tel. +33 (0) 3 29 60 01 27
www.pierres-du-monde.fr
Öffnungszeiten: Mo – Sa 9.30 – 12 h, 14 – 18.30 h; So ab 10 h; Mi geschlossen

Musée Charles Friry in Remiremont

Abstecher zur Wanderung 19 um Girmont Val d'Ajol, 13 km nördlich von Girmont Val d'Ajol

Der Magistrat Charles Friry sammelte als passionierter Kunstliebhaber Werke vom Mittelalter bis ins 18. Jahrhundert. Das nach ihm benannte Museum zeigt Gemälde des lothringischen Malers Georges de la Tour, aber auch Werke der flämischen Malerei. Ebenso ausgestellt sind Skulpturen, Gravuren, Möbel, Fayencen aus Straßburg,

Lille und Lunévillle sowie Wandteppiche aus dem 16. Jahrhundert. Zur Sammlung gehören auch Werke moderner Kunst.

Musée Charles Friry
12, Rue du Général Humbert
88200 Remiremont
Tel. + 33 (0) 3 29 62 59 14
www.remiremont.fr/culture/musees.php
Öffnungszeiten: Jan – März: 14 – 18 h, So geschlossen; April: 14 – 18 h; Mai – Sept: 10 – 12 h, 14 – 18 h; Nov – Dez: 14 – 18 h; Okt geschlossen

Imagerie von Épinal
Abstecher zur Tour 20 um Nomexy, 21 km südlich von Nomexy, Tipp für Kinder, s. S. 103

Ruinen der Burg Forteresse de Châtel-sur-Moselle
Abstecher zur Tour 20 um Nomexy, 21 km südlich von Nomexy, s. S. 104

Geburtshaus von Claude Gellée in Chamagne
Abstecher zur Wanderung 20 um Nomexy, 15 km nördlich von Nomexy, s. S. 104

Musée Départemental d'Art ancien et contemporain in Épinal
Abstecher zur Tour 20 um Nomexy, 21 km südlich von Nomexy
Das Museum alter und zeitgenössischer Kunst wartet mit Meisterwerken der internationalen modernen Kunst und der europäischen Malerei auf. Werke von Mario Merz und Andy Warhol sind genauso vertreten wie Gemälde von Rembrandt, Claude Gellée und Georges de la Tour. Auch Künstler der Pop Art, minimalistischen Kunst, Arte Povera und des Neuen Realismus sind vertreten. Die archäologische Sammlung dokumentiert die Anwesenheit des Menschen seit mehreren tausend Jahren in dieser Region.
Musée Départemental d'Art ancien et contemporain
1, Place Lagarde
88000 Épinal
Tel. +33 (0) 3 29 82 20 33
www.vosges.fr/La-vie-en-Vosges/Musée-départemental.htm
Öffnungszeiten: Täglich 9 – 12.30 h, 13.30 – 18.30 h; So-Morgen und Di geschlossen

Glasmuseum in Hennezel-Clairey
Abstecher zur Tour 21 rund um Attigny, 10 km südwestlich von Attigny, s. S. 107

Geigenbaumuseum in Mirecourt
Wanderung 22 um Mirecourt, s. S. 110

Freilichtmuseum in Xaronval
Abstecher zur Wanderung 22 um Mirecourt, 12 km nordöstlich von Mirecourt Tipp für Kinder, s. S. 111

Geburtshaus von Jeanne d'Arc in Domrémy-la-Pucelle
Radtour 23 ab Grand, s. S. 114

Amphitheater von Grand
Radtour 23 ab Grand, s. S. 117

Archäologisches Museum in Liffol-le-Grand
Abstecher zur Radtour 23 ab Grand, 13 km südöstlich von Grand
Das Museum widmet sich dem keltischen Stamm der Leuken, der in einigen Teilen Lothringens siedelte. Auf zwei Etagen zeigt die Sammlung Mosaike, Keramiken, Gebrauchsgegenstände, chirurgische Instrumente, Werkzeuge und einen Räucherofen.
Musée Archéologique
3, Route de Joinville
88350 Liffol-le-Grand
Tel. +33 (0) 3 29 06 72 90
http://musee.liffollegrand.pagesperso-orange.fr
Öffnungszeiten: Mai – Ende Okt: Mi – So 14 – 18 h; ganzjährig auf Anfrage

Meuse
Keramik- und Elfenbeinmuseum in Commercy

Abstecher zur Wanderung 24 um Naix-aux-Forges, 25 km nordöstlich von Naix-aux-Forges

Das Museum befindet sich in einem Jugendstilgebäude und zeigt eine in Frankreich bedeutende öffentliche Sammlung. Ausgestellt werden europäische und asiatische Elfenbeinschnitzereien vom 17. bis zum 20. Jahrhundert. Aus diesem Zeitraum sind auch Fayencen und Porzellan zu sehen.

Überdies werden Geschichte und Verarbeitung der beiden Luxusgüter thematisiert.
Musée de la céramique et de l'ivoire
7, Avenue Carcano
55200 Commercy
Tel. +33 (0) 3 29 91 33 16
www.commercy.org
Öffnungszeiten: Mai, Juni, Sept: Wochenende und Feiertage 14 – 18 h; Juli, Aug: täglich 14 – 18 h, Mo geschlossen

Jehanne d'Arc Museum in Vaucouleurs

Abstecher zur Wanderung 24 um Naix-aux-Forges, 28 km östlich von Naix-aux-Forges

Das Museum widmet sich ganz der französischen Nationalheldin und lothringischen Heiligen Johanna von Orléans. Ausgestellt sind Lithographien, Gemälde, Skulpturen sowie Kino- und Theaterplakate, die Leben und spätere Legendenbildung nachzeichnen. Das Museum geht auch der Vereinnahmung und symbolischen Funktion von Jeanne d'Arc in verschiedenen geschichtlichen Epochen nach.
Musée Jehanne d'Arc
Place de l'Hôtel de Ville
55140 Vaucouleurs
Tel. +33 (0) 3 29 89 51 82
www.tourisme-vaucouleurs.com
Öffnungszeiten: Mai – Sept: Wochentags 10 – 12 h, 14 – 18 h; Juli, Aug: Wochenende zusätzlich 14 – 18 h

Musée barrois in Bar-le-Duc

Wanderung 25 durch Bar-le-Duc

Das Museum stellt die regionale Geschichte anhand verschiedener Sammlungen (Gemälde, Waffen, Skulpturen) vor. Ausgestellt sind zudem Funde aus dem antiken Nasium (siehe Tour 24 um Naix-aux-Forges), ein Kuriositätenkabinett und eine ethnologische Sammlung.
Herzogsschloss von Bar
Esplanade du Château
Rue François de Guise
Tel. +33 (0) 3 29 76 14 67
www.barleduc.fr
Öffnungszeiten: Sept – Juni: Mi – So 14 – 18 h; Juli, Aug: täglich 14 – 18 h

Museum sakraler Kunst und Benediktiner-Bibliothek in Saint-Mihiel

Wanderung 26 um Saint-Mihiel, s. S. 136

Musée Raymond Poincaré in Sampigny

Abstecher zur Wanderung 26 um Saint-Mihiel, 9 km südlich von Saint-Mihiel

Das Museum ist dem französischen Staatspräsidenten Raymond Poincaré gewidmet. Er wurde 1860 in Bar-le-Duc geboren und regierte Frankreich zwischen 1913 und 1920. Das Museum befindet sich im Erdgeschoß der ehemaligen Sommerresidenz von Poincaré. Das Gebäude wurde kurz vor dem Ersten Weltkrieg im Stil Neo-Louis-XIII erbaut.
Musée Raymond Poincaré
Clos Raymond Poincaré
55300 Sampigny
Tel. +33 (0) 3 29 90 70 50
www.meuse.fr
Öffnungszeiten: 5. April – 1. Nov: täglich 14 – 17 h, Sa, So bis 18 h und So 10 – 12 h; Di geschlossen

Haus der Trüffel in Boncourt-sur-Meuse

Abstecher zur Wanderung 26 um Saint-Mihiel, 16 km südlich von Saint-Mihiel

Das Museum liegt auf einem Gehöft in der Nähe einer Trüffelfarm. Eine Sammlung und ein Film geben einen Einblick in den Trüffelanbau, das Aufspüren der wertvollen Pilze und ihre Zubereitung. Es gibt auch einen kleinen Laden.
Maison des truffes
Rue du 1er Septembre 1944

55200 Boncourt-sur-Meuse
Tel. +33 (0) 3 29 91 33 16
www.truffesenlorraine.com
Öffnungszeiten: April – Juni, Sept – Dez:
Wochenende 14 – 18 h; Juli, Aug: täglich 14
– 18 h; Mo geschlossen

Weihnachtskrippen-Museum in Muzeray

Abstecher zur Wanderung 29 in Damvillers, 23 km östlich von Damvillers

Das Krippenmuseum zeigt rund 250 Weihnachtskrippen aus aller Welt. Ob aus Pappmaschee, Holz, Papier, Keramik, oder in der Tradition des Marionettenbaus – die Heilige Familie steht hier das ganze Jahr über im Mittelpunkt.
Musée de la crèche
6A, Rue de Forbeuvillers
55230 Muzeray
Tel. +33 (0) 3 29 85 93 75
www.museedelacreche.com
Öffnungszeiten: Mai – Nov: Wochenende
14 – 18 h, Dez: Wochenende 14 – 19 h; in der Woche auf Anfrage

Musée de la Princerie in Verdun

Abstecher zur Wanderung 29 um Damvillers, 26 km südlich von Damvillers

Das Kunst- und Geschichtsmuseum der Stadt Verdun ist in einem eleganten Renaissance-Bau untergebracht. Ausgestellt sind archäologische Funde aus der Ur- und Frühgeschichte sowie der gallo-römischen und merowingischen Zeit. Außerdem zu sehen sind Skulpturen vom 12. bis zum 19. Jahrhundert sowie Fayencen, Möbel und Waffen. Auch Gemälde von Jules Bastien-Lepage und Hector Leroux werden ausgestellt.
Musée de la Princerie
16, Rue de la Belle Vierge
55100 Verdun
Tel. +33 (0) 3 29 86 10 62
www.musee-princerie-verdun.fr
Öffnungszeiten: 1. April – 31. Okt: täglich
9.30 – 12 h, 14 – 18 h; Di geschlossen

Village des vieux métiers

Abstecher zur Wanderung 29 in Damvillers, 23 km östlich von Damvillers, s. S. 144

Europäisches Biermuseum in Stenay

Wanderung 30 um Stenay

Das Museum stellt verschiedene Brauverfahren und Herstellungstechniken vor. Rund 50.000 Exponate sind ausgestellt, in der angegliederten Schenke können 50 Biersorten, hausgemacht oder industriell, probiert werden. Im Garten des Museums wachsen Gewürze und Kräuter.

Musée Européen de la Bière
10, Rue de la Citadelle
55700 Stenay
Tel. +33 (0) 3 29 80 68 78
www.musee-de-la-biere.com
Öffnungszeiten: 1. März – 1. Dez: 10 – 12.30 h, 13.30 – 18 h

Musée Jules Bastien-Lepage/ Musée de la Fortification in Montmédy

Abstecher zu den Wanderungen 29 und 30 um Damvillers bzw. Stenay, 16 km östlich von Stenay

Das Musée Jules Bastien-Lepage zeigt nicht nur Gemälde, Aquarelle und Zeichnungen von Jules Bastien-Lepage, sondern stellt auch Fotos, Briefe und persönliche Gegenstände des Künstlers aus. Das Museum der Festungsanlagen zeigt alte Waffen, Festungsmodelle und Luftaufnahmen von Festungen in der Maas-Region.
Musée Jules Bastien-Lepage/ Musée de la

Fortification
Citadelle – Ville Haute
2, Rue de l'Hotel de Ville
55600 Montmédy
Tel. +33 (0) 3 29 80 15 90
www.tourisme-montmedy.fr
Öffnungszeiten: Feb – Nov: 10.30 – 13 h,
13.30 – 17 h; April – Sept: bis 18 h

III. GÄRTEN UND PARKS
Moselle
Garten der Fayencen in Sarreguemines – Garten ohne Grenzen

Abstecher zur Radtour 04 durch den Warndt, 26 km südöstlich von Petite-Rosselle

Der Garten befindet sich auf dem Gelände einer ehemaligen Steingutfabrik. Zu sehen gibt es die Ruinen der Fabrik sowie kleinere Gärten, die sich dem Thema Feuer widmen oder großblättrige Pflanzen beherbergen.
Jardin des Faïenciers
Site du Moulin de la Blies
125, Avenue de la Blies
57200 Sarreguemines
Tel. + 33 (0) 3 87 98 28 87
www.sarreguemines-museum.com
Öffnungszeiten: 1. April – 31. Okt: täglich 10 – 18 h, Mo geschlossen

Schlossgarten von Pange – Garten ohne Grenzen

Radtour 05 um Courcelles-Chaussy

Der Garten des Château de Pange gehört zum Schloss aus dem 18. Jahrhundert. Der romantische Park vereint moderne Einflüsse und ty-

pische Elemente des Landschaftsgartens.
Château de Pange
57530 Pange
Tel. +33 (0) 3 87 64 04 41

www.chateaudepange.fr
Öffnungszeiten Garten:
Mai: Sa, So und Feiertage; Juni – August: täglich, Mo geschlossen; Sept, Okt: Sa, So; jeweils 10 – 12 und 14 – 18 h
Öffnungszeiten Schloss: Geführte Besichtigungen um 14.45, 15.45 und 16.45 h

Garten der Aromen in Laquenexy – Garten ohne Grenzen

Radtour 05 um Courcelles-Chaussy

Der Garten erstreckt sich über vier Hektar und stellt in 14 Themengärten verschiedene Aromen von Kräutern, essbaren Blumen oder Gemüsesorten vor.
Les Jardins Fruitiers
4, Rue Bourger-et-Perrin
57530 Laquenexy
Tel. +33 (0) 3 87 35 01 00
www.jardinsfruitiersdelaquenexy.com
Öffnungszeiten: 1. April – 31. Okt: täglich 10 – 19 h, Di geschlossen

Botanischer Garten in Metz – Garten ohne Grenzen

Stadtrundgang 06 in Metz

In dem botanischen Garten finden sich auf 4,4 Hektar seltene Bäume, ein Rosengarten, Teiche, ein Kräuter- und Gräsergarten, Gewächshäuser und eine Kleinbahn für Kinder.
Jardin botanique
27 ter, Rue de Pont-à-Mousson
57950 Montigny-lès-Metz
Tel. +33 (0) 3 87 55 83 30
www.mairie-metz.fr
Öffnungszeiten Garten: täglich 8 h bis Sonnenuntergang; Öffnungszeiten Gewächshaus: Okt, März: 9 – 16.45 h; April – Sept: 9 – 18.45 h, Eintritt frei.

Garten der heimischen Pflanzen in Scy-Chazelles – Garten ohne Grenzen

Abstecher zum Stadtrundgang 06 in Metz, 7 km westlich von Metz

Der Garten gehört zum Robert-Schuman-Haus und beherbergt Pflanzen, die besonders gut an die Region angepasst sind.
Maison de Robert Schuman
8 – 12, Rue Robert Schuman
57160 Scy-Chazelles
Tel. +33 (0) 3 87 35 01 40
www.maison-robert-schuman.eu

Öffnungszeiten: 1. April – 31. Okt: täglich
10 – 18 h, Di geschlossen

Garten der Spuren in Uckange – Garten ohne Grenzen

Abstecher zur Wanderung 08 zum Kalkwie-senplateau Nilvange, 14 km südöstlich von Nilvange, Tipp für Kinder, s. S. 47

Wiesengarten am Schloss in Manom – Garten ohne Grenzen

Abstecher zur Wanderung 08 zum Kalkwie-senplateau Nilvange, 14 km nordöstlich von Nilvange

In dem Garten gedeihen auf drei Hektar Buchsbäume, Wiesenblumen und Lilien. Einige Alleen werden von Fayencen ge-säumt. Im Schloss La Grange von 1731 sind Möbel, Keramiken, Gemälde usw. aus dem 18. Jahrhundert zu entdecken.
Jardin des Prairiales Château de La Grange
57100 Manom
Tel. +33 (0) 3 82 53 85 03
www.chateaudelagrange.com
Öffnungszeiten Garten: Anfang April – Ende Okt: Wochenende, Feiertage 14 – 18 h; 1. Juni – 31. Aug: täglich 14 – 18 h
Öffnungszeiten Schloss: 1. Juli – 31. Aug: geführte Besichtigungen um 14.30, 15.30, 16.30 und 17.30 h

Meurthe-et-Moselle

Botanischer Garten in Villers-lès-Nancy

Abstecher zum Stadtrundgang 12 in Nan-cy, 5 km südwestlich von Nancy
Der botanische Garten zeigt auf 27 Hektar über 12.000 Gewächse. In den Gewächs-häusern gedeihen Riesenseerosen, Orchi-deen, Bananen und Kaffeesträucher.
Jardin Botanique du Montet
100, Rue du Jardin Botanique
54600 Villers-lès-Nancy
Tel. +33 (0) 3 83 41 47 47
www.jardinbotaniquedenancy.eu
Öffnungszeiten Park: Mo – Fr 10 – 12 h, 14 – 17 h; Sa, So 14 – 17 h (1. April – 30. Sept bis 18 h); Eintritt frei
Öffnungszeiten Gewächshäuser: täglich 14 – 17 h; 1. April – 30. Sept So bis 18 h

Park des Schlosses in Gerbéviller

Radtour 15 um Lunéville s. S. 83

Vosges

Abtei Notre Dame d'Autrey

Abstecher zur Wandertour 17 um Bruyères, 11 km südlich von Bruyères, s. S. 93

Botanischer Gebirgspark in Xonrupt-Longémer

Abstecher zur Tour 18 bei Gérardmer, 16 km östlich von Gérardmer, s. S. 97

Meuse

Parc de la Varenne

Abstecher zur Wandertour 25 um Bar-le-Duc, 16 km südwestlich von Behonne
Dominiert von dem Schloss im Renais-sance-Stil schenkt der Parc de la Varenne eine himmlische Ruhe und wunderschöne Sichtachsen. Der Park ist von Wald umge-ben, sodass im Sommer allerhand Vogel-gezwitscher zu hören ist. Seltene Bäume können bestaunt oder man lauscht dem Plätschern des Flusses Saulx. Das Schloss stammt aus dem 16. bis 18. Jahrhundert und ist heute in Privatbesitz.
Park de la Varenne
9, Rue Victor Pétin
55000 Haironville
Tel. +33 (0) 3 29 70 21 45
Öffnungszeiten: Verschiedene Wochen von Juni – Aug, Information über Touris-musbüro von Bar-le-Duc: www.tourisme-barleduc.fr

Park des Château de Thillombois

Abstecher zur Wanderung 27 um Deux-nouds-aux-Bois, 18 km westlich von Deux-nouds-aux-Bois
Das Schloss mit seinen kleinen Türmen und der 43 Hektar große Park sind durch ihren englischen Stil sehr eindrucksvoll. Die wei-

te Wiese des Parks wird von einem Bach durchzogen, es eröffnen sich Blicke auf den Wald und auf das Tal. Im Park wird eine Her-

de Damwild gehalten.
Château de Thillombois
1, Rue du Château
55260 Thillombois
Tel. +33 (0) 3 29 75 07 07
http://chateau-thillombois.com
Öffnungszeiten: 1. April – 31. Okt, freier Eintritt in den Park

IV. BADEN, FREIZEITPARKS UND ABENTEUER IN DER NATUR

Michel Mussot Sport Challenge (ganz Lothringen)

Joggend das kulturelle Erbe von Metz oder Nancy entdecken, auf dem Rad durch Nancy, Pont-à-Mousson oder Toul fahren – die touristisch-sportlichen Angebote von Radsportler Michel Mussot sind vielfältig. Neben Wanderungen und Nordic Walking-Ausflügen bietet er auch Touren mit dem Mountainbike an.
Michel Mussot Sport Challenge
5/84, Rue Clermont-Ferrand
57070 Metz
Tel. +33 (0) 6 49 45 27 62
www.michelmussot.eu
Öffnungszeiten: Verschiedene feste Termine von Frühjahr bis Herbst sowie nach Anmeldung

Moselle

Kletterpark Tépacap in Bitche

Abstecher zur Wanderung 01 um Waldeck, 12 km nordwestlich von Waldeck

Der Kletterpark bietet zehn Parcours, zu denen Tunnel, Rutschen, Kletternetze und Hängebrücken gehören. Auf der Anlage gibt es auch Kinderparcours, Trampoline, Geschicklichkeitsparcours, Lasergame und Stationen für Gleichgewichtsübungen. Der Park befindet sich in der Nähe des Hasselfurther Weihers und eines Gesundheitsparcours. Fahrradverleih.
Tépacap
Alleé Jean Gros
57230 Bitche
Tel. +33 (0) 3 87 06 40 00
www.tepacap-bitche.fr
Öffnungszeiten: Frühling, Herbst: Mi, Wochenende, Schulferien und Feiertage 10 – 18 h; Anfang Juli – Ende Aug: täglich 9.30 – 19 h

Tierpark Sainte-Croix in Rhodes

Abstecher zur Wanderung 02 um Sarrebourg), 18 km nordwestlich von Imling

Zoo und Reservat: In dem 120 Hektar großen Tierpark leben einheimische Tiere wie Wölfe, Bären, Hirsche, Füchse, Damwild, Ziegen, Eulen, Wasservögel und Luchse. Zu sehen gibt es unter den rund 100 verschiedenen Arten auch Exoten wie Lemuren, Sumpfschildkröten oder Bisons. Zum Park gehören Baumhäuser und Trapperhütten, in denen übernachtet werden kann. So können Wölfe und Hirsche aus nächster Nähe erlebt werden. Tierbeobachtungen, Führungen, Theaterstücke und Puppentheater gehören zum Programm.
Parc animalier de Sainte-Croix
Domaine de Sainte-Croix
57810 Rhodes
Tel. +33 (0) 3 87 03 92 05
www.parcsaintecroix.com
Öffnungszeiten: Anfang April – Ende Juni, Anfang Sept – Mitte Nov: Mo – So 10 – 18 h; 1. Juli – 1. Sept: bis 19 h

Schiffshebewerk in Saint-Louis-Arzviller

Abstecher zur Wanderung 02 um Sarrebourg, 22 km östlich von Imling

Fast 45 Meter Höhendifferenz überwindet das Schiffshebewerk auf einer Gesamtstrecke von 108 Metern. In einem Besucherboot kann man sich durch den Schrägaufzug befördern lassen. Auf Deutsch kommentierte Führungen führen im Boot oder im Besucherzug auch entlang des Rhein-Marne-Kanals und zum Tunnel von Arzviller.

Plan Incliné
Route du Plan Incliné
57820 Saint-Louis
Tel. +33 (0) 3 87 25 30 69
www.plan-incline.com
Regelmäßige Bootsfahrten während der Öffnungszeiten: April: täglich 10 – 11.45 h, 13.30 – 16.45 h, Mo geschlossen; Mai, Juni, Sept: täglich 9.45 – 11.45 h, 14 – 17.30 h, Mo geschlossen; Juli, Aug: täglich 10 – 11.45 h, 13.30 – 17.30 h

Wanderung mit Eseln in Les Étangs

Abstecher zur Radtour 05 um Courcelles-Chaussy, 5 km nördlich von Courcelles-Chaussy, Tipp für Kinder

Für Spaziergänge und Wanderungen können in Les Étangs Packesel ausgeliehen werden. Man kann Wanderwege nehmen, welche die Organisatoren anbieten oder auch eigene Strecken gehen.

La Pierre aux Ânes
25, Alleé des Platanes
57530 Les Étangs
Tel. +33 (0) 3 87 64 06 60
www.la-pierre-aux-anes.fr
Öffnungszeiten:
Ganzjährig nach Anmeldung

Walygator-Freizeitpark in Maizières-lès-Metz

Abstecher zum Stadtrundgang 06 in Metz, 12 km nördlich von Metz

Der Freizeitpark bietet 39 Attraktionen, darunter zahlreiche verschiedene Achterbahnen. Zum Park gehören auch Kettenkarussell, Kleinbahn, Mini-Golf und Rafting.

Parc Walygator
Voie Romaine
57280 Maizières-lès-Metz
Tel. +33 (0) 3 87 30 70 07
http://walygatorparc.com
Öffnungszeiten: April – Sept: wechselnde Wochen- und Sonntage

Meurthe-et-Moselle
Kletterpark France Aventures in Pompey

Abstecher zu den Stadtrundgängen 12 und 13 in Nancy, 12 km nördlich von Nancy

Der Kletterpark bietet sechs verschiedene Parcours, Golf und Bogenschießen sowie interaktive Schatzrallye mit Smartphone. Auch Tennis, Tischtennis und Boule können gespielt werden. Barfußwege gibt es für verschiedene Altersstufen.

France Aventures Nancy
Bois des Roches
54340 Pompey
Tel. +33 (0) 3 83 24 18 06
www.france-aventures.com
Öffnungszeiten: 20. April – Mai: Wochenende 13 – 19 h; Juli – Aug: 13 – 19 h; Sept: Wochenende 13 – 19 h

Vosges
See Lac de la Plaine bei Celles sur Plaine

Abstecher zur Wanderung 16 um Pierre-Percée, 4 km südlich vom Lac de Pierre-Percée

Der See Lac de la Plaine wird als Badesee genutzt. Zudem bietet hier die Freizeitanlage Pôle Sports Nature Aktivitäten wie Kanu, Kajak, Paintball, Mini Golf und Stand up Paddle an.

Pôle Sports Nature
La grande haie
88110 Celles sur Plaine
Tel. +33 (0) 3 29 41 13 04
www.psnparc.com
Öffnungszeiten: April, Sept: Sa, So 13 – 18.30 h, Mai: zusätzlich Mi; Juli, Aug: täglich 10 – 19 h; Juni: Mi, Sa, So 10 – 19 h

Wild-West-Park Fraispertuis City in Jeanménil

Abstecher zur Wanderung 17 um Bruyères, 17 km nördlich von Bruyères

Der Freizeitpark, zwischen Baccarat und Bruyères bietet über 25 Attraktionen – ganz im Stil des Wilden Westens. Hier kann man sich mit Achterbahn, Piratenschiff, 3-D-Kino, Minizug, Planwagen-Riesenrad und Kinder-Karussell die Zeit vertreiben.

Fraispertuis City
D 32 Saint-Dié
88700 Jeanménil
Tel. +33 (0) 3 29 65 27 06
www.fraispertuis-city.fr
Öffnungszeiten: Juli, Aug: täglich 10 – 17 oder länger in Abhängigkeit von Besucherzahl; Sept: Wochenende 10 – 17 h;

Öffnungszeiten der Nebensaison können beim Park erfragt werden

Fahrradverleih in Gérardmer
Tour 18 um Gérardmer
Tandem, Mountainbike und Elektroräder können beim Fahrradverleih Planet'Evasion ausgeliehen werden. Das Unternehmen bietet auch Paintball und Lasergame an.
Planet'Evasion
73, Boulevard de Colmar
88400 Gérardmer
Tel. +33 (0) 3 29 63 03 62
www.planet-evasion.fr
Öffnungszeiten: Mo – Sa 10 – 12 h, 14 – 18.30 h

Miniaturpark in Plombières-les-Bains
Abstecher zur Wanderung 19 um Girmont Val d'Ajol, 16 km südwestlich von Girmont Val d'Ajol, Tipp für Kinder, s. S. 100

Meuse
Kanuverleih in Ancerville
Abstecher zur Wanderung 25 um Bar-le-Duc, 22 km südwestlich von Bar-le-Duc
Im Juli und August organisiert das Tourismusbüro von Bar-le-Duc Kanu-Fahrten auf dem Saulx-Fluss. Der Kanu- und Kajak-Club bietet auf Anfrage aber auch Fahrten außerhalb dieser Aktion an.
Club Canoë-Kayak
55710 Ancerville
Tel. +33 (0) 3 29 75 38 09
http://kayak.abck.free.fr

Forellen-Angeln in Cousances-aux-Bois
Abstecher zur Wanderung 26 um Saint-Mihiel, 19 km südwestlich von Saint-Mihiel
Im Weiher Nummer 1 der Fischzuchtanlage werden Regenbogenforellen geangelt: Am Ende bestimmt das Gewicht der Fische den Preis. Angeln, Eimer und Köder stehen zur Ausleihe bereit. Verkauf auch ohne Angelei.
Pisciculture de Cousances-aux-Bois
55500 Cousances-aux-Bois
Tel. +33 (0) 3 29 78 35 95
www.cousancespeche.com
Öffnungszeiten: 1. März – 30. Juni, 1. Sept – 31. Okt: Wochenende 14 – 18 h; 1. Juli – 31. Aug: täglich 14 – 18 h

Lac de Madine
Abstecher zur Wanderung 27 um Deux-nouds-aux-Bois, 18 km östlich von Deux-nouds-aux-Bois, s. S. 169

V. WOHIN BEI SCHLECHTEM WETTER – WHIRLPOOL, SCHLOSS ODER THEATER?

Moselle
Europäischer Kulturpark Bliesbrück-Reinheim/Parc archéologique européen de Bliesbruck-Reinheim Moselle/Saarland)
Alternative zur Wanderung 01 um Waldeck, 39 km nordwestlich von Waldeck
Bei dem Kulturpark handelt es sich um einen grenzüberschreitenden Archäologiepark. Auf der französischen Seite wird seit 1974 eine gallo-römische Siedlung freigelegt, auf der deutschen Seite seit 1987 die Reste einer römischen Villa. Das Museum in Reinheim zeigt die rekonstruierte Villa, ein ebenfalls rekonstruiertes Grab einer keltischen Fürstin und Funde der Umgebung. In Bliesbruck stellt die französische Anlage rekonstruierte Thermen aus römischer Zeit aus.
Parc Archéologique Européen de Bliesbruck-Reinheim
1, Rue Robert Schuman 57200 Bliesbruck
Tel. +33 (0) 3 87 35 02 20
www.archeo57.com
Öffnungszeiten:
15. März – 31. Okt: täglich 10 – 18 h
Europäischer Kulturpark Bliesbrück-Reinheim
Robert-Schuman-Straße 2
66453 Gersheim – Reinheim

Tel. + 49 (0) 68 43 90 02 11
www.kulturpark-online.de
Öffnungszeiten: 15. März – 15. Nov: täglich
10 – 18 h

Waldeisenbahn in Abreschviller

Alternative zur Wanderung 02 um Sarre-
bourg, 14 km südöstlich von Imling
Die Waldbahnstrecke durch die Wälder der
Roten Saar wurde um 1885 eingeweiht und
diente dem Holztransport. Heute fährt die
Dampfeisenbahn Touristen für eineinhalb
Stunden durch die Natur. Ziel ist das er-
halten gebliebene Hochgangsägewerk im
Dörfchen Grand-Soldat.
Train touristique Abreschviller
2, Place Prévot
57560 Abreschviller
Tel. +33 (0) 3 87 03 71 45
http://train-abreschviller.fr
Fahrten:
April, Okt: Mi, Sonn- und Feiertage 15 h
Mai, Juni: Mi, Sa 15 h; Sonn- und Feiertage
14 h, 15 h und 16 h
Juli, Aug: Mo – Sa 14.30 h, 16.15 h; Mi zu-
sätzlich 10.30 h; Sonn- und Feiertage
10.30h, 14h, 15h, 16h und 17h
Sept: Mi, Sa 15 h; Sonn- und Feiertage
14.30, 16.15 h

Center Parcs Trois Forêts in Hattigny

Alternative zur Wanderung 02 um Sarrebourg, 12 km südlich von Imling
Die Center Parcs Anlage verfügt über ein
435 Hektar weites Waldgebiet mit Holzcot-
tages, direkt im Grünen. Zur Anlage gehören das Erlebnisbad Aqua Mundo, verschiedene Sport- und Wellnessangebote und
ein pädagogischer Bauernhof.
Center Parcs Trois Forêts
1, Rue de Bertrambois
57790 Hattigny
Tel. +33 (0) 8 91 70 00 57
www.centerparcs.fr

Spa in Langatte

Alternative zur Wanderung 03 um Lac de
Lindre, 25 km südöstlich von Dieuze
Das Spa Langatte am Stockweiher bietet
Sauna, Sprudelbad, Hammam, Massagen
und Fitness.
Centre de Bien-être de Langatte

57400 Langatte
Tel. +33 (0) 3 87 03 69 90
www.langatte.com

Theater Le Carreau in Forbach

Alternative zur Radtour 04 durch den
Warndt, 5 km südöstlich von Petite-Rosselle
Nicht nur französisch-, sondern auch
deutschsprachige Theaterensembles machen im Forbacher Theater Le Carreau Station. Damit jeder etwas versteht, werden
die Stücke jeweils in der Landessprache
des Anderen übertitelt. Zum Programm
gehören nicht nur internationale Bühnen-
klassiker und altbekannte Publikumslieb-
linge, sondern auch moderne Stücke für
alle Altersklassen. Auch Puppentheater
und Konzerte stehen regelmäßig auf dem
Spielplan.
Le Carreau
Avenue Saint-Rémy
57603 Forbach
Tel. +33 (0) 3 87 84 64 34
www.carreau-forbach.com

Historische Zugfahrten von Vigy

Alternative zum Stadtrundgang 06 in Metz,
15 km nordöstlich von Metz
Mit der Dampflokomotive, der Rangierlo-
komotive oder dem Verbrennungstrieb-
wagen aus den 1930er oder den 1950er
Jahren geht es von Vigy nach Hombourg-
Budange. Die Strecke führt über 12 Kilome-
ter durch das liebliche Canner-Tal.
Association Lorraine d'Exploitation et de
Modélisme Ferroviaire
1, Rue de la Gare
57640 Vigy
Tel. +33 (0) 3 87 77 97 50
www.alemftrain.fr
Fahrten: 1. Mai – erstes Okt-Wochenende:
Sonn- und Feiertage täglich zwei Fahrten

Schloss Malbrouck in Manderen

Alternative zur Wanderung 07 um das Fort
Hackenberg, 25 km nördlich von Veckring
Das Schloss wurde 1419 von den lothringischen Herzögen erbaut. Im Lauf der
Geschichte wechselte der wuchtige Bau
mehrfach den Besitzer. In den 90er Jahren
vollständig restauriert, bietet das Schloss

Ausstellungen, Führungen, Workshops und Themenabende an.
Château de Malbrouck
57480 Manderen
Tel. +33 (0) 3 87 35 03 87
www.chateau-malbrouck.com
Öffnungszeiten: 24.3. – Dez: Mo 14 – 17 h, Di – Fr 10 – 17 h; Wochenende, Feiertage 10 – 18 h;
Juni – Aug: Mo 14 – 18 h, Di – Freitag 10 – 18 h; Wochenende, Feiertage 10 – 19 h

Freizeit- und Wellnesskomplex in Amnéville-les-Thermes

Alternative zur Wanderung 08 zum Kalkwiesenplateau Nilvange, 19 km südlich von Nilvange

Hier kommt bestimmt keine Langeweile auf: Buntes Unterhaltungsprogramm bieten ein Zoo, ein Schwimmbad, eine Indoor-Skipiste, eine Schlittschuhlaufhalle, ein Aquarium, drei Thermalbäder, ein Kinokomplex, eine Konzerthalle und ein Kasino. Zum Park gehören Hotels und Restaurants.
Centre thermal et touristique
57360 Amnéville-les-Thermes
www.tourisme-amneville.com
www.aquarium-amneville.com
www.polethermal.com
www.snowhall-amneville.fr
www.zoo-amneville.com

Meurthe-et-Moselle
Schloss von Cons-la-Grandville

Alternative zur Wanderung 10 um Longwy, 7 km südwestlich von Longwy

Im Inneren des Renaissanceschlosses gibt es Möbel vom 13. bis zum 19. Jahrhundert zu sehen. Die Kapelle, ein imposantes Esszimmer mit französischer Deckengestaltung und Stuckdekor sowie prächtig verzierte Kamine aus der Renaissancezeit geben einen Eindruck vom Reichtum des ehemaligen Schlossherren. Ursprünglich stammt die Anlage aus dem 11. Jahrhundert.
Château de Cons-la-Grandville
Rue du Château
54870 Cons-la-Grandville
Tel. +33 (0) 3 82 44 98 00
www.conslagrandville.com
Öffnungszeiten: Mitte Juli – Ende Aug: Sonn- und Feiertage

Schloss von Fléville

Alternative zu den Stadtrundgängen 12/13 in Nancy, 9 km südlich von Nancy

Das Schloss wird durch seine frühe Renaissance-Fassade mit durchgehendem Balkon dominiert, an der Seite hat es einen 30 Meter hohen Bergfried behalten. Das Schlossinnere ist vollständig möbliert, besichtigt werden können die Zimmer von Herzog Stanislas, die Kapelle und die Holztäfelungen im Renaissance-Stil. Der Park im romantischen Stil umfasst Gemüse-, Rosen- und Obstgarten. An der Orangerie befindet sich eine restaurierte tromp-l'oeil-Fassade aus den Jahren um 1680.
Château de Fléville
54710 Fléville-devant-Nancy
Tel. +33 (0) 3 83 25 64 71
Öffnungszeiten: Anfang April – Mitte Nov

Lothringisches Automobil-Museum in Velaine-en-Haye

Alternative zu den Stadtrundgängen 12/13 in Nancy, 14 km westlich von Nancy

Rund 100 Wagen spiegeln die Geschichte des Automobils der vergangenen 200 Jahre wieder. Darunter finden sich in Europa einmalige Ausstellungsstücke. Auch Busse und Zweiräder werden gezeigt.
Musée Auto Lorraine
54840 Velaine-en-Haye
Tel. +33 (0) 3 83 23 28 38
www.musee-auto-lorraine.com
Öffnungszeiten:Anfang Feb – Ende Nov: Mi, Wochenende 14 – 18 h; Anfang Juni – Ende Aug: täglich 14 – 18 h

Schloss des Marschall Lyautey

Alternative zur Wanderung 14 um Haroué, 15 km südwestlich von Haroué

In dem Schloss in der Umgebung von Toul verbrachte der Marschall Hubert Lyautey seine letzten Jahre. Zuvor hatte er in Indochina, Madagaskar und Algerien gedient und war Militärgouverneur von Marokko gewesen. Im Schloss gibt es viele Objekte aus diesen Ländern zu sehen. Besondere Höhepunkte sind die Bibliothek mit 16.000 Bänden sowie der Indochina- und der Madagaskar-Salon. In einem Seitenflügel des Schlosses befindet sich das Pfadfinder-Museum. Schließlich war der Marschall auch Ehrenpräsident der fran-

zösischen Pfadfinder.
Château du Maréchal Lyautey
12, Rue du Maréchal Lyautey
54115 Thorey Lyautey
Tel. +33 (0) 3 83 25 12 12
Öffnungszeiten: Mitte Mai – Mitte Sept

Schloss von Lunéville

Radtour 15 um Lunéville

Das Schloss trägt wegen seiner schmucken Eleganz und seiner Geschichte als Herzogssitz den Beinamen „Versailles von Lothringen". Seit dem Mittelalter stand an dem Platz des heutigen Schlosses eine Festung. In Anlehnung an das Königsschloss von Versailles umgebaut, erlebte das Schloss seine Glanzzeit ab 1737 unter Stanislas. Im Jahr 1921 wurde es zum Museum. Zu besichtigen sind heute die Kapelle, die Ehrentreppe, der Gardisten- und der Lakaiensaal. Der 21 Hektar große Schlossgarten ist im französischen Stil angelegt. Die Wasserbecken und Sichtachsen können bei freiem Eintritt bewundert werden.
Château de Lunéville
Place de la 2ème Divison de la Cavalerie
54300 Lunéville
Tel. +33 (0) 3 83 76 04 75
www.chateauluneville.cg54.fr
Öffnungszeiten Schloss: täglich 10 – 12 h, 14 – 18 h; Di geschlossen
Öffnungszeiten Park: Mai – 30. Sept: 6 – 22 h; Okt – 30. April: 6 – 20 h

Basilika von Saint-Nicolas-de-Port

Alternative zur Radtour 15 um Lunéville, 23 km nordwestlich von Lunéville

Die Basilika von Saint-Nicolas-de-Port nahe Nancy wurde zwischen 1481 und 1544 erbaut. Das Gotteshaus beeindruckt durch seine über 80 Meter hohen Türme und sein 32 Meter hohes Kirchenschiff. In der Basilika wird seit dem 11. Jahrhundert eine Reliquie des Heiligen Nikolaus aufbewahrt, weshalb der Ort im Mittelalter zu einem bedeutenden Wallfahrtsziel wurde. sehenswert sind neben dem spätgotischen Flamboyant-Stil auch die Kirchenfenster, die mehrheitlich aus dem 16. Jahrhundert stammen.
Basilique Saint-Nicolas-de-Port
1, Rue des trois Pucelles

54210 Saint-Nicolas de Port
Tel. +33 (0) 3 83 46 81 50
www.saintnicolaslorraine.eu

Vosges

Mühle von Xamontarupt

Alternative zur Wandertour 17 um Bruyères, 14 km südlich von Bruyères, s. S. 92

Thermalbadezentrum Balnéo Romain in Plombières-les-Bains

Alternative zur Wanderung 19 um Girmont-Val-d'Ajol, 13 km nordwestlich von Girmont-Val-d'Ajol

Im Spa- und Wellnesszentrum kann man unter Wasserfällen oder im Whirlpool entspannen, Aquagymnastik betreiben oder einfach das Wasser der heißen Thermalquellen genießen. Angeboten werden auch Kosmetikbehandlungen.
Centre Balnéo Romain
Avenue des Etats-Unis
88370 Plombières-les-Bains
Tel. +33 (0) 3 29 30 07 14
www.plombieres-les-bains.com
Öffnungszeiten: Mo – Do 14 – 19 h, Fr bis 21 h, Wochenende 10 – 19 h

Herberge und Kunstatelier in Claudon

Wandertour 21 um Attigny, s. S. 106

Thermalzentrum in Vittel

Alternative zur Wanderung 22 um Mirecourt, 25 km südwestlich von Mirecourt

Sauna, Hammam, Thermalduschen oder Whirlpool im Freien – in den Thermen von Vittel werden entspannungssuchende Wasserliebhaber bestimmt fündig. Wer will, kann seine Haut auch mit Ölen aus den Vogesenwäldern oder warmen Algen verwöhnen lassen. Badekappe ist im Schwimmbecken Pflicht.
Les Thermes de Vittel
Avenue Bouloumie
88804 Vittel
Tel. +33 (0) 3 29 05 20 84
www.thermes-vittel.com
Öffnungszeiten Spa-Bereich: Mo – Fr 14.30 – 19 h, während der Schulferien 10 – 13 h, 14.30 – 19 h; Wochenende 9 – 13 h, 14.30 – 19 h

Festung der Rätsel in Mont-lès-Neufchâteau

Alternative zur Radtour 23 um Grand, 18 km südöstlich von Grand, Tipp für Kinder

In der Festung nahe Neufchâteau können Besucher 20 Rätsel lösen und dabei logisches Denken sowie ihre Kenntnisse von Flora und Fauna beweisen. Zu entdecken gibt es verschiedene Gesteinsarten, aber auch Geschicklichkeits- und Denkspiele aus vergangenen Jahrhunderten.

Fort aux Enigmes
Tour Hertzienne
88300 Mont-lès-Neufchâteau
Tel. +33 (0) 3 29 94 35 69
www.fortauxenigmes.com
Öffnungszeiten: 1. Mai – 30. Sept: täglich 10 – 18 h

Meuse

Schloss des Stanislas in Commercy

Alternative zur Wanderung 26 um Saint-Mihiel, 19 km südlich von Saint-Mihiel

Das barocke Schloss wurde Anfang des 18. Jahrhunderts von den lothringischen Herzögen auf mittelalterlichen Schlossruinen erbaut. Das Gebäude war eine der liebsten Residenzen des polnischen Königs Stanislas und erinnert an das Château von Lunéville.

Château de Stanislas
55200 Commercy
Tel. +33 (0) 3 29 91 75 57
www.commercy.org
Öffnungszeiten: Okt – April: Mo – Fr 9 – 12 h, 14 – 18 h; Mai – Sept: zusätzlich Sa; Juli, Aug: Sonn- und Feiertage 14 – 18 h

Observatorium in Vigneulles-lès-Hattonchatel

Alternative zur Tour 27 um Deuxnouds-aux-Bois, 13 km nordöstlich von Deux-nouds-aux-Bois

Das Observatorium verfügt über eines der größten öffentlich zugänglichen Teleskope in Europa. Es werden Beobachtungsabende angeboten, aber auch unabhängig davon können ganzjährig Termine für Beobachtungen angefragt werden.

Observatoire Des Côtes de Meuse
8, Place de Verdun Viéville-sous-les-Côtes
55210 Vigneulles-lès-Hattonchatel
Tel. +33 (0) 3 29 89 58 64
http://observatoire.t83.free.fr

Drageefabrik Braquier in Verdun

Alternative zur Wanderung 28 um Beaulieu-en-Argonne, 38 km nordöstlich von Beaulieu-en-Argonne

Im Jahr 1220 umhüllte ein Verduner Drogist Mandeln mit Honig und Zucker. Eine große Drageefabrik leiteten Edouard Boivin und Léon Braquier dann ab 1871. Heute gibt es die Süßigkeiten in den unterschiedlichsten Geschmacksrichtungen. Wie sie entstehen, können Besucher in der Fabrik erfahren.

Dragées Braquier
50, Rue du Fort de Vaux
55100 Verdun
Tel. +33 (0) 3 29 84 30 00
www.dragees-braquier.fr
Führungen:
In Französisch oder Englisch: Mo – Do 9.30 h, 10.30 h, 14.30 h; Fr 9.30 h, 10.30 h; virtueller Besuch am Wochenende 10 h, 15 h

Beinhaus von Douaumont

Alternative zur Wanderung 29 um Damvillers, 26 km südlich von Damvillers

In dem Beinhaus nahe Verdun ruhen die Gebeine von 130.000 deutschen und französischen Soldaten. Die Männer, die 1916 in der Schlacht von Verdun gefallen sind, konnten mehrheitlich nicht identifiziert werden. Vor

dem Beinhaus reichten sich François Mitterrand und Helmut Kohl 1984 zur Versöhnungsfeier die Hände. Das 137 Meter lange Bauwerk stellt ein Schwert dar, das soweit in den Boden gerammt ist, dass nur noch der Griff sichtbar ist. Den 46 Meter hohen Glockenturm kann man hinaufsteigen.

Ossuaire de Douaumont
55100 Douaumont

Tel. +33 (0) 3 29 84 54 81
www.verdun-douaumont.com
Öffnungszeiten: Feb: Wochentage 9 – 12 h, 14 – 17 h, Wochenende ab 10 h; März: täglich 9 – 12 h, 14 – 17.30 h; April – Juni, Sept: Mo – Fr 9 – 18 h, Wochenende ab 10 h; Juli, Aug: 9 – 18.30 h; Okt: 9 – 17.30 h, Wochenende ab 10 h; Nov: 9 – 17 h, Wochenende ab 10 h; Dez: 14 – 17 h

Unterirdische Zitadelle von Verdun

Alternative zur Wanderung 29 um Damvillers, 26 km südlich von Damvillers

Die Anlage wurde 1624 von Festungsbaumeister Vauban angelegt. Während der Schlacht um Verdun im Jahre 1916 diente sie als wichtige Kommandobasis. Heute gibt ein Rundgang Einblick in das Leben der Frontsoldaten während des Ersten Weltkrieges. Für 10.000 Mann wurden hier Nahrungs- und Munitionslager, Krankenstation, Küchen, eine Bäckerei und ein Theater unterhalten. Die Führungen finden in regelmäßigen Abständen in Deutsch, Französisch oder Englisch statt und dauern etwa 1.30 h. Die Temperatur beträgt 10 °C.
Citadelle Souterraine
Avenue du 5ème R.A.P.
55100 Verdun
Tel. +33 (0) 3 29 84 84 42
www.citadelle-souterraine-verdun.fr
Öffnungszeiten: Feb, Dez: 10 – 12 h, 14 – 17 h; März, Okt, Nov: 9.30 –17.30 h; April – Juni, Sept: 9 – 18 h; Juli, Aug: 9 – 19 h

VI. BESONDERE ÜBERNACHTUNGS-TIPPS

Eine Nacht mit Wölfen in Moselle

Im Tierpark Sainte-Croix in Rhodes (18 km nordwestlich von Imling) gibt es tagsüber nicht nur Wölfe, Bären, Lemuren, Sumpfschildkröten oder Bisons zu beobachten. Von März bis November können Gäste in Baumhäusern und Trapperhütten übernachten und Wölfe und Hirsche auch nachts hören.
Parc animalier de Sainte-Croix
Domaine de Sainte-Croix
57810 Rhodes
Tel. +33 (0) 3 87 03 92 05
www.parcsaintecroix.com

Zeitreise im Schlaf

Im Museumotel von Raon l'Étape (12 km südöstlich von Pierre-Percée, Vogesen) schlummert der Gast in eiförmig-futuristischen Bungalows im Design der 60er Jahre. Die Bungalows entwarf der visionäre Schweizer Architekt Pascal Haüsermann. 1967 wurde die kleine Hotelanlage eröffnet.
Museumotel Raon l'Étape
Rue Jean-Baptiste Demenge
88110 Raon l'Étape
Tel. +33 (0) 3 29 50 48 81
www.museumotel.com

Übernachten in der Natur der Vogesen

Der Park La Ferme Aventure (23 km südlich von Épinal) bietet neben Barfußwegen auch einige ungewöhnliche Schlafgelegenheiten. Hier schlafen die Gäste von April bis Oktober im Tipi, in der Jurte, im Baumhaus oder einer Glaspyramide mit Blick auf den Nachthimmel.
La Ferme Aventure
Parc de loisirs pieds nus 15 Côte de hardémont
88240 La Chapelle-aux-Bois
Tel. +33 (0) 3 29 30 11 79
www.la-ferme-aventure.fr

Schlummern wie die Nomaden

Die Association Transhumances bietet in Gérardmer (Vogesen) ganzjährig die Möglichkeit, in Jurten, Planwagen und Tipis zu übernachten. Auf 900 Metern Höhe können die Gäste ihr Essen über dem Lagerfeuer zubereiten. Schlafsäcke und Campinggeschirr sind mitzubringen.
Association Transhumances de Géradmer
420, Route de la bresse
88400 Gérardmer
Tel. + 33 50) 3 29 25 56 60
http://transhumances.monsite-orange.fr

VII. Nützliche Adressen

Fahrpläne und Informationen des öffentlichen Bustransports für Lothringen

Moselle (Transports Interurbains de la Moselle, TIM): www.tim57.com
Meurthe-et-Moselle (Transport en Departement, TED): www.ted.cg54.fr
Vosges (Lignes Interurbaines des Vosges, LIVO): www.livo-vosges.fr
Meuse (Réseau Intermodal des Transports de la Meuse, RITM): www.rapidesdelameuse.fr
Meuse-Rufbus TAD (transport à la demande) im Netz von RITM: www.rapidesdelameuse.fr; TAD-Bus 12 Stunden vorher reservieren unter +33 (0) 8 25 80 01 61; Mo – Fr 6.30 h – 18 h, Sa 8 h – 18 h
Meuse-Partnerbetriebe (wie Keolis Sud Lorraine): www.meuse.fr (cadre-de-vie/transport wählen)

Pass Lorraine

Vorzugspreise oder ein kleines Begrüßungsgeschenk in über 160 kulturellen Einrichtungen, Sehenswürdigkeiten und Restaurants gibt es mit dem Pass Lorraine. Der Pass ist gültig für zwei Erwachsene in Begleitung ihrer Kinder. Kostenlos erhältlich bei den meisten Touristinformationen oder bestellbar unter www.passlorraine.com.

Touristinformationen in Lothringen

Comité Régional du Tourisme de Lorraine
Abbaye des Prémontrés BP 97
54704 Pont-à-Mousson Cedex
Tel +33 (0) 3 83 80 01 80
www.tourisme-lorraine.fr (auch in Deutsch)

Fremdenverkehrsamt des Departements Moselle

Moselle Tourisme
2 - 4, Rue du Pont-Moreau
BP 80002 57003 Metz Cedex 1
www.moselle-tourisme.com (auch in Deutsch)

Tourismusbüro in Metz

Office de Tourisme de Metz
2, Place d'Armes
CS 80367 57007 Metz Cedex 1
Tel +33 (0) 3 87 55 53 76
http://tourisme.metz.fr (auch in Deutsch)
Öffnungszeiten:
Mo – Sa: 9 – 19 h; So und Feiertage: 10 – 17 h (April – Sept), 10 – 15h (Okt – März)

Fremdenverkehrsamt des Departements Meurthe-et-Moselle

Meurthe-et-Moselle Tourisme
Agence de développement touristique
14, Rue Majorelle
54000 Nancy
Tel +33 (0) 3 83 94 51 90
www.tourisme-meurtheetmoselle.fr

Tourismusbüro in Nancy

Nancy Tourisme
Place Stanislas
BP 810 54011 Nancy Cedex
Tel +33 (0) 3 83 35 22 41
www.nancy-tourisme.fr (auch in Deutsch)
Öffnungszeiten:
1. April – 31. Okt: Mo – Sa 9 – 19 h, So und Feiertage 10 – 17 h, an Wochentagen 13 – 14 h geschlossen; 1. Nov – 31. März: Mo – Sa 9 – 18 h, So und Feiertage 10 – 13 h

Fremdenverkehrsamt des Departements Vosges

Conseil général des Vosges
8, Rue de la Préfecture
88000 Épinal Cedex 9
Tel +33 (0) 3 29 82 02 14
www.tourismevosges.fr

Tourismusbüro in Épinal

Office de tourisme d'Épinal
6, Place Saint-Goery
88000 Épinal
Tel +33 (0) 3 29 82 53 32
www.epinal-touristamt.com (Deutsche

Version der Hauptseite www.tourisme-epinal.com)
Öffnungszeiten:
1. April – 30. Juni, 1. Sept – 31. Okt: Mo – Fr 9 – 12.30 h, 13.30 – 18 h; Sa 9 – 12.30 h, 14 – 17 h; So und Feiertage 11.30 – 15.30 h; 1. Nov – 31. März nur bis 13.30 h
1. Juli – 31. Aug: Mo – Sa 9 – 19 h; So und Feiertage 11.30 – 16.30 h

Fremdenverkehrsamt des Departements Meuse

Comité Départemental du Tourisme de la Meuse
33, Rue des Grangettes
55000 Bar-le-Duc
Tel +33 (0) 3 29 45 78 40
www.tourisme-meuse.com (auch in Deutsch)

Tourismusbüro in Bar-le-Duc

Office de tourisme de Bar-le-Duc
7, Rue Jeanne d'Arc
55000 Bar-le-Duc
Tel +33 (0) 3 29 79 11 13
www.tourisme-barleduc.fr
Öffnungszeiten:
1. April – 31. Okt: Mo – Sa 10 – 12.30 h, 14 – 18 h; So von Mitte Mai – Mitte Sept befindet sich das Tourismusbüro in der Kirche Saint-Etienne: 10.30 – 18.30 h, Feiertage 14 – 18 h; 1. Nov – 31. März: Mo – Sa 10 – 12.30 h, 14 – 17 h

VIII. LOTHRINGISCHE LECKEREIEN
Deftig und süß – Spezialitäten aus Moselle

Der **Boulet de Metz** ist eine Schokoladenpraline, die in Form einer Kanonenkugel an die militärische Geschichte der Stadt erinnern soll. Unter dunkler Schokolade und Haselnusssplittern verbirgt sich ein mit Sahnecreme gefülltes Biskuit. Das Originalrezept entwickelte 1934 der Patissier Léon Bohr in der Metzer Rue des Clercs.

Wer **Brotgrompern** bestellt, bekommt Deftiges auf seinen Teller: Die gebratenen Kartoffeln werden mit Räucherschinken und Bibeleskaes (Quark) serviert. Dieses Gericht kennt man auch im benachbarten Saarland.

Gesalzenes Schweinefleisch, Gewürze und ein Schluck des Weißweins Gris de Toul machen den herzhaften Geschmack des **Fuseau lorrain** aus. Diese Wurstspezialität im natürlichen Schweinedarm wird traditionell über Tannenholz aus den Vogesen geräuchert und anschließend getrocknet.

Eine weitere Leckerei der Metzer Konditoren ist die **Tarte au me'gin**, auch Kääsküùche oder Tarte messine genannt. Die Tarte mit Quark und einer Mischung aus Crème fraîche und geschlagenen Eiern (migaine) wird aber auch im Rest Lothringens zubereitet.

Gerichte vom Herzogshof – Spezialitäten aus Meurthe-et-Moselle

Eiweiß, Zucker und Mandeln – das sind seit vier Jahrhunderten die Zutaten für die beliebten Makronen, für welche die beiden Städte Nancy und Boulay ganz eigene Rezepte entwickelt haben. Zurückgehen sollen die knusprigen **Macarons von Nancy** auf zwei Ordensschwestern der Benediktinerinnen vom Heiligsten Sakrament.

Eine der bekanntesten Spezialitäten von Nancy ist der **Baba au rhum**. Die runden rumgetränkten Küchlein sollen auf ein russisch-polnisches Rezept zurückgehen. Es heißt, dass die ursprüngliche Roggenmehl-Variante mit Safran und Süßwein abgeschmeckt gewesen sei. Der ehemalige polnische König und lothringische Herzog Stanislas führte das Rezept im 18. Jahrhundert in Frankreich ein. Zuerst wurde der Ku-

einem grünen Salat kommt diese Spezialität oft als Vorspeise auf den Tisch.

Varianten für den beliebten Kohl- und Schweinefleisch-Eintopf gibt es in Frankreich viele. In Lothringen wird er mit Kartoffeln, Möhren, Porree, roten Bohnen und Rüben zur **Potée lorraine** verfeinert. Die Wahrung der regionalen Rezeptvariante liegt der Confrérie de la potée portoise, der Eintopf-Bruderschaft von Saint-Nicolas-de-Port, am Herzen.

chen in ungarischen Tokajer getränkt, dann in Rum und später in aromatisierten Sirup. Über die Entstehung des Namens der Näscherei gibt es verschiedene Geschichten: Die Bezeichnung könnte eine Anspielung sein auf ein polnisches Rezept oder auf Stanislas' Vorliebe für Ali Baba aus den Geschichten von Tausend und einer Nacht. In einer anderen Version verlangte Stanislas nach einem Likör, um damit einen trockenen Gugelhupf weicher zu machen.

Weltweit bekannt geworden ist die Bergamotte als Aromatisierung des Earl Grey Tees. In Nancy wird die Kreuzung aus Zitronat-Zitrone und Bitterorange für die Zubereitung von Bonbons genutzt. Zu den Liebhabern der goldgelben **Bergamotten-Bonbons** von Nancy soll auch der französische Staatspräsident Charles de Gaulle gehört haben.

Mirabellenlikör, Himbeergeist, Chartreuse oder Tresterbrand – das sind die Spirituosen, die **Chardons lorrains** (lothringische Disteln) aus Nancy ausmachen. Die „lokalpatriotischen" Pralinen erinnern an die Distel, die auch das Stadtwappen von Nancy ziert. In Anlehnung an die jeweilige Spirituose ist die Schokolade, welche die Liköre einschließt, gelb, rosa, grün oder weiß gefärbt.

Honigkuchen in Nikolausform füllen im Dezember die Auslagen der lothringischen Bäcker. Der Heilige Nikolaus ist der Schutzpatron der Region. In Nancy wird er mit einem besonders großen Fest gefeiert.

Die **Pâté lorrain**, die Lothringer Fleischpastete, ist eine kulinarische Spezialität aus der Stadt Lunéville. Schalotten, Petersilie, Wein, Thymian und Lorbeerblätter kommen in eine Marinade, in der Schweinekamm und Kalbsnuss gegart werden. Dann wird die pâté in einen Blätterteigmantel gehüllt. Mit

Tannenhonig und Käse – Spezialitäten aus den Vogesen

Die **Andouille** aus Val d'Ajol ist eine als Marke geschützte Wurstspezialität aus magerem Schweinefleisch und Schweinemagen. Pfeffer, Muskat, Zwiebel, trockener Weißwein und Knoblauch runden den Geschmack ab. Geräuchert wird im echten Schweinedarm über Buchenholz. Seit 1831 feiert man die herzhafte Spezialität in Val d'Ajol mit einem Jahrmarkt.

Mohn, Veilchen und Mirabelle kann man in Lothringen nicht nur auf Wandertouren antreffen, sondern auch lutschen: Die Confiserie des Hautes Vosges stellt ihre **Vogesen-Bonbons** in 31 verschiedenen Geschmacksrichtungen her.

Wer in den Gasthäusern der Vogesen das Gericht **Repas marcaire**, die Mahlzeit der Melker und Rinderhirten, bestellt, sollte großen Hunger mitbringen. Das reichliche Gericht beginnt mit einer Gemüsesuppe oder einer Fleischtorte, dann folgt die Tofaille: ein Kartoffelgericht mit Speck und Zwiebeln aus dem Schmortopf. Als Dessert gibt es Munster-Käse, in Kirschschnaps getränkten Quark oder eine Heidelbeertarte. Schon mal dran gedacht, auf der Wanderung ein zweites Frühstück mit Blick auf die Vogesengipfel einzunehmen? Ein Glas

Tannenhonig aus den Vogesen passt dafür immer in den Rucksack. Der dunkle Honig schmeckt holzig, leicht harzig und süß.

Höllisch gut – Spezialitäten aus Meuse

Die **Baisers de Dagobert**, die Küsse von Dagobert, erinnern an den Merowingerkönig St. Dagobert II, der am 23. Dezember 679 bei der Jagd im Wald Woëvre nahe Stenay ermordet wurde. Für die Praline wird eine Creme aus Orangen und dunkler Schokolade mit weißen Schokoladen-Splittern verziert.

Ebenfalls aus Stenay kommen die süßen **Crottes de Satan**, die Teufelshäufchen. Hinter diesem Namen verbirgt sich eine Leckerei aus knackiger Mandel, überzogen

von Schokolade und einer feinen Schicht Puderzucker. Die Konditoren der Stadt griffen mit den Teufelshäufchen eine alte Legende um Stenay als vermeintliche Stadt des Teufels auf. Denn den alten Stadtnamen „Sathanay" hatte Jean-François-Louis Jeantin, Vorsitzender des Zivilgerichts von Montmédy, im 19. Jahrhundert in Verbindung mit „Satan" gebracht. 1925 ließ dann ein Architekt den Giebel des Rathauses mit einer grimmigen Teufelsfratze verzieren. Teuflisch oder nicht, die crottes de Satan verleiten jedenfalls zu einer höllisch guten Schlemmerei.

Eine der traditionsreichsten Spezialitäten Lothringens ist das **Dragee von Verdun**. Es wird seit 1220 in der Stadt an der Maas hergestellt. Die Idee, eine Mandel mit Honig und Zucker zu umhüllen, stammte damals von einem Apotheker. Das Dragee wurde zum offiziellen Geschenk des Bistums, so bekam König Henri III bei seiner Krönung 1575 in Reims zwölf Schachteln der Nä-

scherei geschenkt. Noch heute werden die Dragees in Verdun hergestellt, die Fabrik Braquier kann besichtigt werden (siehe Schlechtwettertipps).

Der Herzog Stanislas ist mit einer weiteren Leckerei in die kulinarische Geschichte Lothringens eingegangen: Eine junge Köchin soll 1755 für ihn die **Madeleine**

von Commercy kreiert haben. Später wurde das einfache Sandteig-Gebäck in Form der Jakobsmuschel sogar in der Weltliteratur verewigt: Beim Genuss einer Madeleine werden beim Ich-Erzähler von Marcel Prousts Romanzyklus „Auf der Suche nach der verlorenen Zeit" Erinnerungen aus der Kindheit wach.

Die Korallenkalkfelsen vor Saint-Mihiel gaben 1922 einem Bäcker die Idee für die **Rochers von Saint-Mihiel**: Dafür werden geröstete Haselnusssplitter und Schokolade mit Kakao-, Pistazien- oder Erdbeeraromen vermengt.

Kulinarisch berühmt wurde Bar-le-Duc für seine Johannisbeerkonfitüre, die Confiture des groseilles. Dieser **Kaviar Lothringens** fand seinen Weg auf die Frühstückstische von Victor Hugo und von Alfred Hitchcock. Das Besondere: Jede einzelne Johannisbeere wird per Hand mit einer Gänsefeder entkernt. Ganz nach der Tradition von 1344.

Daran führt in Lothringen kein Restaurantbesuch vorbei – die Klassiker schlechthin

Lothringens Käsereien steuern zur Verwöhnung des Leibes zahlreiche **Käsesorten** bei: Vachelin, Bouère, Carré de l'Est, Cancoillotte, Gueyin ... Probiert haben sollte man den Weichkäse Munster-Géromé aus Gérardmer, den Kuhrohmilchkäse Tome des Vosges, den mild leicht-säuerlichen Gros lorrain (Weichkäse mit natürlicher Kruste) oder den Quark Bibeleskaes aus Kuhmilch.

Als die „Königin Lothringens" wird eine kleine, runde, gelbe Frucht bezeichnet: die **Mirabelle**, auch als gelbe Zwetschge bekannt. Die ostfranzösische Region zählt weltweit zu den wichtigsten Anbaugebieten. Hier wird die Pflaumenunterart in verschiedensten Gerichten verwendet, zu Torten und Konfitüren verarbeitet oder zu Schnaps gebrannt. Sie inspiriert sowohl Küchenchefs als auch Hobbyköche zu immer wieder neuen Rezepten.

Sie schmeckt groß oder klein, warm oder kalt: Die **Quiche lorraine** stellt die lothringische Küche von ihrer deftig-cremigen Seite vor. Das scheinbar einfache Gericht ist gelungen, wenn der Mürbe- oder Blätterteigboden beim Reinbeißen leicht blättert oder krümelt. Die Füllung aus Sahne, Speck und Eiern soll eine gleichmäßige – cremige, aber feste – Konsistenz haben. Das Gericht kannten die Lothringer bereits im 16. Jahrhundert.

Ein weiterer Klassiker ist die **Tourte lorraine**. Die Füllung der Fleischpastete besteht – im Unterschied zur elsässischen Variante – neben Kalbs- auch aus Schweinefleisch. Das Fleisch wird mehrere Stunden in Weißwein mariniert und von Blätterteig umhüllt im Ofen gebacken. Die Pastete wird heiß oder lauwarm mit Salat gegessen.

Kein französisches Essen ohne den passenden Wein: In Lothringen gibt es zwei wichtige Anbaugebiete, die **Côtes de Moselle** und die **Côtes de Toul**. In Moselle werden hauptsächlich weiße Sorten wie Gewürztraminer und Riesling angebaut, in der Touler Gegend keltert man den roten Pinot Noir und den weißen Gris de Toul (AOC-Wein). Als Digestif sollte man einmal Mirabellenschnaps probieren. Bestellt man einen „Kir Lorrain" wird der Likör mit Schaumwein gemischt. Und wer auch beim Wassertrinken regional bleiben möchte, greift einfach zur Marke **Vittel**. Das Mineralwasser aus der Stadt im Vogesen-Departement wird heute in 80 Länder verkauft.

S

Neu:

Gina Greifenstein: **Pfälzer Tapas**
Lassen Sie sich überraschen von Blutwurst-Ravioli, Kür-bis-Frittata, von einer Pfälzer Quiche mit grünem Spargel, von Pufferchen aus Zucchini mit geräucherter Forelle oder einer Kastaniencreme auf Dornfelderkirschen oder Mini-Flammkuchen und und und
ISBN 978-3-942291-78-1, 128 S., Klappenbroschur, 12,90 €

A. Schulz-Parthu (Hg.): **Rheinhessische Tapas**
Rheinhessen und Tapas gehören nicht zusammen?!?
Mit knapp 60 Rezepten beweist Angelika Schulz-Parthu das Gegenteil. Da werden so durch und durch rheinhessische Zutaten wie Handkäs oder Fleischwurst in einer Weise auf den Tisch gebracht, dass es manchem spanisch vorkommen wird.
ISBN 978-3-942291-40-8, Klappenbroschur, 116 Seiten, 12,90 € **2. Auflage!**

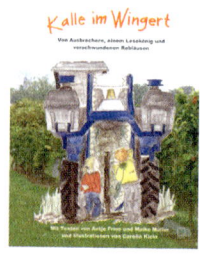

Kalle im Wingert. Von Ausbrechern, einem Lesekönig und verschwundenen Rebläusen
Das einzige Kinderbuch über die Arbeit von Winzern! Einerseits erzählt **Kalle** eine pfiffige Geschichte, andererseits informiert das Buch genau über den Beruf des Winzers. Mit Texten von Antje Fries und Maike Müller und farbigen Illustrationen von Carolin Klein
ISBN 978-3-942291-74-3, 32 S., Hardcover, 12,90 €
3. Auflage!

Henriette Clara Herborn **Schmerz. Malmingers letzter Fall**
Copykill in Mainz 2017: Jemand hat einen der größten Mordfälle der Kriminalgeschichte genau 70 Jahre später kopiert: Elizabeth Short, Los Angeles 1947, die Schwarze Dahlie. *„Ein mitreißendes Buch, ein verstörend wirkender Roman."* (Jörg Völker, KrimiKiosk)
ISBN 978-3-942291-62-0, Klappenbroschur,   Seiten, 14,90 €

Leinpfad Verlag.
Der kleine Verlag mit dem großen regionalen Programm!
Leinpfad Verlag, Leinpfad 5, 55218 Ingelheim
Tel. 06132/8369, Fax 896951, www.leinpfadverlag.com
info@leinpfadverlag.de
Wir schicken Ihnen gerne unser Programm.